Cary Steinmann (Hrsg.)

Evolution der Informationsgesellschaft

AF156455

VS RESEARCH

Europäische Kulturen in der Wirtschaftskommunikation
Band 16

Herausgegeben von
Prof. Dr. Nina Janich, Technische Universität Darmstadt
Prof. Dr. Dagmar Neuendorff, Åbo Akademi, Finnland
Dr. Christopher M. Schmidt, Åbo Akademi, Finnland

Die Schriftenreihe verbindet aktuelle sprachwissenschaftliche, betriebswirtschaftliche, kulturwissenschaftliche und kommunikationstheoretische Fragestellungen aus dem Handlungsbereich der Wirtschaft. Im Kontext einer interdisziplinär verankerten und interkulturell angewandten Forschung sollen wissenschaftlich fundierte und praxisnahe Problemlösungsstrategien für die Wirtschaftskommunikation geschaffen werden. Auf diesem Wege wird auch eine Überwindung traditioneller Fachgrenzen zur Erhöhung des Erkenntnisgewinns für die einzelnen Disziplinen angestrebt.

Seit Januar 2008 erscheint die Reihe, die bisher beim Deutschen Universitäts-Verlag angesiedelt war, im Programm VS Research des VS Verlags für Sozialwissenschaften.

Cary Steinmann (Hrsg.)

Evolution der Informations- gesellschaft

Markenkommunikation im
Spannungsfeld der neuen Medien

VS RESEARCH

Bibliografische Information der Deutschen Nationalbibliothek
Die Deutsche Nationalbibliothek verzeichnet diese Publikation in der
Deutschen Nationalbibliografie; detaillierte bibliografische Daten sind im Internet über
<http://dnb.d-nb.de> abrufbar.

1. Auflage 2011

Alle Rechte vorbehalten
© VS Verlag für Sozialwissenschaften | Springer Fachmedien Wiesbaden GmbH 2011

Lektorat: Dorothee Koch | Dr. Tatjana Rollnik-Manke

VS Verlag für Sozialwissenschaften ist eine Marke von Springer Fachmedien.
Springer Fachmedien ist Teil der Fachverlagsgruppe Springer Science+Business Media.
www.vs-verlag.de

Das Werk einschließlich aller seiner Teile ist urheberrechtlich geschützt. Jede
Verwertung außerhalb der engen Grenzen des Urheberrechtsgesetzes ist
ohne Zustimmung des Verlags unzulässig und strafbar. Das gilt insbesondere
für Vervielfältigungen, Übersetzungen, Mikroverfilmungen und die Einspei-
cherung und Verarbeitung in elektronischen Systemen.

Die Wiedergabe von Gebrauchsnamen, Handelsnamen, Warenbezeichnungen usw. in diesem
Werk berechtigt auch ohne besondere Kennzeichnung nicht zu der Annahme, dass solche
Namen im Sinne der Warenzeichen- und Markenschutz-Gesetzgebung als frei zu betrachten
wären und daher von jedermann benutzt werden dürften.

Umschlaggestaltung: KünkelLopka Medienentwicklung, Heidelberg
Gedruckt auf säurefreiem und chlorfrei gebleichtem Papier
Printed in Germany

ISBN 978-3-531-18115-8

Inhalt

Einleitung

Cary Steinmann

Wir erleben zur Zeit kommunikationshistorische und mediale Umschichtungen von beeindruckenden Dimensionen. Das World Wide Web und seit einigen Jahren die interaktive Variante des Web 2.0 haben die Informationsgesellschaft dynamisch umstrukturiert und also ist es angebrachter denn je, in regelmässigen Intervallen den Stand der Dinge der Informationsgesellschaft zu analysieren und zu diskutieren.

Das Mitmach-Web 2.0 ist zu einer Art Übermedium gereift, das Konsumieren und Produzieren in "Prosumieren" vereint. Dieser radikale und rapide soziale Wandel kann als "Kundenrevolution" oder etwas weniger kategorisch als "Neue Konsumenten-Demokratie" interpretiert werden. Marshall McLuhans faszinierende Feststellung, nach der das Medium die Botschaft sei (McLuhan, 1970), erhält durch das Web 2.0 eine neue Qualität. Jedes Medium hat medienhistorisch nicht nur seine eigene Berechtigung, sondern erweitert das Spektrum der Medien additiv statt alternativ. So hat das Fernsehen keineswegs das Radio verdrängt, im Gegenteil verfügen wir heute über mehr Radiostationen denn je. Im Falle des Internets und insbesondere des Web 2.0 nehmen wir heute eine multimediale Integration wahr: Der Buchdruck wird zum Blog, jedermann kann sich als Autor verstehen und Inhalte produzieren und multiplizieren; klassische Medien wie Zeitungen verlieren immer mehr "Share of Mind" und sogar "Share of Heart" gegenüber dem World Wide Web. Internet-Radio und Web-basiertes Fernsehen sind auf dem Vormarsch und lösen alte Formate ab, selbst Kino wird auf entsprechenden Plattformen Web-basiert und herunterladbar. Das Mitmach-Web bietet Nähe und Distanz zugleich, was soziologisch und psychologisch einer der zentralen Erfolgsfaktoren darstellt, der totale Rückzug in eine individuell definierte Realität von Spiel, Unterhaltung, Konsum und Nachrichten etc. ist möglich. Man kann völlig alleine sein und dennoch mit Allem verbunden.

Die Umschichtung der medialen Welt ist in vollem Gange, das ehemalige Nischen-Medium WWW wandelt sich zu einem Hauptmedium und die ehemaligen Hauptmedien müssen sich z.T. radikal neu erfinden, um eine neue Relevanz vorweisen zu können - und diese Evolution der Informationsgesellschaft geschieht insbesondere in einem Tempo, das tatsächlich bisweilen berauschend wirken mag. Und dass ganz aktuell, aus klassischen ökonomischen Prinzipien, angesichts der weltweiten finanziellen und wirtschaftlichen Probleme, grosse intermediale Umschichtungen vollzogen werden, beschleunigt den Wandel noch zusehends, begleitet von technischen Entwicklungen, die exponentiell verlaufen (vgl. Moore's Law: Verdoppelung der Rechenleistungen alle 18 Monate bzw. Gilder's Law: Verdreifachung der Bandbreiten alle 12 Monate). Alte Medien werden aber nicht durch neue verdrängt, sondern in funktionsübergreifende neue Zusammenhänge gebracht.

Ein zentraler Grundgedanke des Marketing lautet: Verbraucher wählen diejenigen Produkte oder Leistungen, deren wahrgenommene Eigenschaften ihren (Nutzen-) Erwartungen am besten entsprechen. Und nur wenn das Markenversprechen den Bedürfnissen und Wünschen der Verbraucher auch gerecht wird, ist die Marke erfolgreich. Dabei gibt es zwei Faktoren, die den Erfolg ausmachen: Authentizität und Vertrauen. Aufgrund der technischen Kommunikationsmöglichkeiten der Verbraucher untereinander werden diese zwei Faktoren in der Markenführung immer wichtiger: Markenführung wird komplexer, die neue Kontrollinstanz der Marke ist die Gemeinschaft: Interessengruppen, Business-Netzwerke, kommentierte Blog-Leserschaften oder die Community eines Special Interest Podcasts. Sie alle kontrollieren, was ihnen eine Marke verspricht und was sie letztendlich hält. Marken jedoch, welche ihr Markenversprechen authentisch und vertrauensvoll umsetzen, können von den Kundenreaktionen profitieren. Solche Brands schaffen es oft, eine engagierte, bisweilen auch begeisterte Community um sich zu scharen. Die Verbraucher werden zu eigentlichen ideologischen Markenmissionaren.

Der vorliegende Sammelband trägt die Ergebnisse der 9. Jahrestagung der internationalen Forschungskooperation "Europäische Kulturen in der Wirtschaftskommunikation (EUKO)" zusammen, die im August 2009 an der Zürcher Hochschule für Angewandte Wissenschaften in Winterthur stattfand (zur Forschungskooperation und den Jahrestagungen siehe auch www.wirtschaftskommunikation.net).

Betreiber von Business-to-Business Portalen als Informationsspezialisten
Eine Anwendung der Ethik für Informationsspezialisten nach Klaus Wiegerling und Rafael Capurro

Dirk C. Moosmayer & Florian U. Siems

1 Einführung

Business-to-Business Portale (B2B Portale) sind Internetlösungen, die zu einem bestimmten Geschäftsproblem, an dem mehrere Unternehmen beteiligt sind, vielfache Dienste auf einer Seite bündeln (H. Österle 2001). Beispielsweise kann ein Portal für die Uhrenproduktion und -nutzung Bedienungs- und Reparaturinformationen bereitstellen sowie Anbieter und Dienstleister vernetzen. Charakteristisch sind dabei die Integration der Backend-Systeme verschiedener Unternehmen und die Bereitstellung der Dienste über ein vereinheitlichtes Frontend unter Nutzung von Internet-Technologien (J. Schelp/R. Winter 2002). Unter Frontend-Systemen versteht man Systeme, die dem Nutzer über eine entsprechende Nutzerschnittstelle den Zugriff auf verschiedene Dienste und Applikationen erlaubt. Das Backend-System stellt ein für den Nutzer nicht sichtbares System dar, auf welchem verschiedene Applikationen ausgeführt werden können, z.B. zur Verwaltung von Kundendaten, zur Bestellverwaltung oder zum Management der Produkte im Produktionsprozess (sog. Enterprise Resource Planning – ERP). Das Frontend ist somit für den Nutzer sichtbar als graphische Benutzeroberfläche, die dem User über das World Wide Web z.B. auf seinem Desktop PC zur Verfügung gestellt wird. Mit ihm kann er Produktinformationen einsehen, eine Bestellung aufgeben, und Informationen zum Bestellstatus oder zur Rechnung abrufen. Das Backend-System stellt hingegen das für den Nutzer nicht sichtbare System dar, auf dem Bestellungen bearbeitet und verwaltet werden. Durch eine Integration von Backend-Systemen verschiedener Unternehmen kann beispielsweise ein Zulieferer direkt über den aus einer neuen Bestellung resultierenden Bedarf informiert werden, ohne dass ein Mitarbeiter den Bedarf berechnen müsste und diesen dem Zulieferer mitteilen müsste.

Neben dieser technischen Integration zeichnen sich Business-to-Business Portale insbesondere durch die möglichst umfassende Integration von Informationen zu einem bestimmten Thema oder Geschäftsbereich aus. Zielsetzung ist dabei, einem Nutzer als zentrale Anlaufstelle bei der Informationssuche zu einem bestimmten Thema zur Verfügung zu stehen. So vernetzt z.b. ein B2B Portal für Uhren alle an der Entwicklung, der Produktion, dem Vertrieb und der Serviceerbringung (z.b. Reparaturen) beteiligten Unternehmen. Aufgabe des Portalbetreibers ist es dabei insbesondere, die Erfassung der vielfältigen Informationen, die von verschiedenen Anbietern und Nachfragern in Geschäftsprozessen bereitgestellt werden, zu unterstützen, diese sinnvoll zu strukturieren, sie berechtigten Nutzern zum Abruf bereitzustellen, und deren Nutzung zu fördern (vgl. dazu u.a. H. Collins 2002). Insofern fungieren Betreiber von B2B-Portalen als Informationsspezialisten.

Durch ihre Funktion als Informationsspezialist kommt B2B-Portalbetreibern eine spezifische Verantwortung im Umgang mit Informationen und deren Anbietern und Nachfragern zu, die überwiegend aus der Machtposition erwächst, welche die Stellung als zentrale Anlaufstelle zu einem Geschäftsproblem mit sich bringt. Diese spezifische Verantwortung thematisiert der vorliegende Beitrag, indem er sie vor dem Hintergrund der von Klaus Wiegerling und Rafael Capurro (2004) entwickelten Ethik für Informationsspezialisten, die sich als spezifisch ausgerichtete Netzethik versteht, diskutiert. Dabei ist die entwickelte Ethik für Informationsspezialisten keine neue Ethik, sondern vielmehr eine Anwendung des Gewohnten in neuem Kontext. Angestrebt wird folglich die Betrachtung bestehender ethischer Ansätze aus einer neuen Perspektive, wobei die Integration allgemeiner ethischer Grundsätze Bedingung sein muss. Diese Ansätze werden angewendet auf zentrale Aufgaben von Informationsspezialisten.

Daraus ergibt sich als Erkenntnisziel einer Ethik für Informationsspezialisten neben der Generierung theoretischer Einsichten gleichberechtigt die Nutzbarmachung in einem konkreten Anwendungszusammenhang. Dies erfolgt im vorliegenden Beitrag, indem entwickelte Perspektiven konkret auf B2B-Portalbetreiber bezogen werden. Der Beitrag folgt somit dem Verständnis einer am Pragmatismus ausgerichteten Medienphilosophie (M. Sandbothe 2004).

Im Folgenden werden dazu das Konzept der Ethik für Informationsspezialisten von Klaus Wiegerling und Rafael Capurro (2004) vorgestellt und anschliessend die einzelnen Aspekte, jeweils bezogen auf den Nutzungskontext von B2B-Portalen, erläutert. Der Beitrag schliesst mit einer zusammenfassenden Diskussion der betrachteten Bereiche.

2   Eine Anwendung der Ethik für Informationsspezialisten nach Klaus Wiegerling und Rafael Capurro auf Business-to-Business Portale

2.1   Fundamentales Recht auf Information und Wissen als Legitimationsbasis einer Netzethik

Historisch leiten Klaus Wiegerling und Rafael Capurro (2004: 255f.) für die Informationsethik zwei Kernideen ab: Die Freiheit der Rede und die Freiheit des gedruckten Wortes. Diese beiden Ideen, die sich über Sokrates (hier noch auf den verbalen Diskurs gerichtet) und Platon (der die sokratischen Dialoge nieder-schrieb und so die Schriftkultur begründete) hin zur Erfindung des Buchdrucks (und damit die Schaffung von Massenmedien) entwickelt haben, behalten auch während der Aufklärung ihre Bedeutung. Allerdings rückte neben der Freiheit des Inhaltes zunehmend die Freiheit des Zugangs zu Informationen in den Mit-telpunkt. Diese unterliegt in verschiedener Weise gewissen Einschränkungen. Waren es in der Aufklärung Klerus und weltliche Herrscher, die sich einem freien Zugang zu Information und Wissen entgegensetzten, ist es heute eine kommerzielle Informationswirtschaft, die den freien Zugang einzuschränken versucht.

Nach Ansicht der Autoren dieses Beitrages ergibt sich jedoch auch eine ge-genläufige Bewegung: Mit der zunehmenden Informationsüberflutung von In-formationskonsumenten geht für den Autor die Herausforderung einher, mit sei-ner Information den Nutzer zu erreichen. Als Vermittler zwischen beiden tritt die Informationswirtschaft auf. Sie betreibt für den Informationskonsumenten eine Vorauswahl der Informationen und stellt nur die Informationen bereit, die als relevant erachtet werden. Der Nutzer geht zunehmend dazu über, sich bei be-stimmten Informationsanbietern, sog. Informationswirten, die von ihm benötig-ten Informationen zu bestimmten Themen zu besorgen. Der Autor hingegen, der seine Leser erreichen will, bietet seine Information idealerweise über den Infor-mationswirt an, der die Zielgruppe am besten abdeckt.

Aus der von Klaus Wiegerling und Rafael Capurro (2004) entwickelten Ethik für Informationsspezialisten lässt sich die Bedeutung der Machtverhältnis-se in diesem Vermittlungsprozess ableiten. Der sich aus der ihm zufallenden Gatekeeper-Funktion ergebende Machtgewinn des Informationsspezialisten wirkt dabei in zwei Richtungen. Durch einen möglicherweise exklusiven Zugang zu einer grossen Nutzerzahl wird der Autor vom Informationswirt abhängig, da dieser als Informationsspezialist über die Bereitstellung von Informationen in Bezug auf Inhalt und Zugang entscheidet. Dies betrifft die Fragen, welche In-formationen zum Nutzer gelangen und welche Nutzer überhaupt Zugriff auf veröffentlichte Informationen haben. Der Autor verliert also immer mehr die Kontrolle über die Verbreitung und Verwendung seines Werkes, er wird in zunehmendem Masse entmündigt (K. Wiegerling/R. Capurro 2004: 256). Gleichzeitig kann bei einer zunehmenden Bündelung des Informationsangebots bei einem Informationsspezialisten eine Abhängigkeit der Nutzer vom Informationswirt entstehen, die zu einer Einschränkung der freien Informationsauswahl führen kann. Auf B2B-Portalen sind diese Aspekte entsprechend von Bedeutung: Dem Portalbetreiber kann eine spezifische Machtposition zukommen, wenn sich ein Portal zum beherrschenden Marktplatz für einen bestimmten Funktions- oder Produktbereich, bzw. für eine bestimmte Branche wird. Besonders problematisch ist dieser Aspekt zu beurteilen, wenn es sich um von einem Anbieter oder Nachfrager betriebenes Portal handelt, da der Informationsspezialist zugleich einer von vielen Informationsanbietern bzw. -nachfragern ist.

In Bezug auf die Transformation von Information zu Wissen ist festzuhalten, dass B2B-Portalbetreiber als Informationsspezialisten in zunehmendem Masse zur Wissensgenerierung beitragen, indem sie durch die Strukturierung von Information und durch deren Einbettung in einen Anwendungszusammenhang Wert schaffen. Dies ist aus legitimationstheoretischer Sicht insofern relevant, als der von B2B-Portalbetreibern durch die Wissensgenerierung erbrachte Wertbeitrag eine entsprechende Machtposition legitimieren kann, die allein auf Basis der Zugangsbeherrschung als ethisch fragwürdig hätte angesehen werden können.

Nach dieser grundsätzlichen Diskussion über das Recht auf den undiskriminierten Zugang zu Information und Wissen werden im Folgenden ethische Implikationen aufgezeigt, die aus der Produktion, Vermittlung und Nutzung von Informationen entstehen.

2.2 Ethische Aspekte der Anwendungstriade Produktion – Vermittlung – Nutzung

2.2.1 Ethische Konfliktfelder bei der Informationsvermittlung

Der Schwerpunkt der Funktion von B2B-Portalbetreibern liegt auf der Vermittlung von Information, da die Produktion stärker auf Seiten des Anbieters und die Nutzung auf Seiten des Nachfragers zu verorten ist. Entsprechend wird der Vermittlung von Information als Kerntätigkeit des Informationsspezialisten besondere Aufmerksamkeit geschenkt. Sie wird entlang der ethischen Betrachtungsebenen des Individuums (Mikro) und der Institution (Meso) gegliedert.

Auf der Mikroebene ist das Verhältnis von Informationsnutzer zu seinem Vermittler angesprochen. Dabei lassen sich vier Kernaspekte hervorheben, die ethisch aus den verfassungsmässigen Grundrechten und den allgemeinen Menschenrechten legitimiert werden können (K. Wiegerling/R. Capurro 2004: 260f.):

1. Der Informationsspezialist (B2B-Portalbetreiber) hat die persönliche Freiheit des Nutzers (Kunden, Anbieter, Nachfrager) zu achten.
2. Der Nutzer hat ein Recht auf ungehinderten Zugang zu Informationen.
3. Der Nutzer hat ein Recht auf Gleichbehandlung und auf Teilnahme am allgemeinen Geschäftsverkehr.
4. Der Nutzer hat ein Recht auf Privatheit.

Auf der Mesoebene werden hingegen Institutionen angesprochen. Hier stellt sich zum einen die Frage, ob Institutionen selbst ethische Verantwortung übernehmen können bzw. wo die Verantwortung/Moral im Unternehmen verortet ist bzw. sein soll.

Aus den Kernaspekten (1) und (2) liesse sich folgern, dass der Zugang zu sämtlichen Informationen aus ethischer Sicht jedem Nutzer zu jedem Zeitpunkt unentgeltlich zu gewähren sein sollte.

Bezogen auf B2B-Portale wird hier konkret das Verhältnis zwischen einem Unternehmensmitglied, das als Nachfrager auf ein Portal zugreift, und dem Portalbetreiber als Informationsvermittler betrachtet. Die hier von Klaus Wiegerling und Rafael Capurro (2004) aufgestellte Forderung nach uneingeschränktem unentgeltlichem Zugang geht auf die grundlegende aufklärerische Tradition des Internet als lose Kopplung von Individuen und somit als quasi basisdemokratische Institution zurück.

Für B2B-Portale ist zumindest die Forderung nach einer kostenlosen Bereitstellung stark einzuschränken. Ethisch ist diese Forderung vor dem Hintergrund kaum haltbar, dass sowohl die Produktion von Information, die teils nur für einen spezifischen Geschäftsbedarf erfolgt, wie auch deren Vorhaltung, mit Aufwand für den Vermittler und dessen Bezugsquellen verbunden sind. Entsprechend ist eine Vergütung ethisch sogar geboten. Zudem scheint eine entgeltliche Informationsbereitstellung insofern legitim, als jeder Mensch letztlich im Rahmen seiner eigenen Präferenzordnungen die ihm zur Verfügung stehenden Mittel einsetzen kann, um ein gewünschtes Verhältnis an Sach- und Dienstleistungen und eben auch Informationen zu beziehen. Diese Perspektive verbindet das von Klaus Wiegerling und Rafael Capurro (2004: 259) referierte Grundrecht auf informationelle Freiheit mit dem Recht auf Eigentum, welches zumindest im Bereich des geistigen Eigentums gleichermassen moralisch wie auch grundrechtlich gedeckt ist. Gleichzeitig ist jedoch ethisch zu fordern, dass keiner der Beteiligten seine Machtposition ausnutzt.

Die oben exponierten Kernaspekte (3) und (4) der auf die Informationsfreiheit bezogenen Grundrechtebestimmung führen dabei zu der Frage nach der Verortung von Verantwortung im institutionellen Umfeld. Konkret kann diese z.B. als Verantwortung dafür aufgefasst werden, dass eine bestehende Machtposition nicht ausgenutzt wird. Nach Ansicht der Autoren dieses Beitrags lassen sich dabei in Anlehnung an entsprechende wirtschaftsethische Diskussionen drei Perspektiven unterscheiden:

a.   Das handelnde Individuum trägt Verantwortung für seine jeweilige Handlung.

b.   Die Institution trägt Verantwortung für die in seinem Namen handelnden Individuen.

c.   Moralische Verantwortung ist in der Rahmenordnung verortet. Demnach müsste - eine geeignete Rahmenordnung dafür sorgen, dass sich Informationsspezialisten moralisch wünschenswert verhalten, wenn sie sich unter Einbezug der durch die Rahmenordnung vorgegebenen Restriktionen nutzenoptimal (wie auch immer dieser Nutzen aussehen mag) verhalten (vgl. dazu K. Homann/F. Blome-Drees 1992).

An dieser Fragestellung zeigt sich in besonderem Masse, dass relevante ethische Konzepte keineswegs einer spezifischen Netzethik entspringen, sondern vielmehr eine Anwendung allgemeiner ethischer Konzepte auf die Informationsspezialisten betreffenden Nutzungszusammenhänge sind.
Bezogen auf (a) kommt Informationsspezialisten im gegebenen Zusammenhang die soziale Funktion zu, den Nutzern Informationen bereitzustellen, um ein menschenwürdiges Dasein (mit verschiedensten Komponenten) führen zu können. Konfliktpotenzial besteht dort, wo von Informationsspezialisten Handlungen im Sinne eines Unternehmens erwartet werden, die gegen allgemeine ethische Grundsätze verstossen.

Der Verantwortungszusammenhang von Institution und Individuum (b) liesse sich konstruktiv auflösen, indem Unternehmen nur Mitarbeiter beschäftigen, die ihre moralischen Grundanschauungen teilen. Durch eine Kongruenz von Individualmoral und Institutionsmoral wird das Spannungsverhältnis zwischen beiden zumindest inhaltlich aufgehoben.

Folgte man These (c), so wäre zumindest die Frage zu klären, wie eine „gerechte" Rahmenordnung entwickelt werden könnte. Schliesslich müsste diese, wenn tatsächlich *alle* Menschen gewinnmaximierend agierten, lediglich den Gewinn ihrer Entwickler, d.h. der politische Rahmengestalter, maximieren. Eine Auflösung dieser Problematik könnte erfolgen, indem Menschen in unterschiedlichen Rollen unterschiedliche Moralvorstellungen zubilligt werden. Demnach könnte der Mensch in der Rolle des Haushalters in der Oikonomia den Nutzen der Seinen verfolgen, während er als politisches Wesen (ζῷον πολιτικόν) den Nutzen des Gemeinwesens im Blick hat (vgl. dazu Aristoteles 1990, bzw. O. Höffe 2001).

Auf B2B-Portale bezogen erhält Position (b) das stärkste Gewicht. Die Institution hat die Verantwortung für das Auftreten ihrer Individuen als B2B-Portalbetreiber am Markt zu übernehmen. Unbeeinflusst davon scheint im Innenverhältnis zwischen B2B-Portalbetreiber und Individuen eine Verantwortungsübertragung auf Individuen geboten.

2.2.2 Ethische Konfliktfelder bei der Informationsproduktion und -nutzung

Auf Grund deren untergeordneter Rolle im Rahmen der ethischen Analyse von B2B-Portalbetreibern als Informationsspezialisten, werden die ethischen Konfliktfelder im Rahmen der Produktion (K. Wiegerling/R. Capurro 2004: 263-265) und der Nutzung (K. Wiegerling/R. Capurro 2004: 265f.) im Folgenden zusammengefasst betrachtet.

Zunächst sind im Rahmen der Produktion andere Informationsakteure wie z.B. Wissenschaftler und Journalisten aktiv. Der Informationsspezialist greift an dieser Stelle lediglich bei der Kontextualisierung, also der Transformation von Daten zu Informationen bzw. von Information zu Wissen ein. Wesentliche Konfliktfelder sind auch hier im Bereich des Datenschutzes, des Copyright, des Ausschlusses bestimmter Informationen (Zensur) und im Autor-Verleger Konflikt zu sehen. Dies kann besonders in einem interkulturellen Kontext eine exponierte Bedeutung gewinnen. Ein wesentlicher moralischer Aspekt ist dabei in der Informationsselektion zu sehen; während eine Zensur grundsätzlich verwerflich ist, sind für die Selektion bestimmte Regeln zu bilden, nach denen sich ein Informationsspezialist richten kann. Klaus Wiegerling und Rafael Capurro (2004: 264) pointieren dies: „Grundsätzlich muss sich jeder Informationsspezialist dem Konflikt stellen, der sich in dem Paradoxon artikuliert, dass einerseits ,das Schlechte' auszuschliessen sei und andererseits das Ausschliessen von Informationen selbst vermieden werden sollte."

In Bezug auf B2B-Portale ist an dieser Stelle zweierlei zu bemerken: Einerseits kann für den Zugang zu Portalen die Forderung abgeleitet werden, diesen derart zu beschränken, dass nur identifizierte Nutzer mit einem nachvollziehbaren, tatsächlichen und legitimen Interesse an einer Beteiligung am Geschäftsgebaren auf dem jeweiligen Portal Zugang zu diesem erhalten. Gleichzeitig ist dabei zu problematisieren, dass jede Zugangsbeschränkung vor dem Hintergrund einer Diskriminierung kritisch zu analysieren ist bzw. im wirtschaftlichen Sinne, dass eine Zugangsbeschränkung nicht zur Schaffung oder Nutzung monopol- oder kartellartiger Marktstrukturen führen darf.

Im Rahmen der Nutzung kommt den Informationsspezialisten die moralische Verpflichtung zu, ihr Mögliches dazu beizutragen, das Informationsgefälle so gering wie möglich zu halten. Um eine mündige Nutzung von Informationen zu fördern, sollten Informationsspezialisten als Informationsberater fungieren und somit als Bestandteil eines auf Nutzungskompetenz ausgerichteten Bildungsprogramms agieren.

Im Folgenden Abschnitt sollen Aspekte wegen ihrer spezifischen Bedeutung erneut vertiefend aufgegriffen werden, die zum Teil in der funktionalen Betrachtung dieses Abschnitts bereits diskutiert wurden. Exemplarisch werden dazu drei von Klaus Wiegerling und Rafael Capurro (2004) exponierte ethische Problembereiche, mit denen sich Informationsspezialisten auseinander zu setzen haben, betrachtet: Eine grundsätzlichen Ethik im Cyberspace (K. Wiegerling/R. Capurro 2004: 266-269), und die Aspekte Informationsgerechtigkeit (K. Wiegerling/R. Capurro 2004: 269-271) und Informationsvorenthaltung (K. Wiegerling/R. Capurro 2004: 272f.).

2.3 Exposition zentraler ethischer Aspekte im Medium Internet

2.3.1 Ethik im Cyberspace

Allgemein betrachtet eine Ethik im Cyberspace moralische Probleme, die auch in der materiellen Welt auftauchen, wie Pornographie, politischen Radikalismus und Denunziantentum. An diesen Beispielen werden die zentralen Aspekte der Diskussion deutlich: Pornographie, insbesondere Kinderpornographie unterliegt – auch bei seiner Verbreitung über Internet – klaren gesetzlichen Restriktionen bzw. expliziten Verboten. Allerdings ist der Zugriff durch den Staat erschwert, denn, wie Klaus Wiegerling und Rafael Capurro (2004: 266f.) in Bezug auf das Internet feststellen: „Nicht // der Staat gewährt einem Medium bestimmte Freiheiten, sondern die Staaten müssen sich solche Freiheiten gegenüber einem globalen Medium politisch und kulturell erkämpfen." Die Machtverhältnisse sind also plötzlich umgedreht, was eine potenziell vorgeschlagene Lösung der Beherrschung der Situation durch rechtliche Massnahmen unbefriedigend macht. Wie unterschiedlich hierbei die Ansichten und Lösungsvorschläge unterschiedlicher Experten und Meinungsvertreter sind, hat die vor der Bundestagswahl 2009 in Deutschland geführte Diskussion und das Erstarken der ‚Piratenpartei' verdeutlicht. Portalbetreibern kommt hierbei eine zentrale Funktion in der Umsetzung von rechtlichen und moralischen Ansprüchen auf Nationalstaatsebene in die Netzwelt zu.

Nach Ansicht der Autoren dieses Beitrages eignet sich der Bereich der öffentlichen Denunziation besonders, um aufzuzeigen, dass gleiche Sachverhalte von verschiedenen Gruppen innerhalb der globalen Internetgemeinde keineswegs gleich beurteilt werden müssen. Austausch über das Fehlverhalten eines Partners (z.B. Lieferung schlechter Ware durch einen Geschäftspartner) kann einerseits als innovativer Kontrollmechanismus innerhalb der Community gewertet werden, andererseits kann es auch als Bruch einer impliziten Schweigevereinbarung zwischen Marktpartnern angesehen werden. Dies ist an sich nicht neu: Wenn ein Deutscher – wie in seiner Kultur üblich – einen chinesischen Kollegen direkt kritisiert, fühlt sich dieser zutiefst gekränkt, richtet der Chinese hingegen – wie in seiner Kultur üblich – seine Kritik am Deutschen an einen von dessen Kollegen oder dessen Freunden, so kann dies in der deutschen Kultur als „hinten herum" bzw. als indiskretes oder unlauteres Verhalten aufgefasst werden. Die Besonderheit am Internet liegt darin, dass der chinesische Nutzer, der „Surfer" aus Afrika, die E-Mail aus Neuseeland plötzlich im heimischen Wohnzimmer auftauchen. „Das Ringen um ‚Netiquette', um Umgangs- und Sanktionsformen im Cyberspace ist ein Ausdruck dieses Problems" (K. Wiegerling/R. Capurro 2004: 267). Hier handelt es sich nach Ansicht der Autoren dieses Beitrags jedoch um ein Problem, welches im Wesentlichen daraus resultiert, dass innerhalb einer relativ kurzen Zeit eine grosse Anzahl neuer Nutzer verschiedenster Kulturen das Medium Internet entdecken und zu nutzen beginnen. Durch die grosse Zahl neuer Nutzer und das Faktum, dass die Zahl relativ neuer Nutzer weit grösser ist, als die Zahl der eingefleischten „Netties", die schon vor Entwicklung des World Wide Web dabei waren und durchaus ihre gültige Netiquette hatten, ist ein Bedarf entstanden, neue Regeln für weite Bereiche der Internetnutzung zu entwickeln.

Für das Internet im Allgemeinen postulieren Klaus Wiegerling und Rafael Capurro (2004: 268) darüber hinaus die Notwendigkeit eines zweifachen, nämlich inneren und äusseren *Ethos im Cyberspace*. Ethos bezeichnet in diesem Zusammenhang Zweierlei: Zum einen (η9ος) den Ort der Moralentwicklung, also die Atmosphäre der ethischen Reflexion zur Moralbildung, und zum zweiten (ε9ος) die Moral selbst, die Gewohnheit, also Regeln über den gewöhnlichen Umgang miteinander. Inneres Ethos fokussiert dabei auf eine interne Perspektive des Internets, versteht also die Webkultur als eine eigene Sphäre mit eigenen unabhängigen und selbstregulierenden Strukturen. Die äussere Perspektive hingegen stellt die Beziehungen zur globalen, multikulturellen Umwelt in den Mittelpunkt und fordert folglich umfassende Kontrollmassnahmen, um die „Internet-Welt" in die reale Welt einzubinden.

„Während die erste Gruppe die notwendige Vermittlung des Cyberspace mit einer anderen Welt unterschlägt, neigt die zweite Gruppe dazu, die Möglichkeit eines neuen Raumes der Information und Kommunikation und insbesondere seine Fähigkeiten zur Selbstregulierung zu unterschätzen." (K. Wiegerling/R. Capurro 2004: 268) Um trotz der unterschiedlichen Auffassungen zu einem Ethos des Cyberspace zu gelangen, bedarf es einer Ethik der Cyberkultur, deren Aufgabe die Vermittlung zwischen den dargestellten Extrema ist.

Das letzte Thema macht insbesondere deutlich, dass der Konflikt zwischen globaler Uniformierung und Festhalten an bestehenden lokalen Traditionen im medialen Umfeld von besonderer Bedeutung ist. Der Cyberspace steht quasi auf der Kippe zu multimedialer und multikultureller Vielfalt auf der einen und quasi-kolonialer Uniformität auf der anderen Seite.

Dieser Aspekt ist in besonderer Weise auch für B2B-Portale relevant, da im Falle von Problemen mit der Vertragserfüllung oder bei entstehender Unzufriedenheit in unterschiedlichen Kulturräumen sehr unterschiedliche Reaktionen als adäquat erachtet werden. Insbesondere bezüglich der Meinungsäusserung auf Portalen oder bei der Anwendung von Bewertungsmechanismen besteht nur sehr eingeschränkt ein geteiltes Verständnis über übliche und noch zulässige Reaktionen. Zwar ist hier durch den im Vergleich zu privaten Nutzern sehr hohen Professionalisierungsgrad eine gewisse konstruktive Grundhaltung zu vermuten. Dennoch ist die Entwicklung von gemeinschaftlich akzeptierten Richtlinien noch längst nicht abgeschlossen.

2.3.2 Informationsgerechtigkeit

Ein weiterer Aspekt, der auch als Verantwortung von B2B-Portalbetreibern als Informationsspezialisten verstanden werden kann, betrifft die Informationsgerechtigkeit. Dieser Aspekt betrifft den Zugang zu und die Erreichbarkeit von Informationen. Dabei kann eine lokale von einer globalen Perspektive unterschieden werden (ähnlich: K. Wiegerling/R. Capurro 2004: 271). Die lokale Perspektive betrifft einen gleichberechtigten nicht-diskriminierenden Zugang. Die globale Perspektive integriert dabei den Aspekt der Informationsinfrastruktur, der als *digital divide* zwischen sogenannter Erster und Dritter Welt diskutiert wird. In diesem Zusammenhang besteht die Gefahr eines weiteren Zurückdrängens von Geschäftspartnern aus nicht industrialisierten Ländern, wenn der Portalzugang oder die Portalintegration auf infrastrukturellen Grundanforderungen basiert, die in den entsprechenden Regionen nicht vorliegen bzw. nicht zu erfüllen sind. Aus beiden resultiert die Notwendigkeit zur Gewährleistung von Zugang, Nutzungsbefähigung und kultureller Medienintegration.

Dieser Aspekt ist eng mit Aspekten der Globalisierung bzw. der Multinationalität und Multikulturalität des Internet verbunden. Ein relevanter ethischer Aspekt ergibt sich für Informationsspezialisten diesbezüglich aus einem Zweifachen. Einerseits führt die mehr oder weniger erzwungene kulturelle Gleichschaltung zu einer sprachlichen Verfälschung, die aus dem Verständnis von Sprachen als Denk- und Weltordnungen resultiert (W. v. Humboldt 1973). Andererseits bestehen ökonomische Zwänge, die in zunehmendem Masse den Schwerpunkt des Netzes auf seine öffentliche Funktion zurückdrängen.

2.3.3 Informationsvorenthaltung

Die Kontrolle des Zugangs zu Wissen ist ein erheblicher Faktor in der Ausgestaltung von Machtbeziehungen. Dies ist insbesondere der Fall, da Information bzw. Wissen als Differenzierungsfaktoren anderen gegenüber nur dann von Bedeutung sind, wenn ein Informationsgefälle besteht, auf Grund dessen oder für dessen Ausgleich jemand bereit ist, dem Gegenüber Vorteile (z.B. in Form von Honorarzahlungen) zu verschaffen. Nutzbar ist dieses Gefälle beispielsweise für Wissenschaftler, die ihre neuen Erkenntnisse derart selektiv publizieren oder vorab streuen, dass sie sich stets einen Wissensvorsprung gegenüber Kollegen sichern können (z.B. G. Fröhlich 1998). Unbestreitbar üblich ist Informationsvorenthaltung, bzw. die Nutzung einer Informationsdifferenz bei Beratungsleistungen (hier könnte man u.U. noch von Wissensverkauf sprechen) und in Extremform bei Marktforschungsinstituten, die tatsächlich nichts anderes als rohe Informationen verkaufen.

Eine ethische Fragestellung ergibt sich daraus in Bezug auf den ungehinderten Informationszugang, den Klaus Wiegerling und Rafael Capurro (2004: 259; 272f.) aus Artikel 19 der Erklärung der Menschenrechte ableiten, der aber gleichzeitig mit dem Gedanken des Rechts auf Eigentum (an Information) konfligiert. Aufgabe einer Informationsethik muss folglich die Vermittlung durch

Spezifizierung eines gerechten Ausgleiches zwischen Beiden sein. Nun ist in der zunehmenden Entstehung immaterieller Güter eine zentrale Veränderung der laufenden Epoche zu sehen. Daraus resultiert aber auch, dass ein Recht auf Schutz der Information als Eigentum besteht. Dass dies in einem Gegensatz zu dem Recht auf ungehinderten Zugang zu Information steht (zumindest wenn man der Formulierung des Artikel 19 GG „Recht ... Informationen ... zu suchen, zu empfangen und zu verbreiten" deutet, wie es Klaus Wiegerling und Rafael Capurro (2004) vorschlagen), ist offensichtlich.

3   Zusammenfassung

Der vorliegende Beitrag hat Betreiber von B2B-Portalen in ihrer Funktion als Informationsspezialisten untersucht und in diesem Zusammenhang die von Klaus Wiegerling und Rafael Capurro (2004) exponierten ethischen Problemfelder aufgegriffen und konkretisiert. Dazu hat der Beitrag in der Tradition einer pragmatischen Medienphilosophie die von Klaus Wiegerling und Rafael Capurro (2004) vorgeschlagene Perspektive einer Ethik für das Berufsfeld des Informationsspezialisten eingenommen und ethische Aspekte und Verantwortlichkeiten in der Informationswirtschaft für Betreiber von B2B-Portalen analysiert. Besonders wurden dabei Spannungsfelder untersucht, die entlang des Lebenszyklus dieses Arbeitsmittels, der Triade Produktion, Vermittlung, Nutzung entstehen. Ergänzt wurden diese durch eine selektive Betrachtung zentraler Einzelaspekte, wobei jeweils auf das Vorgehen von Klaus Wiegerling und Rafael Capurro (2004) Bezug genommen wurde.

Der vorliegende Beitrag hat so den von Klaus Wiegerling und Rafael Capurro (2004) entwickelten Ansatz einer Berufsethik für diejenigen, die im Wandel hin zur Informations- und Wissensgesellschaft die neuen Verantwortungsträger in unserer Gesellschaft geworden sind, aufgegriffen und auf den Nutzungszusammenhang von B2B-Portalen angewendet. Durch die Konkretisierung haben die theoretischen Ansätze insgesamt Fundierung gefunden, wenngleich insbesondere die Interpretation des Grundrechts auf informationelle Freiheit als Recht auf uneingeschränkten kostenfreien Zugang nicht unterstützt werden konnte.

Durch die Beleuchtung verschiedener Einzelaspekte kann der Beitrag für Nutzer und Betreiber von B2B-Portalen erhellende Grundlage einer Auseinandersetzung mit der eigenen Verantwortung in der Portalnutzung sein. Für die Betrachtung zukünftiger Fragestellungen ist dabei die besondere Bedeutung der Urteilskraft hervorzuheben. Klaus Wiegerling und Rafael Capurro (2004) verstehen in diesem Zusammenhang Informationsethik als eine zu entfaltende, um ein handlungsleitendes Situationsverständnis bemühte Klugheitslehre. Diese beschreibt das Umfeld des Informationsspezialisten, die ihn umgebenden Strukturen und Machtverhältnisse und befasst sich zudem mit der Entwicklung moralischen Verhaltens im Informationsbereich. Als zentral für die Beurteilung neuer ethisch relevanter Handlungskontexte auf B2B-Portalen erweist sich dabei die individuelle Urteilskraft. Im kantianischen Sinne kann dabei eine Rückbesinnung auf die Wurzeln menschlichen Urteilens und ein Fokus auf den Einsatz des eigenen Intellekts gefordert werden: Während heute im physischen Alltagsleben zumeist die bestimmende Urteilskraft, die Handlungen in bestehende Urteilsraster einordnet, zur Anwendung kommt, bedürfen internetbasierte Problemzusammenhänge oftmals der reflektierenden Urteilskraft, anhand derer ein moralisches Kategoriensystem entwickelt wird, welches der Beurteilung neuer Situationen dienen kann.

Literatur

Aristoteles (1990): Politik, übertragen von Eugen Rolfes, 4. Aufl. Hamburg: Meiner.
Collins, Heidi (2002): Corporate Portals. Revolutionizing Information Access to Increase Productivity and Drive the Bottom Line. New York: AMACOM.
Höffe, Otfried (Hrsg.) (2001): Aristoteles: Politik. Berlin: Akademie Verlag.
Holderegger, Adrian (Hrsg.) (2004): Kommunikations- und Medienethik – Interdisziplinäre Perspektiven. Fribourg (CH): Academic Press Fribourg.
Homann, Karl/Blome-Drees, Franz (1992): Wirtschafts- und Unternehmensethik. Göttingen, UTB.
Humboldt, Wilhelm von (1973): Über Denken und Sprechen. In: Humboldt, Wilhelm von (1973): 3-5.
Humboldt, Wilhelm von (1973): Schriften zur Sprache, herausgegeben von Michael Böhler. Stuttgart: Reclam.
Österle, Hubert (2000): Geschäftsmodell des Informationszeitalters. In: Österle/Winter (2000): 21-42.
Österle, Hubert/Winter, Robert (Hrsg.) (2000): Business Engineering – Auf dem Weg zum Unternehmen des Informationszeitalters. Berlin: Springer.
Sandbothe, Mike (2004): Pragmatische Medienphilosophie – Grundlagen und Anwendungshorizonte im Zeitalter des Internet. In: Holderegger (2004): 198-217.
Schelp, Joachim/Winter, Robert (2002): Enterprise Portals und Enterprise Application Integration - Begriffsbestimmung und Integrationskonzepten. In: HMD – Praxis der Wirtschaftsinformatik 225, 6-20.
Wiegerling, Klaus/Capurro, Rafael (2004): Ethik für Informationsspezialisten. In: Holderegger (2004): 253-274.

Entdecken Sie…!
Die Geschichte des Imperativs in der deutschen, englischen und spanischen Werbung

Sabine Wahl

Abstract

The imperative, seemingly ideally in line with the appellative character of advertisements, has nevertheless not always been used in the history of advertising. This paper investigates the role of the imperative in English, German and Spanish advertisements from an intercultural perspective. Unlike in English, there exists a distinct polite form of address in German and Spanish. This form appears far more often in the German corpus than in the Spanish one. The problem of which form of address to choose for the respective target groups may be avoided by substituting the German or Spanish form with an English imperative (e.g., in slogans) or with an infinitive construction. The latter strategy is only to be found in the German corpus. The imperative has by now become a central element of the language of advertising. A comparison to a German online corpus demonstrates that this 'imperative' language usage is even more characteristic of banner advertisements. However, an analysis of the verbs used in the imperative most frequently in all three languages shows that, contrary to expectation, the imperative does not express the sales appeal, but often requests the recipients to *discover*, i.e., to obtain information about the product advertised.

1 Einleitung

Denen Liebhabern der Musik wird notifiziert, dass nunmehr die neue Opera Sigismundus heraus/ und die Arien mit 2 Violinen complet, bey Zacharias Hertel/Buchführer im Thum zu bekommen/ und wird das Exemplar für 2 Marck Lübisch verkauft.[1]

    Dieser kurze Text erschien 1693 im Hamburger Relations-Courier Nr. 30 und informiert über die Existenz und Beschaffenheit eines neuen Produktes. Ex-

---

[1]   Zitiert nach Bendel (1998: 240, Nr. 292).

plizit angesprochen sind Musikliebhaber, die zum Kauf des angebotenen Produktes bewegt werden sollen. Sogar die genauen Verkaufsmodalitäten werden genannt. Der Text erweist sich damit über die Texthandlungen (vgl. Janich 2005a: 79-81) als prototypische Werbeanzeige.

Betrachtet man nun die Sprache der frühesten deutschsprachigen Werbeanzeigen etwas genauer, so fällt auf, dass die Anzeigen häufig „den politischen Zeitungsmeldungen nachempfunden" (Bendel 1998: 56) sind, wobei sich die Nachrichten, wie im oben zitierten Beispiel, auch ausdrücklich an eine spezielle Zielgruppe richten können. Ein Vergleich der Sprache solcher früher Werbetexte mit der modernen Werbesprache zeigt, dass damals eine sprachliche Struktur fehlte: der Imperativ.

Der Imperativ, der als Teilkategorie des Modus des Verbs auch als „Befehl(sform)" bezeichnet wird, „drückt in seiner hauptsächlichen Verwendungsweise eine Handlungsaufforderung bzw. ein Handlungsverbot aus" (Bußmann 2002: 293). Dem Sprachbenutzer steht folglich mit dem Imperativ ein Mittel zur Verfügung, um den Gesprächspartner, an den sich der Imperativ richtet, gezielt und besonders kurz und direkt dazu zu bewegen, eine Handlung auszuführen – oder es zumindest zu versuchen.

Der Imperativ als sprachliche Form der Aufforderung scheint auf den ersten Blick wie geschaffen für die Versprachlichung der charakteristischen Textintention einer Werbeanzeige, d.h. für die Formulierung des Kaufappells. Doch schon Kaeppel (1987: 7) bemerkt, dass „der Zusammenhang zwischen dem Werbetext als persuasivem und appellativem Texttyp par excellence und dem Imperativ wesentlich komplexer ist, als es zunächst den Anschein hat".

Ziel der vorliegenden Studie ist es, die Rolle des Imperativs in der deutschen, englischen und spanischen Werbung zu untersuchen. Im Zentrum steht dabei die Frage, inwieweit der Imperativ in der modernen Werbung eingesetzt wird, um den Kaufappell zu formulieren.

Für diese kontrastive Analyse wurden 90 Werbeanzeigen aus den Produktbereichen Automobil, Telekommunikation/Mobilfunk und Kosmetik ausgewertet, die 2007 und 2008 in Deutschland, Spanien und im Vereinigten Königreich publiziert wurden. Das Datenmaterial bietet auf diese Weise einen Überblick über die Verwendung des Imperativs in drei Sprachen und drei verschiedenen Produktklassen. Dadurch können interkulturelle Gemeinsamkeiten und Unterschiede sowie im Vergleich mit der Forschungsliteratur Entwicklungstendenzen im Gebrauch des Imperativs aufgezeigt werden. Da diese Produkte in allen Preisklassen zu haben sind, eignet sich diese Auswahl auch, um eine eventuelle Abhängigkeit der imperativischen Anrede von der angesprochenen Zielgruppe des Produktes zu untersuchen.

Zudem wurde für das Deutsche ein Vergleichskorpus aus 30 Bannerwerbungen ausgewertet, um den Gebrauch des Imperativs in der Anzeigenwerbung mit den sprachlichen Trends der Onlinewerbung zu kontrastieren.

2   Der Imperativ – Formen und Funktionen

„Imperatives pervade our lives" – mit diesen Worten beginnt Hamblin (1987: 1) seine Untersuchung zum Imperativ im Englischen. Eine neuere korpusbasierte Auswertung für das Englische zeigt, dass Imperative vor allem ein Mittel der mündlichen Kommunikation darstellen (Biber/Conrad/Leech 2007: 221). Auch für das Deutsche gilt, dass der Imperativ „in schriftlichen Texten nur selten vorkommt, weil er ohne weitere modale Abschwächungen ein deutliches Autoritätsgefälle zwischen den Kommunizierenden voraussetzt" (*Duden. Die Grammatik* 2005: 1125). Für alle drei hier untersuchten Sprachen, das Deutsche, das Englische und das Spanische, lässt sich der Imperativ als typische Form der Aufforderung jedoch nicht auf die Illokution Aufforderung (‚Request' vgl. Searle 1969: 66) beschränken, denn je nach Kontext kann der Modus des Imperativs interpretiert werden als „a ‚command' (or an exhortation or permission or concession or what not!)" (Austin 1975: 73).[2] Der Analyse der Rolle des Imperativs in der Werbung sollen zunächst einige dafür notwendige sprachvergleichende Bemerkungen zu den Formen des Imperativs vorangestellt werden.

Das Deutsche und das Spanische verfügen über eine eigene Höflichkeitsform des Imperativs (vgl. *Duden. Die Grammatik* 2005: 548; Bosque 1999: 3911). Dabei ist die Verwendung des nachgestellten Pronomens *Sie* im Deutschen obligatorisch (vgl. *Duden. Die Grammatik* 2005: 913), während im Spanischen die nachgestellten Personalpronomen *usted* (Sg.) und *ustedes* (Pl.) (‚Sie') nicht genannt werden müssen, wenn Mehrdeutigkeit ausgeschlossen ist (vgl. Bruye 2002: 382). Im Gegensatz dazu gibt es im Englischen keine eigene Höflichkeitsform, denn seit dem Ende des 18. Jahrhunderts ist das Personalpronomen *you* im Englischen das einzige Anredepronomen (vgl. Lutz 1998: 192; Crystal 2005: 307-310). Zur Formulierung einer Aufforderung kann im Deutschen und Spanischen auch der Infinitiv herangezogen werden: *Mitmachen und gewinnen!* (vgl. *Duden. Die Grammatik* 2005: 1402; Donhauser 1986: 259; Bosque, 1999: 3911; Bruye 2002: 500-503). Im Englischen ist dies dagegen nicht

---

[2]   Vgl. dazu auch Hamblin (1987: 1-45) und Downing/Locke (2006: 206/207) für das Englische. Donhauser (1986: 201) beschreibt für das Deutsche die Grundfunktionen *Aufforderung/Verbot, Rat/Warnung, Drohung, Erlaubnis* und *Wunsch_B*. Für das Spanische identifiziert Gysi (1997: 124) sieben Funktionstypen: *Aufforderung, Angebot/Einladung/Vorschlag, Ratschlag/Empfehlung/Tip, Warnung, Erlaubnis, konditionaler und konzessiver Imperativ, narrativer Imperativ*.

möglich (vgl. Gramberg 1998: 186/187). Zur graphischen Markierung dient in allen drei Sprachen das Ausrufezeichen (vgl. *Duden. Die Grammatik* 2005: 445). Im Spanischen setzt man es nicht nur am Satzende, sondern auch am Satzanfang, wobei es dort auf dem Kopf steht (vgl. Bruye 2002: 26).

Die nachstehende Tabelle fasst die für diese Studie entscheidenden Aspekte noch einmal zusammen.

	Deutsch	**Spanisch**	**Englisch**
Ausrufezeichen	…!	¡…!	…!
Höflichkeitsform	ja	ja	nein
Höflichkeitsform: Personalpronomen kann fehlen	nein	ja	--
Infinitiv zur Aufforderung	ja	ja	nein

Tabelle 1:   Imperativformen

3   Der Imperativ in der Werbung

Der Imperativ gehört, wie bereits erwähnt, nicht von Anfang an zu den Elementen der deutschen Werbesprache. Für die englische Werbung zeichnet Gieszinger (2001: 221-226) die Geschichte des Imperativs wie folgt nach: Erst ab Ende des 19. Jahrhunderts werden Imperative vermehrt in Anzeigen eingesetzt. Im 20. Jahrhundert erscheint diese Form in ca. 50% der Anzeigen, bis dann in ihrer letzten Stichprobe aus dem Jahrgang 1996 in 77% der Anzeigen eine Imperativform verwendet wird. Parallel dazu finden sich in Gieszingers Korpus auch immer mehr Werbeanzeigen, die mehrere Imperative enthalten (vgl. auch Penttilä 1962: 14). Zur Zahl der Imperativformen in der englischen Werbesprache stellt Leech (1966: 120) fest: „Over one in four major independent clauses was an imperative clause." Für die deutsche Werbung zählt Römer (1980: 179) den Imperativ „zu den drei wichtigsten rhetorischen Mitteln der Werbung". Im interkulturellen Vergleich werden in der spanischen Werbung (Zielgruppe Jugend) am häufigsten

Aufforderungshandlungen realisiert, dann in der englischen und am wenigsten in der deutschen (vgl. Homann 2006: 211)[3].

Obwohl der Imperativ vor allem als Mittel der mündlichen Kommunikation gilt (s.o.), trifft man also auch im schriftlichen Werbekommunikat der Anzeige häufig auf Imperativformen. In den für diese Arbeit untersuchten 90 Anzeigen finden sich insgesamt 179 Imperative.

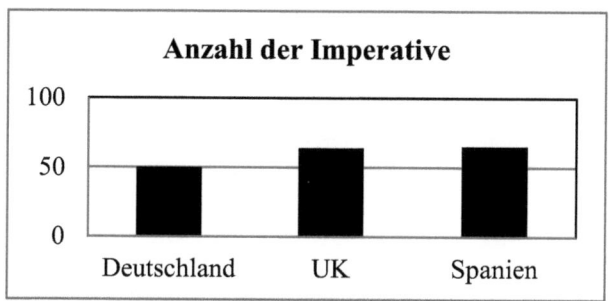

Abbildung 1:   Anzahl der Imperative

In den 30 deutschen Anzeigen sind Imperative im Vergleich zur englischen und spanischen Werbung mit 50 Formen seltener vertreten. In der englischen Werbung werden mit durchschnittlich zwei Imperativen pro Anzeige die Rezipienten nahezu genauso direkt angesprochen wie in der spanischen Werbung. Zieht man zum Vergleich die Auswertung von Homann (2006: 211) heran, so zeigt sich, dass in der deutschen Anzeigenwerbung insgesamt, nicht nur in der Werbung, die sich an ein jugendliches Publikum richtet, weniger direkt geworben wird. Der Unterschied in der englischen und spanischen Werbung fällt dagegen deutlich geringer aus als bei Homann (2006: 211). Für die spanische Werbung gibt es darüber hinaus Vergleichszahlen aus den 1970er Jahren (vgl. Cardona/Berasarte 1972: 115). Nach diesen Daten wurde damals in Anzeigen durchschnittlich ein Imperativ pro Anzeige verwendet. In den in der vorliegenden Arbeit untersuchten Anzeigen aus den Jahren 2007 und 2008 ergibt sich dagegen ein Durchschnittswert von zwei Imperativen pro Anzeige. Damit ist der Imperativ in spanischen Anzeigen heute doppelt so häufig anzutreffen.

> „It could be said that the generic sentence type for the ad is the command, or impera-
> tive, because all ads are urging us to some action. For a guide to what has long been

---

3 Ob mit ‚Aufforderungen‘ ausschliesslich Imperative bezeichnet werden, kann aus der Arbeit nicht erschlossen werden.

typical in ads, I will turn to an old copywriter's guidebook, Merrill De Voe's *Effective Advertising Copy*. De Voe urges his students to use imperatives (commands) (…): Do you like to read sentences that are addressed directly to you as reader, as this one is? Most people do. It gives the feeling that someone is talking to them from the printed page. Don't forget imperatives! They have a similar effect.
Note that advertisers use commands, not because telling you to do something really makes you do what they say, but because it will create a personal effect, a sense of one person talking to another." (Myers 1994: 47)

In den ausgewählten Anzeigen scheint diese Empfehlung umgesetzt worden zu sein. Daraus könnte man schliessen, dass in der Anzeigenwerbung seit den ersten Anzeigen eine Entwicklung vom Nachrichtenstil hin zur Simulation des persönlichen Verkaufsgesprächs stattgefunden hat.[4]

Freilich birgt die Simulation eines persönlichen Kontaktes durch den Imperativ die Gefahr, dass diese Form der Anrede vom Rezipienten als aufdringlich, ja, als regelrechter Befehl empfunden wird.[5] Dem beugen die Verfasser von Anzeigen vor, indem sie auf die graphische Markierung der ‚Befehlsform' durch das Ausrufezeichen verzichten. Im spanischen Korpus findet es sich nur zweimal, im englischen überhaupt nicht und im deutschen Korpus nur einmal. Dort steht es jedoch nicht nach einem Imperativ, sondern nach einem imperativisch verwendeten Infinitiv: „Jetzt wechseln zum ausgezeichneten Flatrate-Anbieter 2007!"[6] Das Satzende eines Imperativsatzes in Anzeigen wird viel häufiger mit einem Punkt markiert oder bleibt ganz unbezeichnet.

Erstaunlicherweise wird die naheliegende Abmilderung des Befehlscharakters durch Zusatz des Wortes *bitte* im gesamten Korpus nur einmal verwendet: „Zur Vereinbarung einer Probefahrt wenden Sie sich bitte an Ihren Saab Partner"[7]. Die Werbung spart sich dadurch ein Wort, obwohl der Imperativ durch das Weglassen dieses Ausdrucks der Höflichkeit sehr direkt zu sein scheint. Myers (1994: 48) führt dafür folgende Erklärung an:

„One explanation may be that in our culture we cut out the politeness devices if we are asking somebody to do something that benefits the hearer, not the speaker. (…) this [sic] is how advertisers would like to present their commands, as benefits to us. If they said *Please* brush up your tan.
they would imply it was for their benefit, not ours. If they said
Would you mind looking at all three?
it would sound like whining. (…)"

---

[4]   Vgl. dazu auch Römer (⁶1980: 182).
[5]   Vgl. zur „Gesichtsbedrohung" direktiver Sprechakte in Werbebriefen und zu den verschiedenen Abtönungsstrategien Nielsen (2008).
[6]   *Stern* (Nr. 30, 19.07.2007: 121).
[7]   *Stern* (Nr. 49, 29.11.2007: 22).

In der Forschung scheint Einigkeit darüber zu bestehen, dass Imperative in der Werbung die Funktion eines Ratschlags, einer Empfehlung erfüllen (vgl. dazu Römer 1980: 180/181, Flader 1976: 71-79, Baumgart 1992: 281, Störiko 1995: 179, Piller 1997: 202). Nach diesen generellen Feststellungen sollen nun im Folgenden einzelne Aspekte des Imperativgebrauchs in der deutschen, englischen und spanischen Werbung näher betrachtet werden.

3.1 Du oder Sie – Reine Formsache?

Die direkte Anrede, wie sie auch über den Imperativ möglich ist, gilt bereits in der antiken Rhetorik als Mittel, die Gunst und Aufmerksamkeit des Publikums zu gewinnen (vgl. Ueding Hg., 1992-: Bd. 1, Sp. 637/638). Doch damit befinden sich Werbetexter in einem Dilemma: Sollen die Rezipienten einer Anzeige geduzt oder gesiezt werden? Diese Frage stellt sich natürlich nur in solchen Sprachen, in denen es eine eigene Höflichkeitsform gibt. Dazu zählen, wie bereits besprochen, das Deutsche und das Spanische. Das Englische hingegen kennt nur eine Imperativform. Deshalb werden in diesem Abschnitt nur deutsche und spanische Werbeanzeigen betrachtet.

Im Deutschen ist es üblich, die Anredeform *Sie* zu wählen. Die Anrede *du* „kann bei reziprokem Gebrauch Bekanntschaft, Gleichaltrigkeit, Solidarität, Gruppenzugehörigkeit oder, im Übergang von *Sie* zu *du*, Sympathie ausdrücken." (Ueding Hg., 1992: Bd. 1, Sp. 647). Die Duden Grammatik (2005: 549) bezeichnet daher *du* auch als „vertrauliche Form" bzw. *Sie* als „Distanz-/ Höflichkeitsform". Im Spanischen dagegen ist es viel üblicher sich zu duzen, auch wenn sich die Gesprächspartner kaum kennen. Die Anrede mit *Sie* gilt als Höflichkeitsform, die vor allem gewählt wird, um Respekt gegenüber deutlich älteren Personen auszudrücken.[8] Die Verwendung der Anredepronomen kann folglich als Unterschied im Usus der Sprachverwendung zwischen Deutschland und Spanien betrachtet werden.

Für die deutsche Werbung hält Römer (1980: 181/182) fest, dass die Rezipienten einer Anzeige geduzt oder gesiezt werden können. In den von Baumgart (1992: 273) untersuchten Slogans wird viel häufiger die höfliche Anrede verwendet. Eine eigene Auswertung für die Imperativformen liegt in beiden Fällen jedoch nicht vor. Hernando (1984: 84) beobachtet für die spanische Werbung, dass für die Mehrzahl der Imperative die Höflichkeitsform gebraucht wird und erst langsam die vertrauliche Form auch ausserhalb der an ein jugendliches Pub-

---

[8]   Für diesen Hinweis danke ich Mercedes Colomer Barba, Katholische Universität Eichstätt-Ingolstadt (persönliche Mitteilung).

likum adressierten Werbung zunimmt, vor allem in Anzeigen, die sich an Frauen richten. Später findet sich die vertrauliche Form der Anrede immer häufiger in der spanischen Werbung insgesamt (vgl. dazu Becher 2007: 86).

Wie aus dem folgenden Diagramm ersichtlich wird, spiegelt sich der Unterschied auch im Untersuchungskorpus dieses Aufsatzes wieder.

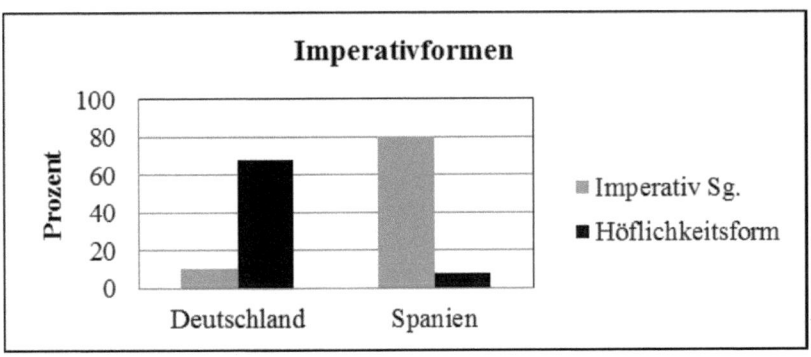

Abbildung 2:   Imperativformen[9]

In den deutschen Anzeigen wird die Höflichkeitsform mit 68% viel häufiger zur Ansprache der Rezipienten verwendet als die vertrauliche Form des Imperativs (10%). Geduzt werden die potentiellen Kunden in zwei Anzeigen aus dem Bereich Mobilfunk. Dies ist möglicherweise mit der jüngeren Zielgruppe zu erklären. Ausserdem stehen zwei Slogans in der vertraulichen Form des Imperativs: *Denk an dich* von Garnier[10] und *entdecke Opel* (s.u.). Dass gerade in zwei Slogans die Rezipienten geduzt werden, könnte daran liegen, dass in dieser Form kein Personalpronomen gesetzt werden muss. In der Höflichkeitsform ist das *Sie* hingegen obligatorisch. Damit würden die beiden Slogans unökonomisch lang werden: *Denken Sie an sich* bzw. *entdecken Sie Opel.* Als weitere Folge würde bei Garnier auch noch die Alliteration als beliebtes Mittel zur besseren Memorisierbarkeit wegfallen.

In den spanischen Anzeigen sind 80% der Imperative in der vertraulichen Form formuliert. Die Höflichkeitsform ist im Vergleich dazu mit 7,7% in den

---

[9]   Die Zahlen ergeben sich dadurch, dass in deutschen Anzeigen 22% englische Imperativformen verwendet werden, in spanischen 12,3%. S.u. 3.2 *Come in and find out* – Spricht der Imperativ englisch?

[10] *Brigitte* (Nr. 13, 06.06.2007: 54/55).

untersuchten Anzeigen kaum vertreten. Sie wird von Bang & Olufsen[11] u.a. für ein Mobilfunkgerät verwendet, das zu einer höheren Preisklasse zu rechnen ist, sowie von dem Mobilfunkanbieter Orange[12] für ein spezielles Angebot für Geschäftskunden. Auch in Anzeigen für Anti-Falten-Pflege wird die potentielle Kundin normalerweise gesiezt, denn das Alter der Zielgruppe ist bereits durch das Produkt an sich definiert. Kosmetikhersteller signalisieren auf diese Weise Respekt vor dem Alter und stellen den potentiellen Kundinnen ihre Produkte so höflich wie möglich vor (s.o.). Auch Calderón (1993: 40/41) bemerkt, dass die Verwendung der Höflichkeitsform von Produkt und Zielgruppe abhängig sein kann: Potentielle Käufer teurer Autos werden eher gesiezt. Mercedes hingegen formuliert seine Headline wie folgt: „Clase E Business Edition. Y olvídate del resto."[13]

Dass die Entscheidung, welche Imperativform benutzt werden soll, nicht immer problemlos getroffen werden kann, zeigt die folgende Anzeige der Firma Opel[14].

Abbildung 3:   Anzeige Opel

---

[11] *El País Semanal* (Nr. 1627, 02.12.2007: 23).
[12] *El País Semanal* (Nr. 1600, 27.05.2007: 61).
[13] [E Klasse Business Edition. Und vergiss den Rest.]. *El País Semanal* (Nr. 1640, 02.03.2008: 19).
[14] *Stern* (Nr. 21, 15.05.2008: 131).

Der Slogan[15] *entdecke Opel* ist als Einheit mit dem Markenzeichen so gestaltet, dass der Imperativ über das Markenzeichen gebogen erscheint, während der Markenname in recte unterhalb des Logos zu lesen ist. Das Pronomen *Sie* würde in diesem Fall den Slogan nicht nur länger machen, sondern auch die Gestaltung der Grafik – ein Wort über dem Logo und ein Wort unter dem Logo – stören. Wahrscheinlich wird deshalb auf die höfliche Anrede verzichtet. Dagegen wird der Rezipient der Anzeige bereits in der Headline und später auch im Fliesstext gesiezt. Dadurch ist zwar im Aufbau des Logos mit dem Slogan eine einheitliche Gestaltung gewährleistet, jedoch mit der Folge, dass der Rezipient dieser Anzeige einmal geduzt und mit den fünf Imperativen in Headline und Fliesstext gesiezt wird.

In Spanien hat Opel[16] das Problem der unterschiedlichen Anrede der Rezipienten in Slogan, Headline und Fliesstext auf eine andere Art gelöst: In der Headline und im Fliesstext wird der Rezipient der Anzeige geduzt. Die Imperativform *descubre*, bei der kein Pronomen erforderlich ist, würde sich damit auch für den Einsatz im Slogan eignen. Doch Opel wählt hier mit *discover Opel* eine englische Imperativform.

Diese Variante hätte auch für die deutsche Anzeige genutzt werden können. Zum Einen wäre auf diese Weise der Slogan über die Landesgrenzen hinweg einheitlich gewesen – sogar die grafische Gestaltung des Logos ist mit der englischen Form möglich. Zum Anderen hätte man die Tatsache, dass der englische Imperativ nur eine Form hat, nutzen können, um das Anrede-Problem zu umgehen: Der Rezipient hätte den Slogan *discover Opel* auch als ‚entdecken Sie Opel' übersetzen können. Mit dieser Lösung hätte man die Mischung der Anredeformen in der deutschen Anzeige vermeiden können. Im nächsten Abschnitt soll nun untersucht werden, wie oft und wofür der englische Imperativ in der deutschen und spanischen Werbung eingesetzt wird.

3.2 *Come in and find out – Spricht der Imperativ englisch?*

Come in and find out – dieser Slogan der Parfümeriekette Douglas gehört zu den bekanntesten Slogans (vgl. http://www.slogans.de). Inzwischen ist er jedoch nicht mehr aktuell. Denn seit 2004 lautet der Slogan *Douglas macht das Leben*

---

[15] Dieser Slogan wurde nur von 2007-2009 verwendet (vgl. http://www.slogans.de). Seit Mitte September 2009 lautet er *Wir leben Autos.*
(vgl.
http://www.horizont.net/aktuell/marketing/pages/protected/show.php?id=87248&page=1&params
).

[16] *Elle* Spanien (Nr. 259, April 2008: 145).

schöner (vgl. http://www.slogans.de). Dieser Wechsel wurde vollzogen, nachdem eine Studie gezeigt hatte, dass der englische Slogan von vielen Testpersonen missverstanden wurde (vgl. Endmark 2006: 1). Auch Opel könnte sich aus Gründen der Verständlichkeit gegen die Verwendung eines englischen Slogans in Deutschland entschieden haben. Vielleicht hat das Traditionsunternehmen aus Rüsselsheim für den deutschen Markt auch einen deutschen Slogan gewählt, um die Herkunft des Automobilherstellers zu betonen. Die Ergebnisse einer Studie zur Akzeptanz englischer Werbeslogans in Deutschland legen nahe, dass „deutsche Unternehmen eher mit deutschen Slogans (...) werben sollten" (Strobel/Steiner 2006: 138).

22% der Imperativformen, die in deutschen Werbeanzeigen gebraucht werden, sind englische Imperative. In spanischen Anzeigen sind dagegen nur 12,3% der Imperative englisch. Besonders interessant ist dabei der Befund, dass von diesen englischen Imperativformen in deutschen Anzeigen 45% als Markenslogan (vgl. Schmidt 2005: 173 und 2003: 81) klassifiziert werden können, in den spanischen sogar 62,5%. In dieser Form sind die Slogans international einsetzbar.

Marke	Deutschland	Spanien
Ford	Feel the difference	(Feel the difference)[17]
Land Rover	(Go beyond)	Go beyond
Nissan	(shift_convention)	shift_convention
Opel	entdecke Opel	discover Opel
Saab	move your mind	move your mind
Smart	open your mind	open your mind
Vodafone	Make the most of now.	Es tu momento. Es Vodafone.

Tabelle 2:   Slogans

Wie diese Aufstellung zeigt, sind es vor allem international agierende Automobilhersteller sowie der Mobilfunkanbieter Vodafone, die als Markenslogan einen englischen Imperativ wählen. Eine Studie, die die in der Datenbank http://www.slogans.de verzeichneten Slogans analysiert, beschreibt einen deutlichen Anstieg von Anglizismen in Slogans ab den 1990er Jahren (vgl. Androuts-

---

[17] http://www.ford.es. Die eingeklammerten Slogans auf der deutschen Seite sind nicht im Anzeigenkorpus enthalten, können aber über die Datenbank http://www.slogans.de recherchiert werden.

opoulos et al. 2004: 13/14). Eine eigene Auswertung zu englischen Imperativen liegt bislang nicht vor, doch die für die vorliegende Arbeit erhobenen Daten scheinen zu diesem Trend zu passen.

An zwei Stellen wird in dieser Übersicht von den englischen Slogans abgewichen. Mögliche Gründe dafür, dass Opel in Deutschland einen deutschen Slogan wählt, obwohl dies eine Mischung der Anredeformen zur Folge hat, sind bereits genannt worden. Umgekehrt tritt Vodafone in Spanien mit einem spanischen Slogan auf. Der englischsprachige Slogan von Vodafone wurde in einer Studie auf seine Verständlichkeit für ein deutsches Publikum hin untersucht: Nur 33% der Testpersonen konnten den Slogan richtig übersetzen (vgl. Endmark 2006: 4). Es könnte daher sein, dass Vodafone einen so hohen oder möglicherweise noch höheren Grad an Unverständlichkeit in Spanien nicht riskieren wollte und daher einen Slogan in der Landessprache gewählt hat.[18]

Ein englischer Markenslogan bietet also international agierenden Unternehmen den Vorteil, dass sie den Slogan (theoretisch) in allen Ländern verwenden können, jedoch mit der Einschränkung, dass bei einem grossen Teil der Rezipienten die Botschaft, die mit diesem Markenslogan auch über das Unternehmen vermittelt werden soll, nicht ankommt.[19]

Blickt man auf die englischen Imperativformen in Markenslogans, so kann man neben der internationalen Verwendbarkeit noch einen weiteren Vorteil erkennen: Markenslogans sind so definiert, dass sie für jede Form der Unternehmenskommunikation und besonders für alle Werbekommunikate eingesetzt werden. Das bedeutet auch, dass sie zu allen Produkten dieser Marke und damit auch zu allen Zielgruppen passen sollten. Möchte nun ein Unternehmen die verschiedenen Zielgruppen über einen Imperativ ansprechen, so muss sich das Unternehmen mit dem englischen Imperativ nicht entscheiden, in welcher Form es die Rezipienten anspricht. In Sprachen, in denen es wie im Deutschen und Spanischen neben einer vertraulichen Imperativform auch eine Höflichkeitsform gibt, umgeht das Unternehmen mit der Wahl des englischen Imperativs die Entscheidung, ob die Rezipienten geduzt oder gesiezt werden sollen: Die Rezipienten können sich selbst entscheiden, wie sie die Aufforderung dekodieren möchten.

---

[18] Auch für den deutschen Markt gibt es seit 2009 einen deutschen Slogan: *Es ist Deine Zeit.* (vgl. http://www.slogans.de).

[19] Dies könnte sich im ungünstigsten Fall auch negativ auf das Corporate Image auswirken: „Der Markenslogan bietet gegenüber dem Logo den Vorteil, dass er für die Beeinflussung eines gewünschten *Corporate Image* wesentliche unternehmenskulturelle Merkmale in verbal spezifizierter Form vermitteln kann." Schmidt (2003: 83).

3.3 Jetzt testen – Thema mit Variationen

Ebenso wie ein englischer Imperativ kann eine andere Form der Aufforderung im Deutschen und Spanischen (s.o.) dazu dienen, das Anrede-Problem zu lösen: der imperativisch gebrauchte Infinitiv. Im Folgenden soll nun untersucht werden, ob in deutschen und spanischen Anzeigen der Infinitiv als „Konkurrenzform" des Imperativs verwendet wird.

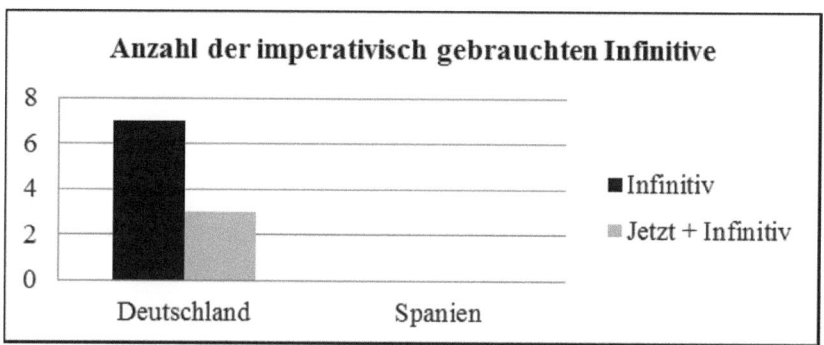

Abbildung 4:   Anzahl der imperativisch gebrauchten Infinitive

Wie sich aus diesem Diagramm ablesen lässt, wird im spanischen Untersuchungsmaterial der Infinitiv als Konkurrenzform des Imperativs nie verwendet. Wenn in spanischen Anzeigen die potentiellen Kunden zu einer Handlung aufgefordert werden sollen, so geschieht dies mit einem Imperativ. Möglicherweise ist der Grund dafür darin zu sehen, dass der Infinitiv zur Aufforderung zwar einerseits wie im Deutschen in der spontanen mündlichen Kommunikation verwendet wird (mit vorangestelltem *a: a comer 'essen kommen!'*[20]; vgl. Bosque 1999: 3911, 3914), andererseits anders als im Deutschen sein Gebrauch charakteristisch für bestimmte autoritäre Textsorten ist: „la sentencia jurídica y el tratado académico" (Bosque 1999: 3915). Der autoritäre Charakter von Formulierungen wie z.B. *no fumar* 'Nicht rauchen' oder 'Rauchen verboten!' macht vermutlich den Infinitiv ungeeignet für Werbetexte.

In der deutschen Werbung hingegen wird der Infinitiv zur Formulierung einer Aufforderung genutzt (vgl. dazu auch Baumgart 1992: 282 und Gramberg

---

[20] Diese Konstruktion hat in der spontanen mündlichen Kommunikation einen stark fordernden Charakter. Für diesen Hinweis danke ich Mercedes Colomer Barba, Katholische Universität Eichstätt-Ingolstadt (persönliche Mitteilung).

1998: 186/187). In der Headline einer Anzeige des Mobilfunkanbieters O_2[21] heisst es beispielsweise: „Testen ohne lange Bindung". Besonders für eine Headline, die möglichst schnell die Aufmerksamkeit des Lesers gewinnen soll, scheint diese Formulierung geeignet, um die längere Höflichkeitsform des Imperativs (*Testen Sie [die O_2 Flatrate] ohne lange Bindung*) zu ersetzen. Der Infinitiv scheint sich folglich als Konkurrenzform des Imperativs besonders für Anzeigen anzubieten, die den Rezipienten siezen. Im Fliesstext dieser Anzeige von O_2 wird dann der Rezipient der Anzeige in der Höflichkeitsform des Imperativs angesprochen: „Probieren Sie die Handy Flatrate". Für die Headline hat man sich jedoch mit dem Infinitiv das Personalpronomen *Sie* gespart.

Eine Möglichkeit, dem Infinitiv einen stärkeren Aufforderungscharakter zu verleihen, ist die Ergänzung mit *jetzt*. Im Anzeigenkorpus wird die Form *Jetzt + Infinitiv* dreimal verwendet. Der Mobilfunkanbieter Base setzt nach dieser Kombination sogar noch ein Ausrufezeichen (s.o.) und betont damit den auffordernden Charakter dieser Konstruktion.

3.4 Wortspiele

Abbildung 5:   LAB, Face the day

---

[21] *Stern* (Nr. 20, 08.05.2008: 159).

Face the day[22] – dieser Imperativ kann aufgrund seiner Position in der Headline schnell wahrgenommen werden. Das transitive englische Verb *face* hat u.a. die Bedeutung „To meet (danger, an enemy, or anything unpleasant) face to face; to meet in front, oppose with confidence or defiance." (OED online: *face*, v. 4.a.) Das Nomen *face* bedeutet "the front part of the head, from the forehead to the chin; the visage, countenance" (OED online: *face*, n.). Durch die Konversion vom Substantiv zum Verb ergibt sich also ein Wortspiel. Mit diesem Wortspiel wird jedoch nicht nur Aufmerksamkeit erzeugt. In diesem Fall wird über den Imperativ sogar auf das Produkt, eine Gesichtslotion, verwiesen. Damit wird der Rezipient über den Imperativ direkt angesprochen, durch das Wortspiel unterhalten und über das Produkt informiert. Am Ende des Fliesstexts steht noch einmal der Appell *Defend yourself*. Mit dieser Imperativform wird auf einen Bestandteil des Produktnamens verwiesen, denn es handelt sich um die *Daily Moisture Defense Lotion SPF 15*. Sie hilft dem Mann dabei, seine Haut gegen schädliche Umwelteinflüsse zu verteidigen. Damit wird in dieser Anzeige zweimal über den Imperativ auf das Produkt Bezug genommen: Das erste Mal geschieht dies in der wegen der Schriftgrösse auffällig gestalteten Headline, die auf die Produktkategorie und den Anwendungsbereich verweist (*face* für *Gesicht*spflege), das zweite Mal über den Imperativsatz am Ende des Fliesstexts, der auf einen Bestandteil des Produktnamens aufmerksam macht (*Defend yourself.*). Der Rezipient der Anzeige wird also direkt dazu aufgefordert, sich mit der *Defense* Lotion zu *verteidigen*.

Auch in der deutschen Werbung wird versucht, über den Imperativ einen Bezug zu einem Element des Produktnamens aufzubauen.

---

[22] *Men's Health* UK (März 2008: 33).

Abbildung 6:   Nivea, diamond gloss

In dieser Anzeige für *Nivea diamond gloss*[23] steht in der Headline das Nomen *Glanz*, die deutsche Entsprechung des englischen Wortes *gloss*. Der Imperativ *Glänzen Sie länger* ist nicht nur in Verbindung mit *Glanz* in der Headline zu sehen. Durch diesen Imperativ wird auch auf das Element *gloss* ‚Glanz' im Produktnamen verwiesen. Dieser Rückbezug wird jedoch in dieser Anzeige für den Betrachter aus zwei Gründen nicht so deutlich wie in dem englischen Beispiel. Zum einen muss der Rezipient der Anzeige diesen Bezug über Sprachgrenzen hinweg herstellen, da der Produktname mit *gloss* englisch ist, während der Imperativ in der Headline deutsch formuliert ist. Doch auch, wenn nicht nur in der Headline, sondern auch im Produktnamen das deutsche Wort (*Glanz*) stehen würde, wäre die Verbindung im Deutschen nicht ganz so salient wie in den englischen Beispielen, da *Glanz* und *glänzen* lautlich nicht in der Weise identisch sind wie engl. *face* (Substantiv und Verb), sondern in einem Ableitungsverhältnis stehen. Deshalb gilt besonders für die englische Werbesprache: „Clearly, such conversions give English an edge over inflected languages in the facility with which it can produce puns." (Hermerén 1999: 135).

---

[23] *young* (Nr. 3, März 2008: 164).

3.5 Geschickt platziert – Die Stellung des Imperativs

Im 18. und 19. Jahrhundert waren Imperativformen ausschliesslich im Fliesstext „versteckt", doch bereits ab dem Beginn des 20. Jahrhunderts werden immer mehr Imperative in der Headline eingesetzt (vgl. Gieszinger 2001: 225/226). Dass Imperative in englischen Anzeigen häufig in der Headline erscheinen, beschreibt auch Penttilä (1962: 14). Andere Positionen wie z.b. das Ende der Anzeige und der Slogan sind ähnlich auffällig. Römer (1980: 179/180) beobachtet, dass Imperativformen ausser im Slogan auch häufig wie in der englischen Werbung am Ende einer Anzeige zu finden sind (vgl. dazu auch Sowinski 1998: 63).

Die prominente Stellung des Imperativs in der modernen Werbung lässt sich möglicherweise so erklären: Die durchschnittliche Dauer des Kontaktes mit einer Werbeanzeige beträgt nur 1,7 Sekunden (vgl. Scheier/Held 2007: 42). Daher ist es von Vorteil, wenn die Werbebotschaft kurz und prägnant in einen Imperativ gefasst ist. Zusätzlich wird über das rhetorische Mittel der direkten Anrede die Aufmerksamkeit der Rezipienten auf diese Botschaft gelenkt.

Viele Imperative, nicht nur englische, erscheinen in (Marken-)Slogans. Ein weiteres Motiv für den häufigen Einsatz von Imperativen in Slogans wird im folgenden Zitat genannt:

> „Aktuelle Werbeslogans sind in ihrer Ansprache direkter und selbstbewusster als in den Jahren zuvor, was sich deutlich in der Zunahme von Botschaften in Imperativ-Form zeigt. Die neue Werbesprache will offenbar nicht mehr um jeden Preis auffallen, sondern lieber, ähnlich den politischen Parteien in ihren Kampagnen, etwas bewegen. Slogans werden somit weniger als Sinn- und Werte-Vermittler verstanden (diese Funktion übernimmt häufiger die Bildsprache), sondern stärker als Stimulus, mit dem der Konsument zum aktiven Handeln aufgefordert werden soll. (…) Vor allem beabsichtigen sie aber, die fortwährende Kaufzurückhaltung zu durchbrechen. (…) Marken positionieren sich so gegenüber dem Kunden als verständnisvolle Mutmacher." (Hahn/Wermuth/Perzborn 2006: 29 und 34)

Auch der häufige Gebrauch von Imperativen am Anfang des Fliesstextes ist besonders im Deutschen auffällig. Der Grund dafür könnte sein, dass die direkte Anrede der Rezipienten im Imperativ die Aufmerksamkeit der Leser auf den Inhalt des Fliesstextes lenken soll. Ein Beispiel dafür ist der Fliesstext der Anzeige für den Opel Zafira:

> Entdecken Sie die kraftvollen Motoren (bis zu 177 kW/240 PS), die dem neuen Opel Zafira den Charakter eines echten Sportwagens geben. Und entdecken Sie die unzähligen Einsatzmöglichkeiten des Flex7®-Sitzsystems und dessen kinderleichte Bedienung. Freuen Sie sich über die Opel Qualitäts-Initiative: sechs Jahre Garantie auf Ihren neuen Opel.

Der Imperativ *Entdecken Sie* dient nicht nur als Anrede des Rezipienten, sondern auch als verbale Einleitung zu einer Aufzählung. In jedem der mit einem Imperativ eingeleiteten Sätze wird ein besonderes Detail des neuen Modells beschrieben. Der Anfang des Fliesstextes hätte beispielsweise auch so formuliert sein können: Der Opel Zafira hat kraftvolle Motoren, die ihm den Charakter eines echten Sportwagens geben. Die werbewirksame Anrede und Aufforderung der potentiellen Kunden erfolgt jedoch durch den Imperativ *Entdecken Sie*.

3.6 „Entdecker gesucht"

Die *Süddeutsche Zeitung* suchte mehrere Jahre Entdecker.[24] Inzwischen scheint die Werbebranche insgesamt auf der Suche nach Entdeckern zu sein: Obwohl die Semantik des Verbs *entdecken*[25] die Bildung eines Imperativs, rein logisch betrachtet, eigentlich nicht zulässt[26] (man kann Personen zwar dazu auffordern, etwas zu suchen, nicht aber, es auch zu entdecken, weil dies nicht in ihrer Macht steht), entfallen auf *entdecken* (die englische und spanische Entsprechung eingerechnet) mit einem Anteil von 11% die meisten Imperativformen im ganzen Untersuchungskorpus. Werbewirksam wird mit diesem Verb der Erfolg der Suche nach dem passenden Produkt vorweggenommen und gleichsam garantiert. Im Vergleich dazu ist *kaufen* in der modernen Werbung ein schwaches Verb. Es erscheint in keiner einzigen Anzeige des untersuchten Materials.

Für die drei Sprachen werden nun jeweils die vier Verben vorgestellt, die in deutschen, englischen und spanischen Anzeigen für den grössten Teil der Imperativformen verantwortlich sind.

	1.	**2.**	**3.**
Englisch	*visit* (12,5%)	*call/text* (je 7,8%)	*discover* (3,0%)
Spanisch	*descubrir* (13,8%)	*informarse* (7,7%)	*disfrutar/llamar* (je 4,6%)
Deutsch	*entdecken* (18,0%)	*erleben/testen* (je 10,0%)	*probieren* (4,0%)

Tabelle 3:   Verben im Imperativ

---

[24] Von 2002-2008 war *Entdecker gesucht* der Markenslogan der SZ, seit 2008 lautet er *Seien Sie anspruchsvoll* (vgl. http://www.slogans.de).

[25] „1. etwas bislang Unbekanntes finden, (...) 2. a) (etw. Verborgenes, Gesuchtes) finden, ausfindig machen; (...) 2. b) unvermutet bemerken, gewahren, auf etw. stossen" (Duden 1999: 1032).

[26] Für diesen Hinweis danke ich Elke Ronneberger-Sibold, Katholische Universität Eichstätt-Ingolstadt (persönliche Mitteilung).

Nur in englischen Anzeigen nimmt das Verb *discover* ,entdecken' unter den Imperativen nicht den ersten Platz ein. Es belegt sogar nur den letzten Platz in dieser Übersicht. *Call* ,anrufen' und *text* ,eine SMS schicken' kommen zwar häufig vor, sie werden jedoch noch von *visit* ,besuchen' übertroffen. Diese drei Verben *call, text* und *visit* werden in englischen Anzeigen am Ende des Fliesstextes gebraucht, um den Rezipienten der Anzeige dazu aufzufordern, weitergehende Informationen über das beworbene Produkt einzuholen: „For more information text AYGO FOR IT to 80108, go to aygo.co.uk or call 0845 275 5555 to arrange a test drive."[27]; „For more information, call 0800 333 666 or visit www.styleyoureos.com".[28]

Dagegen ist in spanischen Anzeigen *descubrir* ,entdecken' das mit Abstand am häufigsten im Imperativ verwendete Verb. *Disfrutar* ,geniessen' und *llamar* ,anrufen' teilen sich den dritten Platz. An zweiter Stelle steht mit *informarse* ,sich informieren' ein Verb, das, wie *call, visit* und *text* in englischen Anzeigen, am Fliesstextende den Leser der Anzeige dazu auffordert, das Informationsangebot zu nutzen.

Entdecken ist im deutschen Anzeigenkorpus mit einem Anteil von 18% nahezu doppelt so häufig wie die Verben *erleben* und *testen* mit je 10%. Vor allem auf dem deutschen Markt werden also Entdecker gesucht. Das Entdecken neuer Produktwelten wird damit als Abenteuer des Alltags für Otto Normalverbraucher vermarktet. Doch was bedeutet es, ein Produkt zu entdecken?

Stöckl (1997: 97) nennt das Verb *discover* in einem Atem mit *buy* und *enjoy* im Zusammenhang mit dem eigentlichen Kaufappell. Es ist jedoch zu überlegen, ob der Rezipient durch den Imperativ des Verbs *entdecken* nicht eher zum Einholen von Informationen bzw. zu einem probeweisen Konsum aufgefordert werden soll als zum tatsächlichen Kauf. Der potentielle Kunde kann jedes Produkt entdecken, indem er sich über das Angebot zunächst unverbindlich genauer informiert. Für manche Produkte ist darüber hinaus auch ein Probekonsum möglich. Sogar im Bereich Mobilfunk, wo normalerweise ein Test letztlich mit dem Kauf bzw. dem Vertragsabschluss verbunden ist, wird mit einem solchen Probekonsum geworben.[29]

Auch um Kosmetikprodukte zu entdecken, ist der Kauf nicht zwingend notwendig. Das gilt in erster Linie für Kosmetika, die dem höheren Preissegment zuzurechnen sind. In Parfümerien werden kostenlose Proben der neuesten Produkte verteilt. Darüber hinaus besteht zum Teil auch das Angebot, sich dort mit

---

[27] Toyota AYGO in: *InStyle* UK (März 2008: 144).
[28] VW Eos in: *GQ* UK (August 2007: 18/19).
[29] Vgl. die Aktion „Testen ohne lange Bindung" von O_2, bei der man die Flatrate O2 Genion L zunächst drei Monate lang entdecken kann. Anzeige in: *Stern* (Nr. 20, 08.05.2008: 159).

den neuesten Produkten schminken zu lassen.[30] Damit der potentielle Kunde für die Entdeckungsreise nicht einmal in eine Parfümerie/Drogerie gehen muss, werden kleine Proben auf manche Werbeanzeigen geklebt. Auch virtuell ist das Entdecken möglich: Auf Werbeanzeigen wird beispielsweise mit „Descúbrelo en www.lorealparis.es"[31] auf das Informationsangebot im Internet verwiesen.

Die Automobilbranche wirbt am häufigsten, d.h. in ca. einem Drittel der untersuchten Anzeigen, explizit mit dem Angebot eines Probekonsums: Der potentielle Kunde kann das neue Modell bei einer Probefahrt entdecken. Bevor er sich zum Kauf des Produktes entschliesst, hat er die Möglichkeit, auch die Konkurrenz bei Probefahrten unverbindlich zu testen und selbst die Vorzüge des beworbenen Modells zu entdecken.

Auch im Bereich der Neuen Medien können *entdecken* und *kaufen* nicht gleichgesetzt werden. Dies zeigt eine Bannerwerbung[32] für die neuen Modelle 6500 classic, 6500 slide und 6300 von Nokia. Der Betrachter sieht zunächst die Headline „Wenn Kunst klingelt" und ein Bild der neuen Mobiltelefone. Danach kann er über den Button „Showroom betreten" eine Microsite[33] mit einer „Ausstellung" der Telefone besuchen. Mit den Worten „Wenn Kunst klingelt. Willkommen in unserem Showroom" wird der Besucher begrüsst. Neben einer Playtaste steht ein Imperativ: „Entdecken Sie mehr". Über diesen Link werden Animationen gestartet, so dass immer neue ‚Kunstwerke' aus Mobiltelefonen entstehen. Über die kleinen Playtasten neben den Modellnamen erhält man weitere Informationen zu diesen Mobiltelefonen. So kann der Rezipient die Produktwelt von Nokia virtuell entdecken. Unterhalb dieser Produktdetails befindet sich ein Button mit der Aufschrift „Jetzt kaufen". Über diesen Link wird man direkt zum Nokia Online Shop weitergeleitet. Dieses Beispiel verdeutlicht, dass auch im Internet der Kauf dem Entdecken folgt. Beides trennt jedoch nur ein einziger Klick.

Bezieht man nun die anderen Verben, die häufig im Imperativ stehen (Tabelle 2), mit ein, so ergibt sich folgendes Bild: *visit, call, text, llamar* und *informarse* fordern den Rezipienten direkt dazu auf, weitergehende Informationen über das Produkt einzuholen.[34] Setzt man für die moderne Werbung aus den oben genannten Gründen *entdecken* (sowie sinngemäss *disfrutar, erleben, testen* und *probieren*) nicht mit *kaufen* gleich, so gilt für die deutsche, englische und spanische Anzeigenwerbung, was Kaeppel (1987: 313) für die französische

---

[30] Vgl. http://www.parfuemerie-hubrich.de/parfuemerie-hubrich/latest/html/parfuemerie-hubrich1/ service.html; http://www.parfuemerie-hubrich.de/parfuemerie-hubrich/latest/html/berat ung.html.
[31] [Entdecke es auf www.lorealparis.es.].
[32] http://www.gmx.net. [21.04.2008].
[33] http://www2.nokia.de/ microsites/black-lifestyle/.
[34] Vgl. dazu die Phasen des Situationsbezugs der Imperativ-Äusserung nach Kaeppel (1987: 244).

Werbung feststellt: „das fast völlige Fehlen von eigentlichen Kauf-Aufforderungen". Die Imperative beziehen sich auf den Konsum und v.a. auf das Nutzen des Informationsangebots. Der Erwerb des Produkts wird in der Werbung übersprungen. Es ist folglich nicht der Kaufappell, der durch den Imperativ formuliert wird, sondern der Appell zum Einholen weitergehender Informationen.

4   Zusammenfassung und Ausblick

Der Imperativ hat sich zu einem zentralen sprachlichen Element der deutschen, englischen und spanischen Anzeigenwerbung entwickelt. In Sprachen, die wie das Deutsche und Spanische eine eigene Höflichkeitsform des Imperativs haben, sind Probleme bei der Auswahl der Anredeform durch eine englische Imperativform oder die Konstruktion *(Jetzt)* + *Infinitiv* vermeidbar. Darüber hinaus eignen sich Imperative für produktbezogene Wortspiele. Wie die Auswertung des Datenmaterials gezeigt hat, wird der Imperativ, der vor allem als Mittel der mündlichen Kommunikation gilt, in der aktuellen Anzeigenwerbung auch in schriftlicher Form eingesetzt. Da im Radio und Fernsehen tatsächlich über den auditiven bzw. audiovisuellen Kanal mündliche Kommunikation gesendet wird, würde es sich lohnen, Hörfunk- und Fernsehspots auf ihren Gebrauch des Imperativs hin zu untersuchen. Mit einer solchen intermediären Analyse könnte festgestellt werden, ob in diesen Werbemitteln mehr Imperative und Konkurrenzformen des Imperativs verwendet werden als in Printanzeigen.[35]

Blickt man über die drei in dieser Studie analysierten Produktklassen hinaus und wendet sich einer ganz speziellen Zielgruppe zu, so findet man folgende Vorgaben des deutschen Werberats zur Verwendung von Aufforderungen:

> „Bei der Werbung mit Kindern und bei der Werbung, die sich speziell an Kinder wendet, sind insbesondere die nachstehenden Grundsätze bei der Gestaltung und Durchführung von Werbemassnahmen zu beachten: (…)
> 2. Sie sollen keine direkten Aufforderungen zu Kauf oder Konsum an Kinder enthalten.
> 3. Sie sollen keine direkten Aufforderungen von Kindern und/oder an Kinder enthalten, andere zu veranlassen, ein Produkt zu kaufen. (…)"[36]

Der Grund für diese Verhaltensregeln ist darin zu sehen, dass „Kinder im Vorschulalter der Werbung noch häufig unkritisch Glauben schenken" (Polajnar

---

[35] Calderón (1993: 40/41) stellt in ihrer Analyse zum Gebrauch des Imperativs in spanischen Werbespots fest, dass ca. 60% der Spots in ihrem Korpus direkt an den Zuschauer gerichtete Imperative enthalten.

[36] http://www.werberat.de/: Verhaltensregeln, Werbung mit und vor Kindern.

2005: 63) und diese Aufforderungen unreflektiert befolgen könnten. Es wäre deshalb interessant, zu analysieren, mit welchen subtileren Mitteln des Kaufappells die Werbetreibenden sich an Kinder wenden. Wird in den ausgewerteten Anzeigen ein Imperativ eingesetzt, so dient er nicht dazu, den Kaufappell zu formulieren. Die Rezipienten werden vielmehr dazu aufgefordert, weitergehende Informationen über das beworbene Produkt einzuholen.

Doch nicht nur in Anzeigen, auch in der virtuellen Welt treffen Verbraucher auf viele Imperativformen oder imperativisch gebrauchte Infinitive[37]: In den 30 ausgewerteten deutschen Bannerwerbungen der Produktbereiche Automobil, Telekommunikation/Mobilfunk und Kosmetik fanden sich 25 Imperativformen und sogar 28 imperativisch gebrauchte Infinitive. Deutlich häufiger als in Werbeanzeigen wurde dabei der Aufforderungscharakter mit einem Ausrufezeichen unterstrichen. Stärker als die Anzeigenwerbung nutzt die Onlinewerbung die Vorteile des Infinitivs: Erstens entfällt die Entscheidung für eine Anredeform; zweitens kann dadurch das Banner ökonomisch kurz gestaltet werden, denn im Falle einer höflichen Aufforderung müsste bei der Imperativform das Pronomen *Sie* gesetzt werden.

In den ersten drei Monates des Jahres 2008 konnte der Bereich der Onlinewerbung Nielsen Media Research zufolge im Vergleich zum Vorjahreszeitraum einen Zuwachs von 41,1% verzeichnen.[38] Aktuellere Zahlen bestätigen das Wachstum der Onlinewerbung und die Absicht der Werbetreibenden, in diesem Bereich auch in Zukunft zu investieren.[39] Es bleibt abzuwarten, ob sich der Erfolg der Internetwerbung bald auch an der Zunahme ihres charakteristischen imperativischen Sprachstils in der allgemeinen Werbesprache ablesen lässt.

---

[37] Vgl. dazu Janoschka (2004: 135-138), Rossbach (2002: 293) und Runkehl/Janich (2006: 307).
[38] Vgl.
http://www.horizont.net/aktuell/digital/pages/protected/showNewsletter.php?id=75757&utm_source=News letter&utm_medium=Newsletter.
[39] Vgl.
http://www.horizont.net/aktuell/digital/pages/protected/showNewsletter.php?id=88525&utm_source=Newsletter&utm_medium=Newsletter und http://www.horizont.net/marktdaten/studien/pages/show.prl?id=377&backid=.

Literaturverzeichnis

Austin, J.L. (1975): How to Do Things with Words. The William James Lectures Delivered at Harvard University in 1955. 2. Aufl. Cambridge, Massachusetts.

Baumgart, Manuela (1992): Die Sprache der Anzeigenwerbung. Eine linguistische Analyse aktueller Werbeslogans. Heidelberg.

Becher, Gabriele (2007): Publicidad intercultural. Componentes específico-culturales en anuncios publicitarios españoles y alemanes. Badajoz.

Bendel, Sylvia (1998): Werbeanzeigen von 1622-1798: Entstehung und Entwicklung einer Textsorte. Tübingen.

Biber, Douglas/Conrad, Susan/Leech, Geoffrey N. (2007): Longman Student Grammar of Written and Spoken English. Harlow.

Bosque, Ignacio/Demonte, Violeta (Hrsg.) (1999): Gramática descriptiva de la lengua española. Bd. 3: Entre la oración y el discurso. Morfología. Madrid.

Bruyne, Jaques de (2002): Spanische Grammatik. Übers. von Dirko-J. Gütschow. 2., erg. Aufl. Tübingen.

Bußmann, Hadumod (Hrsg.) (2002): Lexikon der Sprachwissenschaft. 3., aktualisierte und erw. Aufl. Stuttgart.

Calderón, Marietta (1993): Der Imperativ in spanischen Werbespots: Akten der gleichnamigen Sektion des Bamberger Romanistentages (23.-29.1.1991). In: Schmitt (1993): 37-59.

Cardona, Domingo/Fernández Berasarte R. (1972): Lingüística de la publicidad. El idioma español y la publicidad. Palma de Mallorca.

Crystal, David (2005): The Stories of English. London.

Donhauser, Karin (1986): Der Imperativ im Deutschen. Studien zur Syntax und Semantik des deutschen Modussystems. Hamburg.

Downing, Angela/Locke, Philip (2006): English Grammar – a University Course. 2. Aufl. London.

Duden. Das große Wörterbuch der deutschen Sprache in zehn Bänden. (1999) Hrsg. und bearb. vom Wissenschaftlichen Rat der Dudenredaktion. 3., völlig neu bearb. und erw. Aufl. Mannheim.

Duden. Die Grammatik. (2005): Hrsg. von der Dudenredaktion. 7. Aufl. Mannheim.

Fisiak, Jacek/Krygier, Marcin (Hrsg.) (1998): Advances in English historical linguistics. Berlin.

Flader, Dieter (1976): Strategien der Werbung. Ein linguistisch-psychoanalytischer Versuch zur Rekonstruktion der Werbewirkung. 2. durchges. und überarb. Aufl. Kronberg.

Gieszinger, Sabine (2001): The History of Advertising Language. The Advertisements in "The Times" from 1788 to 1996. Frankfurt/Main.

Gramberg, Anne-Katrin (1998): Persuasionsstrategien im kulturellen Kontext: Diskursanalyse deutscher und nordamerikanischer Automobilwerbeanzeigen. In: Deutsche Sprache. Zeitschrift für Theorie, Praxis, Dokumentation 26: 174-189.

Gysi, Martin (1997): Die Verbalgrösse Imperativ im Spanischen: Überlegungen zum Grundwert des spanischen Imperativs und seiner Stellung innerhalb des Modussystems. Bern.

Hahn, Alexander/Wermuth, Inga/Perzborn, Oliver (2006): Werbetrends 2007. Einfach, natürlich, direkt. Hamburg.

Hamblin, Charles L. (1987): Imperatives. Oxford.

Hermerén, Lars (1999): English for Sale. A Study of the Language of Advertising. Lund.

Hernando Cuadrado, Luis Alberto (1984): El lenguaje de la publicidad. Madrid.

Homann, Meike (2006): Zielgruppe Jugend im Fokus der Werbung. Verbale und visuelle Kodierungsstrategien jugendgerichteter Anzeigenwerbung in England, Deutschland und Spanien. Hamburg.

Janich, Nina/Neuendorff, Dagmar (Hrsg.) (2002): Verhandeln, kooperieren werben. Beiträge zur interkulturellen Wirtschaftskommunikation. Wiesbaden.

Janich, Nina (2005a): Werbesprache. Ein Arbeitsbuch. 4. Aufl. Tübingen.

Janich, Nina (Hrsg.) (2005b): Unternehmenskultur und Unternehmensidentität. Wirklichkeit und Konstruktion. Wiesbaden.

Janoschka, Anja (2004): Web Advertising: New forms of communication on the internet. Amsterdam.

Kaeppel, Eleonore (1987): Der Imperativ in der französischen Anzeigenwerbung. Tübingen.

Leech, Geoffrey N. (1966): English in Advertising. A Linguistic Study of Advertising in Great Britain. London.

Lutz, Angelika (1998): The Interplay of External and Internal Factors in Morphological Restructuring: The Case of you. In: Fisiak/Krygier (1998): 189-210.

Myers, Greg (1994): Words in Ads. London.

Nielsen, Martin (Hrsg.) (2003): Wirtschaftskommunikation im Wandel. Dynamik, Entwicklung und Prozessualität. Wiesbaden.

Nielsen, Martin (2008): "Wir laden Sie ein!" – „Jetzt anmelden!" Zur Spannweite von Instruktionen in Werbebriefen. In: Hermes – Journal of Language and Communication Studies 40: 11-26.

Penttilä, Erkki (1962): Advertising English. Helsinki.

Piller, Ingrid (1997): Englische Werbeslogans. In: Anglia: Zeitschrift für Englische Philologie 115: 193-222.

Polajnar, Janja (2005): Strategien der Adressierung in Kinderwerbespots. Zur Ansprache von Kindern und Eltern im Fernsehen. Wiesbaden.

Römer, Ruth (1980): Die Sprache der Anzeigenwerbung. 6. Aufl., unveränd. Nachdruck der 2., rev. Aufl. Düsseldorf.

Rossbach, Simone (2002): Werbung im WWW und ihre Gestaltung im Vergleich zum klassischen Werbemittel Anzeige. In: Janich/Neuendorff (2002): 281-306.

Runkehl, Jens/Janich, Nina (2006): Werbesprache im Internet. In: Schlobinski (2006): 299-316.

Scheier, Christian/Held, Dirk (2007): Was Marken erfolgreich macht. Neuropsychologie in der Markenführung. Freiburg.

Schlobinski, Peter (Hrsg.) (2006): Von *hdl* bis *cul8r*. Sprache und Kommunikation in den Neuen Medien. Mannheim.

Schmidt, Christopher M. (2003): Der Markenslogan als Instrument unternehmenskultureller Persuasions-Strategien aus kognitionslinguistischer Perspektive. In: Nielsen (2003): 79-105.

Schmidt, Christopher M. (2005): Markenslogan und Markenpersönlichkeit: bildschematische Konzeptualisierung als Erfolgskriterium unternehmensexterner Kommunikation. In: Janich (2005b): 171-187.

Schmitt, Christian (Hrsg.) (1993): Grammatikographie der romanischen Sprachen. Bonn.

Searle, John R. (1969): Speech Acts. An Essay in the Philosophy of Language. London.

Sowinski, Bernhard (1998): Werbung. Tübingen.

Stöckl, Hartmut (1997): Werbung in Wort und Bild: Textstil und Semiotik englischsprachiger Anzeigenwerbung. Frankfurt/Main.

Störiko, Ute (1995): ‚Wir legen Word auf gutes Deutsch‘. Formen und Funktionen fremdsprachiger Elemente in der deutschen Anzeigen-, Hörfunk- und Fernsehwerbung. Viernheim.

Strobel, Matthias/Steiner, André (2006): Englische Werbeslogans in Deutschland. Saarbrücken.

Ueding, Gert (Hg., 1992-): Historisches Wörterbuch der Rhetorik. Tübingen.

Internet

Androutsopoulos, Jannis K. et al. (2004): Sprachwahl im Werbeslogan. Zeitliche Entwicklung und branchenspezifische Verteilung englischer Slogans in der Datenbank von slogans.de. Networx 41. (http://www.mediensprache.net/networx/networx-41.pdf) [24.03.2008].

Endmark GmbH (2006): Englische Werbung und böhmische Dörfer. Warum viele Marketingbotschaften nicht so gut ankommen. Pressemitteilung vom 27.11.2006. http://www.endmark.de/download/Endmark_Presse_Claims.pdf [05.01.2008].

http://www.ford.es [13.05.2008].

http://www.gmx.net [21.04.2008].

http://www.horizont.net/aktuell/digital/pages/protected/showNewsletter.php?id=75757&u tmsource=News%20letter&utm_medium=Newsletter [15.04.2008].

http://www.horizont.net/aktuell/digital/pages/protected/showNewsletter.php?id=88525&u tm_%20source=Newsletter&utm_medium=Newsletter [16.11.2009].

http://www.horizont.net/marktdaten/studien/pages/show.prl?id=377&backid [16.11.2009].

http://www.horizont.net/aktuell/marketing/pages/protected/show.php?id=87248&page=1 &params [20.11.2009].

http://www.parfuemerie-hubrich.de/parfuemerie-hubrich/latest/html/parfuemerie-hubrich1/service.html [13.05.2008].

http://www.parfuemerie-hubrich.de/parfuemerie-hubrich/latest/html/beratung.html [13.05.2008].

http://www.slogans.de [20.11.2009].

http://www.werberat.de/: Verhaltensregeln, Werbung mit und vor Kindern. [28.04.2008].

http://www2.nokia.de/microsites/black-lifestyle/ [21.04.2008].
OED (Oxford English Dictionary) online: http://www.oed.com.

Werbeanzeigen

Bang & Olufsen. In: *El País Semanal* Nr. 1627, 02.12.2007, 23.
Base 5 Flatrate. In: *Stern* Nr. 30, 19.07.2007, 121.
Garnier Nutrisse Creme. In: *Brigitte* Nr. 13, 06.06.2007, 54/55.
LAB Series Daily Moisture Defense Lotion SPF 15. In: *Men's Health* UK März 2008, 33.
Mercedes Clase E Business Edition. In: *El País Semanal* Nr. 1640, 02.03.2008, 19.
Nivea diamond gloss. In: *young* Nr. 3, März 2008, 164.
O$_2$ Flatrate. In: *Stern* Nr. 20, 08.05.2008, 159.
Opel Agila. In: *Elle* Spanien Nr. 259, April 2008, 145.
Opel Zafira. In: *Stern* Nr. 21, 15.05.2008, 131.
Orange Contrato Inteligente Empresas. In: *El País Semanal* Nr. 1600, 27.05.2007, 61.
Saab 93. In: *Stern* Nr. 49, 29.11.2007, 22.
Toyota AYGO. In: *InStyle* UK März 2008, 142/144.
VW Eos. In: *GQ* UK August 2007, 18/19.

Quality Assessment of Digital Educational Materials – Theory and Practice [1]

Gerd Bräuer, Sarah Vaes, Liesbeth Opdenacker & Luuk Van Waes

Introduction

In a globalized market economy companies are more than ever forced to act internationally and transculturally in a competent way. Different cultural standards and communication habits need to be negotiated successfully within international cooperations, in the course of treaty negotiations, in advertising – just to name a few challenges of today's common business communication. Innovative research on business communication (e.g. Boenigk et al. 2006) and the development of professional communication training (e.g. Crijns/Janich 2005) has long taken on this new challenge. While research analyzes intercultural aspects of international corporate interaction through (non-) verbal and written language, in the field of training development digital educational materials appears for various uses (formal staff development, independent learning, college training) and on different topics (creative advertising, knowledge management, conflict management) - just to name a few aspects of this still rather recent branch of formal and informal professional education.

Because of the great innovative potential of this emerging field, standards for quality assessment of these educational products are needed, especially when the development of educational material is not directly linked to research. The latter is nothing specific for education and continuing training in business communication but applies to all areas of digital education and certainly reveals a well-known phenomenon of innovation in general: Strong innovation first creates a great amount of quantity and, at the same time, a desire for quality and the definition of what quality means in the context of a specific area of innovation. This is where QuADEM comes into play.

QuADEM stands for Quality Assessment of Digital Educational Materials and is a product of an ongoing international collaboration between the following institutions: Universiteit Antwerpen, Universiteit Gent (both Belgium), Radboud

---

[1] A version of this article appeared in Schreiben und Medien (2010), edited by E.-M. Jakobs, K. Lehnen, K. Schindler (pp. 135-149).

Universiteit Nijmegen, Vergouwen Overduin, Stroomt Informatiehuisouding (all The Netherlands), Lodz University (Poland), Swedish Telepedagogic Knowledge Centre (Sweden), and Zürcher Hochschule für Angewandte Wissenschaften Winterthur (Switzerland). QuADEM embodies a method which offers solutions to facilitate and streamline the development and review process of digital educational materials in the field of academic and professional writing. The two main products of the QuADEM project, a downloadable handbook (PDF) and a web tool (both at www.scribani.org/quadem/index.html), are intended to provide practical solutions for developing and reviewing digital educational materials for users ranging from the experienced IT-professional to motivated student tutors. Minimizing the needed background knowledge, terminology and research methods are explained in separate chapters at the end of the digital handbook in a section called "methodological compendium." By offering solutions for problems that may arise before, during and after the (further) development of digital educational materials, the handbook highlights the necessity for reflection on not only which materials a developer uses, but also on how these materials are being implemented in a larger educational environment of an institution. The web tool facilitates the step-by-step procedure of the QuADEM method, also, if needed, on a long-term basis. Temporary results can be saved online and discussed with other users and members of the QuADEM network.

The following chapter is based on the digital handbook (Opdenacker et al. 2009) and can be understood as an introduction to personal and institutional development through the QuADEM method. It goes without saying that quality assessment of digital educational materials is not only an issue of shaping institutions in the field of education but also companies with high standards in sustainable staff development. The following overall intentions of this article should be checked if considering reading this article in full:

1. Do you want to raise awareness within your institution/company in regard to existing forms of written communication and related support for writers and existing and/or future needs of writers and specific communicative demands of the institution or company?
2. Do you want to think about existing criteria for the evaluation of the existing approaches to written professional communication and writing support?
3. Are you interested in learning more about the QuADEM instructional material and ways of institutional adaptation?

In order to make the reading of this article more sustainable, interaction among readers on the one hand and between reader and the QuADEM development team are desirable. This professional exchange can be undertaken at any time through both weblog and/or forum provided on the homepage of the QuADEM community.

A first specific aim of this chapter (see part 1) is to introduce the theoretical and practical basics of the QuADEM method. More information beyond this article on both theoretical framework and methodology of the development of QuADEM can be found in the online handbook (Opdenacker et al. 2009), especially in the chapter on blended learning.

A second specific aim of this article (see part 2) is to discuss the assessment unit approach of the QuADEM method. Readers can check the assessment unit on "intercultural aspects" in the online handbook as an example that seems highly relevant for the audience of this publication. In addition, this unit provides an example for how to put into practice the 11 steps of the assessment procedure which will be described in this article.

In the third and final part of this chapter, measures will be suggested for how to set up and run quality assessment of digital materials in ones own professional environment. For that a tested workshop scenario, including a powerpoint presentation and a poster, can be downloaded from the QuADEM homepage.

1   The Basics of QuADEM

1.1 Content at target: digital learning modules

In QuADEM terminology 'digital educational material' refers to an electronic application that is devoted to the study of one specific topic in a systematically structured way. In many cases digital learning material will be part of a digital learning environment. This is a broader digital framework that offers its users a whole set of applications that make it possible for different parts of the teaching and learning experience to happen through a digital medium.

Whenever QuADEM refers to the term 'digital learning module' it addresses a well - defined topic, often related to a specific writing task and genre, for example How to write a CV?, and it will offer its users information, documentation, examples and exercises to help them achieve the learning objectives, in this case writing an effective CV. Such a learning module might be available on a digital learning environment that, next to other learning modules, features tools such as course statistics, a drop box for assignments, a student forum, a notice board and student administration – e.g. www.calliope.be where the aforementioned digital learning module is situated.

1.2 In general terms: Methods in use

Quality assessment of e - learning applications traditionally focuses on user - friendliness or, in plain words, the ease with which users are able to manipulate the educational software (Ardito et al., 2006). The QuADEM method, however, applies a more comprehensive approach towards 'quality' by incorporating other facets such as, for example, the extent to which the digital educational material actually supports the learning objectives and processes of its users. All in all, eleven different components that ˗ according to QuADEM ˗ determine for the quality of digital educational material are taken into consideration.

The QuADEM view on what constitutes 'good' educational material is strongly influenced by the theories of cognitive constructivism and social constructivism. Cognitive psychology (e.g. Gardner, 1993) has discovered that the development of knowledge needs to be personally relevant in order to be long lasting.

This personally relevant knowledge can best be acquired by active learners in instructional settings stimulating individual documentation, analysis, selection, and assessment of information. While cognitive constructivism defines learning as a cognitive process of constructing meaning within each individual learner, social constructivism (e.g. Vygotsky, 1978; Rogoff, 1990) understands learning also and foremost as a socially embedded phenomenon. Here, learning is understood as a phenomenon of active, self ˗ empowering and, at the same time, peer ˗ oriented learning that is both result and requirement of student ˗ centered instruction organized by educators who define themselves no longer as mere teachers but as facilitators of learners and their individual learning processes.

The QuADEM method is especially well ˗ fitted to support quality assessments that wish to apply a broad scope, going beyond a focus on the 'ease of use' to include an assessment of the accessibility and didactical effectiveness of the digital educational material under revision. While there have been tendencies of trying to replace the traditional classroom with new media, the limitations of learning and teaching solely occurring in digital environments have also become more clear. The QuADEM method, therefore, strongly advocates a blended learning approach, where face-to-face and computer ˗ mediated instruction are combined in order to serve learners with various learning styles and optimize learning.

The QuADEM method can be used to assess digital educational materials in different e-learning settings, but it is especially well ˗ suited for the evaluation of digital learning modules being used in a blended learning context and it encourages the assessor to look at a digital learning module in a blended learning perspective.

1.3 In specific terms: Quality assessment of digital educational material

According to QuADEM, a good quality assessment needs to take into account the interaction between the digital educational material and its users. The best way to achieve this is by actually implicating the end‐users of a digital learning module in the assessment process. A set of ‐ mostly ‐ qualitative research methods will be used to find out what opinions the different end- users and other stakeholders hold about a digital learning module under review.

The QuADEM method assists the assessor in basing his/her own expert opinion on the concerted opinions of different groups of end‐users and/or stakeholders by guiding him/her in the selection of respondents and research methods.

Since the QuADEM method employs a broad interpretation of quality, it also runs the risk of becoming laborious and cumbersome. To maintain the purposiveness and efficiency of this quality assessment scheme, the QuADEM method is devised in such a way that the user can pick and choose exactly what is needed in the current assessment. As a result, the QuADEM method supports quality assessments of varying scale, ranging from focused evaluations aimed at very specific points of concern to extensive investigations covering all different components of quality.

1.4 In concrete terms: QuADEM Tools

The QuADEM method provides four tools for a quality assessment: a set of assessment units, a scoring manual, a methodological compendium, and a glossary. What follows below is a short overview of the overall structure of the assessment units. While assessing a certain unit an online scoring tool (see 'scoring manual' in the QuADEM handbook) can be used to rate and, later on, to sum up the numeric scores into a overall score that summarizes the assessor's verdict about the digital learning module in relation to a specific component of quality. What assessment method fits what assessment need can be defined through the 'methodological compendium' supplemented by a glossary which can be used to familiarize oneself with specific assessment terminology.

2   The assessment unit approach of QuADEM

The QuADEM assessment unit approach includes a set of assessment units that provides the user with focused, well - structured and hands on information on how to review a digital learning module. The starting point of the QuADEM project has been the identification of several components that can determine the quality of digital learning modules. The selected components are: learning objectives, content, style and language, intercultural aspects, usability, learning styles, writing styles, testing, examples, multimedia, and questionnaires.

For each of these components an assessment unit has been developed. Such a unit contains all information needed to assess that specific component of the digital learning module. This information is always structured in the same way (see table below):

Summary	Offers a definition of the component the unit refers to and specifies the scope of the unit, research methods and prospective respondents
Preconditions	Sums up controlling conditions which need to be fulfilled before proceeding to the actual assessment itself
Checklist	Shows a list of criteria dealing with one component of the digital learning module: The assessor rates the digital learning module for each criterion on a scale ranging from -2 to 2 or N/A (not applicable)
Script	Suggests a scenario for the assessment of the unit's component and guides the assessor through the process of completing the checklist step by step
Manual	Provides additional information on the meaning and scope of the different checklist criteria and suggests how the digital learning module should be developed in order to meet these criteria
Score	A box where the assessor can rate the module (using a letter score from A to E) and explain his mark

Figure 1:   The assessment unit approach of QuADEM

2.1 Assessment Procedure

In order to perform a quality assessment from start to finish, the assessor will have to go through the following step - by - step practice. This procedure can be found also as a to-do-list as part of the QuADEM poster which can be downloaded from the QuADEM homepage:

Step 1: Starting Situation
The start for each QuADEM assessment can be characterized by two main conditions: First, a new e-learning tool or digital learning module will be developed or has been developed; or an existing module will be revised. Second, the developer wants to assess whether the digital learning module is consistent with the criteria QuADEM has determined, or what criteria the new digital module has to meet.

Step 2: Determine the scope of the assessment
The QuADEM assessment method supports assessments with varying scopes. The assessor needs to decide how to use QuADEM (see table below).

Broad use	You use the QuADEM assessment method from the very inception of the learning module. You assess the learning module continuously by applying all or a selection of assessment units and correcting developmental flaws until the desired standard has been reached.
Narrow use	You use the QuADEM assessment method to perform a selective and partial assessment of one or several components of an existing digital learning module. You use the assessment units as your point of departure and adapt them to your needs by selecting criteria, research methods, and the iteration that suit
Reference use	You apply the checklist criteria, assessment units and the handbook as reference documents. In this capacity, the assessment units provide answers to your questions or serve as a useful aid in the conceptualization and design phase of new digital learning materials.

Figure 2:   Determine the scope of the assessment

Step 3: Assess the blended learning context
In line with the strong belief in blended learning that dominates QuADEM's view on e - learning, it is highly recommended each quality assessment to start

with a thorough description and assessment of the blended learning context in which a digital learning module is being used. In order to stimulate a proper examination of the blended learning context, the assessment unit on blended learning is provided as a separate section (Opdenacker et al. 2009, p.14).

Step 4: Select the relevant assessment unit
Based on the previous steps, the assessor selects one or more assessment unit(s). Each of these units holds all the information necessary to assess one of the components that determine the overall quality of the digital learning module.

The selection of the assessment unit(s) will depend on the scope and focus of the assessment, but also on the nature of the digital educational material under review. Not all learning modules benefit from using every assessment unit available in QuADEM since different digital learning modules host different content using different operating systems. When units complement each other they should be used simultaneously to maximize the assessment potential of each unit. The following table provides an overview of the QuADEM assessment units:

Assessment unit	What to assess
Learning Objectives	Goals and didactical framework of the module
Content	Textual, visual and aural input that makes up the digital learning module
Style and language	Choices in the use of language (terminology, style)
Intercultural aspects	Intercultural transferability of the digital learning module
Usability	Efficiency and effectiveness of applying the module
Learning styles	Acknowledging and supporting different learning styles
Writing styles	Acknowledging and supporting different writing styles
Testing	Methods for assessing learner performance
Examples	Use of examples in the digital learning module
Multimedia	Use of audio, video, pictures, animation, and interactive elements
Questionnaires	Use of questionnaires in the digital learning module

Figure 3:   Select the relevant assessment unit

Step 5: Check preconditions
Before starting the actual assessment it should be checked whether all preconditions can be fulfilled. The preconditions are listed at the beginning of each assessment unit. If several boxes cannot be ticked, there are two options to consider:
- there will not be much use in applying this assessment unit to the digital learning module at hand
- some aspects of the learning module will need revision before proceeding.

If just one of the preconditions cannot be ticked, this matter should be solved before filling in the checklist itself. Once all the preconditions are fulfilled, the assessor can continue the evaluation procedure.

Step 6: Select appropriate research methods
To be able to complete the checklist – which is the core of each assessment unit – the assessor needs information on every checklist criterion that he/she has decided to include in the assessment. To elicit the relevant information, the assessor needs to select the right research method(s). The sections 'summary' and 'checklist' at the beginning of each assessment unit provide a shortlist of the research methods that are proven to be useful to evaluate the unit's component. The table below provides an overview of research methods that have been tested as part of the development of the QuADEM method for their use in assessing digital educational material. The methodological compendium in the QuADEM handbook provides an explanation for each of the research methods. It is up to the assessor to determine the appropriate combination of methods, depending on the focus and scope of the assessment. Often this decision will also be influenced by limitations the assessor experiences in the selection of the respondents (see step 7).

Research method	Description of the method
Card sorting	Serves to determine the ideal overall structure for a digital module or to evaluate an existing structure
Focus group	Is a small group discussion of 6 to 12 people, led by a trained facilitator who moderates the conversation and introduces new topics
Interview	Provides a way of gathering information via face-to-face contact to an informant
Plus/Minus	Provides a way of gathering information concerning the respondents' opinion
Task analysis	Verifies how users go about achieving the goals they set out to reach
Verbal protocol	Provides a way of collecting qualitative data which offers an insight into the thought processes of informants
Questionnaire	Is a research instrument consisting of a series of questions and other prompts for the purpose of gathering information from respondents
Test analysis	Is a bundle of methods (descriptive statistics, correlations, reliability analysis) which offers a way of analyzing the reliability of language tests and tasks
Usability testing	Refers to the large multi - method process of determining and analyzing the user - product interaction.

Figure 4:   Select appropriate research methods

Step 7: Select the respondents

Once the assessor has decided which research method to use, he/she will have to determine whom to focus on. The section 'summary' at the beginning of each assessment unit provides a list of all stakeholders that can deliver relevant information on the unit's component. The final selection will depend on the focus and scope of the assessment and in accordance with the research method(s) chosen. There are two main groups of respondents:

- Representative end users: Actors that actually (will) have to use the digital learning module, such as students, tutors and teachers.

- Experts: Persons that can be involved in the assessment because of their expertise on the specific component under review, such as experts in the field of multimedia, cultural differences, language or pedagogy.

Step 8: Customize the selected research methods
At this stage of the procedure the assessor has a clear view of what the assessment is about, he/she has decided what research methods will be used and the respondents have been selected. To be successful with the remaining assessment process the chosen research methods need to be customized for the specific context they will be used for. For this purpose the assessor should ask him/herself the following questions:

- Does the respondent need any specific background information in order to be able to comment on a certain topic or to answer certain questions? If so, can the respondent be provided with this information without distorting the research results?
- Will this research method, as it is planned, prompt the respondent to give information on the specific topic the assessor is interested in? If not, how can the assessor steer the respondent in a more relevant direction without distorting the research results?
- Does this research method overlap with one of the other research methods selected? If so, can these research methods be combined in order to avoid repetition?

Step 9: Design your script
At this stage the assessor should know which components and checklist criteria he/she wants to include in the assessment. He/she also decided which research methods will be used, in what way, and with whom as respondents.

The next step is to design a detailed, chronological description of the course of the assessment sessions. This means to decide in what order to combine the different topics, research methods and respondents to make the research process go as smoothly as possible.

Step 10: Complete the checklists
Once all the assessment sessions are concluded, the assessor needs to complete the checklists, using a 5 ‑ point Likert scale. This means the assessor will have to translate the research results obtained through qualitative research into numeric scores.

There are two possible scenarios for the transition to numeric scores, each of them with its own merits and drawbacks:

Scenario 1: The assessor interprets and summarizes the research results and completes the checklist on his/her own. In this case the translation of the respondents' opinions into scores is based entirely on the assessor's judgement, which means the risk of bias is prominent. To avoid misrepresentation, the assessor should establish and define standards for his/her action.

Scenario 2: The assessor completes the checklist in cooperation with each respondent by discussing each of the checklist criteria, taking into account the respondent's reactions during previous research tasks and by asking the respondent to summarize this action into a numeric score (on a scale from -2 to $+2$). In this case, different respondents may interpret the checklist criteria differently, which would distort the research results. The assessor should, therefore, determine beforehand how to interpret and explain the different checklist criteria. Once all the respondents have assisted in filling out the checklist, the assessor can use the average scores as his/her final checklist scores.

Step 11: Use the results, solve problems
The checklist scores are summarized in a single letter score per unit. In combination with the observations made during the qualitative research phase this should allow the assessor to get a clear picture of the strengths and weaknesses of the digital learning module under review. The final step is to use this information to solve problems and carry out improvements. Some of the most common problems or shortcomings are discussed in the 'manual' section of the QuADEM handbook at the end of each unit. The manual also includes suggestions on how to solve problems or how to revise and improve the digital learning module.

3   Suggestions for applying QuADEM to the institutional environment

To apply the procedure of assessment, as introduced above, to an institutional environment of a company or an educational setting is actually just the last step toward ensuring higher quality in digital educational materials in the professions. To actually this point of concrete evaluative action often can be challenging due to resistance among individual colleagues and the institution at large toward assessment of existing instructional practices, personal routines, and the materials involved. This final part of the chapter, therefore, wants to provide suggestions for how to deal with challenges in applying the QuADEM method to the institutional environment by setting up so-called QuADEM dissemination workshops.

3.1 Workshop goals

QuADEM dissemination workshops can be understood as a means of personal and institutional development. It goes without saying that quality assessment of educational materials, no matter if digital or print, is not only an issue of shaping institutions in education but any institution with a standard in regard to sustainable staff development. The following goals are the basis for the dissemination framework of QuADEM:

1. Raising awareness within the institution in regard to the relations between existing forms of writing instruction/support and existing/future needs of writers and specific demands of the institution
2. Introduction to criteria for the evaluation of the existing approaches to writing instruction and support
3. Introduction to forms of need-based analysis on existing/future demands of the writers within the institution
4. Introduction to the QuADEM Online instructional material and ways of institutional adaptation
5. QuADEM dissemination workshops can be offered by members of the international QuADEM network upon invitation and by professionals in the field of assessment, curriculum and staff development based on an in-depth study of the QuADEM handbook, web tool, and the dissemination workshop powerpoint presentation. All three sources are posted on the QuADEM homepage to download if needed.

3.2 Workshop formats

1. Face-to-face in house workshop as either single event or series of events
In house workshops are in general an efficient format to work on issues of institutional development due to the possibility of fast and direct contact to the material and human resources in view. Offered as a single event, this workshop format can help open up new perspectives on existing materials and procedures, raise critical questions, and outline new ideas. Nevertheless, results worked out during single workshops show the tendency of not being sustainable. Ideas brainstormed during the workshop often seem exciting to everyone involved but vanish quickly when facing daily routines at work. For the dissemination of QuADEM it is, therefore, recommended to plan follow up activities such as online institutional weblog or forum discussions if a single event is the only option.

QuADEM dissemination workshops are longer lasting if they will be planned as a series of events, such as an informal luncheon series linked with an electronic newsletter providing information beforehand and summaries after the event.

Even though it may seem ideal to work with someone from in house as a workshop facilitator or presenter due to his/her expertise on internal issues, institution and staff often profit even more so from external presenters or workshop leaders. These people are able to provide a fresh look at existing structures and routines. This way they make the staff sensible for issues to be worked on in the near future.

2.   Conference workshops

This format also has the advantage of being an external motivation for the critical review of ideas and procedures of a certain workplace or institution. In order to make full use of this incitement, participants have to prepare themselves before attending a conference workshop. They should not only familiarize themselves with the goals of the conference workshop but also inform themselves about the current issues and needs of their institution. They should ask themselves what the main expectations of the institution are when sending them to participate in the conference workshop.

QuADEM workshop leaders should communicate with the participants ahead of the actual meeting in order to exchange expectations. They should also plan enough time for the participants during the workshop to talk about their needs and opportunities in regard to quality assessment of existing materials/procedures for writing instruction/support in their institution, including the adaptation of QuADEM materials, or development of new materials. In order to make the outcome of conference workshops sustainable, follow-up activities such as online weblog or forum discussions or personal and institutional coaching are important.

3.   Self-learning (Online) material

Seen from a pedagogical standpoint, self-learning material is the most ambitious format because it has to be self-explaining in content and form and inspiring to the anticipated users. Despite its stand alone quality, self-learning material should motivate its users to get in touch with other users by weblog, forum, or any other communication tool in order to discuss both theoretical essence and practical application of the material. Self-learning material should also provoke reflection and evaluative comments by its users about the quality of the material so that it may be further developed if needed.

3.3 Content of the training activity

Despite the format that will be chosen for a specific dissemination activity, the following content items should be considered to be included in either short or long versions. The content items listed below provide the backbone of the QuADEM method:

1.   Theoretical framework of QuADEM
Participants will learn/review information on the blended learning approach in general and on online pedagogy in specific. They will compare and discuss their knowledge, skills, and values in the light of the QuADEM framework which is deeply embedded in a holistic approach to text production and the facilitation of writers.

2.   Introduction to the assessment unit manual
Participants are supposed to learn/review what an assessment unit is and how it can be used to either assess the quality of existing models and materials, adapt or develop new models and materials.

3.   Analysis of existing writing instruction and support
Participants use QuADEM matrixes for the assessment of existing models, approaches, and materials in writing development and support of their own institution. They draft recommendations for the further development of writing models, approaches, and materials in their institution.

4.   Development of new material
Based on the need analysis mentioned in content #3, participants outline new material for writing instruction and support within their institution. They learn how to use QuADEM matrixes for planning, facilitating, and evaluating the developmental process.

5.   Methods and procedures
Due to the overall holistic framework of the QuADEM concept, any workshop disseminating the results of the QuADEM project should follow a distinct blended learning approach considering the following methods and procedures. As workshop room, a combination of computer workplaces and large tables for partner/small group work is preferable. What follows is a list of preferable workshop methods and procedures for the workshop format:

a.   Pre-workshop information
The workshop facilitator should get in touch through the Internet with everyone who signed up for the workshop ahead of time an urge participant to exchange personal and institutional expectations in regard to goals and content of the workshop.

b.   Getting to know each other in person
The first part of the workshop should be put aside for personal introduction in order to get a sense of the group potential for collaboration during and after the workshop. This face-to-face meeting should make use of the information each participant provided electronically before the workshop.

c.   Short inputs
It will be necessary for any workshop facilitator to provide information about QuADEM hat is both general and specific. These inputs should address different types of learners by using powerpoint slides, audio and/or video material.

d.   Partner work
For a better understanding of brief inputs provided by the presenter and quick exchange of ideas and experience, working in pairs can be very useful. Especially for reflecting on writing tasks during the workshop, peer feedback can also be a very powerful format. If written record is desirable, paired collaboration can be done Online.

e.   Working in small groups
Using small-groups in order to generate ideas and concepts makes it possible to share the workload of a workshop task and proceed in a shorter period of time compared to individual work. Another advantage of small group work is the fact that ideas need to be explained and clearly communicated from the beginning which is a great way of preparing oneself to present the workshop findings later on to colleagues at the home institution.

f.   Text recycling
Using a lot of writing in different kinds of small text types, such as excerpts, summaries, terminology definition, comments, and personal reflections will help to generate a better understanding of the information input during the workshop and the linkage between the information and ones own ideas, experience, and knowledge.

g.   Poster presentation

Making posters by hand is an efficient way to experience new ideas on a level of the different senses. Posters can be shared easily during a so-called poster market and left on the walls during the remaining time of the workshop as a point of reference for further writing and discussion. Posters can be digitalized by either taking photographs and sharing them on an e-learning platform or transforming them as an electronic mind map.

h.   Agreements

At the end of the workshop, people should discuss ways of further collaboration or forms of follow-ups in order to make the transition of the workshop ideas into practice happen including the assessment of the changes for individuals and the institution caused by the QuADEM workshop.

i.   Workshop follow up

Based on the agreements mentioned above, the workshop leader should set up and possibly facilitate online discussion and coaching.

4   Conclusion

As demonstrated in this article throughout, neither the development nor the assessment and further revision of digital educational material is simple to practice. The main reason for this lies in the complex nature of learning in general and handling text documents and procedures of text production in specific. These challenges are fed by:

- the diverse nature of the individual involved in learning and writing/reading
- a digital environment that exponentiates the diversity in learning and dealing with texts
- individual and institutional practices in instruction and training that is less dynamic and strongly depending on personal beliefs and institutional power structures.

Therefore, both development and assessment of digital educational material should be aimed for on a long term basis, combined with continuous exchange of ideas, experience, and mutual support. May the readers of this chapters be invited to do so not only among themselves but also in collaboration with the international QuADEM network.

Bibliography

Ardito, Carmelo (et al.) (2006): An approach to usability evaluation of e-learning applications. In: Universal Access in the Information Society 4. 3. 270-283.

Boenigk, Michael (et al., eds.) (2006): Innovative Wirtschaftskommunikation. Interdisziplinäre Problemlösungen für die Wirtschaft. Wiesbaden: Deutscher Universitäts-Verlag.

Gardner, Howard (1993): Frames of Mind. The Theory of Multiple Intelligences. New York: Basic Books.

Opdenacker, Liesbeth (et al.) (2009) (*): QuADEM – Manual for the quality assessment of digital educational material. (www.scribani.org/quadem/handbook.html (12-29-2009)

QuADEM (homepage): www.scribani.org/quadem (12-29-2009)

Rogoff, Barbara (1990): Apprenticeship in Thinking: Cognitive Development in Social Context. Oxford: Oxford University Press.

Krijns, Rogier und Janich, Nina (Hrsg.) (2005): Interne Kommunikation von Unternehmen. Wiesbaden: Deutscher Universitäts-Verlag.

Vygotsky, Lev S. (1978): Mind in Society. The Development of Higher Psychological Processes. Cambridge, MA: Harvard University Press.

(*) The QuADEM handbook has been produced with the hard work of a large team, including: Liesbeth Opdenacker, Sarah Vaes, Gerd Bräuer, Piotr Cap, Els De Meyer, Bart Deygers, Vera Janssens, Geert Jacobs, Carel Jansen, Joep Jaspers, Mariëlle Leijten, Kennet Lindquist, Joanna Nijakowska, Ingrid Stassen, Luuk Van Waes, Arthur Van der Graaf, Daphne Van Weijen, Steef Verheij.

The QuADEM project was funded with support from the European Commission. This document reflects the views of the authors only, and the Commission cannot be held responsible for any use which may be made of the information contained therein.

Beim Beten rauchen oder beim Rauchen beten?
Corporate Social Responsibility als Identifikationspotenzial in Mitarbeiterzeitschriften

Martin Nielsen

Einführung

Seit Jahrzehnten wird in Wissenschaft, Wirtschaft und Gesellschaft zunehmend die Frage diskutiert, ob Unternehmen soziale Verantwortung übernehmen sollen und wollen (A.Carroll 2008). Auch wenn Anhänger von sehr sozialer Ausprägung von Unternehmertum einerseits und Vertreter sehr profitzentrierter Haltungen andererseits sich traditionell gegenüberstehen (A.Crane et al. 2008: 6), dürfte sich die Diskussion allmählich nicht mehr so sehr darum drehen, ob, sondern eher in welchem Ausmass unternehmerisches Handeln auch gesellschaftliche Verantwortung mit einschliessen sollte. Diese Diskussion um unternehmerische soziale Verantwortung (im englischen Sprachraum: Corporate Social Responsibility oder CSR) vollzieht sich nicht nur im Bereich der Wirtschafts- und Kommunikationswissenschaften, sondern dringt auch in das Terrain der Philosophie vor. Denn eine der Fragen, die sich unweigerlich stellt, ist, ob Unternehmen soziale Verantwortung aus Pflicht übernehmen oder ob sie sich aus der Ausübung von CSR einen strategischen Nutzen erhoffen? Oder, philosophisch formuliert, ob organisationales Handeln genuin altruistisch sein kann? Diese Frage ist ohne eine längere Ethik-Diskussion kaum zu beantworten. Überhaupt sinnvoll ist sie denn auch eigentlich nur aus eben philosophisch-ethischer Sicht. Aus wirtschafts- und kommunikationswissenschaftlicher Perspektive dürfte nicht so sehr die Frage, ob ein Unternehmen mit (profitmindernden) CSR-Initiativen zur Lösung sozialer Aufgaben aus echtem gesellschaftlichen Verantwortungsgefühl heraus oder aus strategischen Gründen beitragen möchte, sondern welche der beiden Beweggründe der primäre ist. Oder, mit einer Allegorie gesprochen, es geht um die Frage: Darf man beim Beten rauchen, oder darf man beim Rauchen beten?

In diesem Beitrag wird dieser Fragestellung nachgegangen, indem die Erwähnung, Thematisierung und Inszenierung von Umweltfreundlichkeit in dänischen Mitarbeiterzeitungen erhoben wird, um vor diesem Hintergrund zu erörtern, inwieweit diese Inszenierung Ausdruck von genuinem sozialem Verantwortungsgefühl von Unternehmen ist oder ob sie instrumentalisiert wird, um ein positives Bild vom Unternehmen als gesellschaftlich engagiertem Arbeitgeber zu zeichnen.

1   Corporate Social Responsibility (CSR)

Die deutlich zunehmende Forderung nach unternehmerischer sozialer Verantwortung lässt sich in die Forderung nach sozialverträglichem unternehmerischem Handeln (u.a. Diversität: Ethnie, Geschlecht, Alter etc.[1]), nach gestärktem Umweltbewusstsein (Klima, CO_2 etc.) sowie nach ökonomischer Verantwortung (verantwortliches   Wirtschaften,   „Bussekampagnen"[2])   (vgl.   u.a. G.Schönborn/A.Steinert 2001: 4-5; R.Quick/M.Knocinksi 2006: 616) aufgliedern. Als Ursachen für diese Entwicklung geben G.Cheney et al. (2004: 419-420) u.a. folgende Entwicklungen an:

- dramatische Veränderung des Wesens unternehmerischer Legitimität in den letzten drei Jahrzehnten
- hohe Anzahl von presseträchtigen Skandalen in vielen Industriezweigen
- für Unternehmen potenziell existenzgefährdende Vertrauensbrüche
- multikulturelle und internationale Herausforderungen

Damit ist der in der Regel dem US-amerikanischen Wirtschaftswissenschaftler Milton Friedman zugeschriebene[3] Ausspruch „The business of business is business", d.h. also Unternehmen erfüllen ihre gesellschaftliche Pflicht und Verantwortung durch strategisches Handeln, das sich allein an der Maxime der langfristigen Gewinnmaximierung orientiert, und leisten dadurch ihren Beitrag zur Gesellschaft durch Steuerzahlungen, einer differenzierteren und zumindest an der Oberfläche weniger zynischen Auffassung von unternehmerischer gesellschaftlicher Verantwortung gewichen.

Diese Entwicklung wurde gewissermassen wenn nicht angestossen so doch erkannt und gefördert durch E.Freeman (1984), der den eng gefassten Begriff des

---

[1] Vgl. z.B. J.Lauring/C.Thomsen 2009.

[2] Wie z.B. die reumütige Kampagne der dänischen Bank *Danske Bank*, bei der Fehler und Unzulänglichkeiten im Gefolge der Finanzkrise zugegeben wurden.

[3] Dem Sinn (und seiner damaligen Auffassung) nach lässt sich diese Aussage durchaus Friedman zuschreiben. Tatsächlich aber lautet das Zitat aus der *New York Times*, auf das man sich immer wieder gerne beruft: „The Social Responsibility of Business is to Increase ist Profits" (*New York Times*, 13. September 1970). Die Urhebeschaft des Ausspruchs "The business of business is business" ist hingegen unklar. Dass er ursprünglich u.a. vom damaligen Geschäftsführer von *General Motors*, Alfred P. Sloan (1875-1966), stammen soll, ist angesichts des philantropischen Engagements von Sloan eher unplausibel.

„Stockholder" (eigtl.: Aktionär) auf den Begriff des „Stakeholder" (eigtl.: Interessent) ausweitete. Mit dieser Schwerpunkverlagerung von Anteilseignern mit ausschliesslich ökonomischen Interessen auf nun auch eine Vielzahl von anderen Anspruchsgruppen (Kunden, Lieferanten, Bankverbindungen; Mitarbeitern; Bewohnern in der näheren Umgebung, Bürgerinitiativen, Verbraucherorganisationen, Umweltschutzgruppen; Behörden usw.) mit sozialen und ökologischen Interessen nahm auch das Interesse an der sozialen Verantwortung von Unternehmen zu.

Unternehmerische soziale Verantwortung kann nun aus zweierlei Motiven heraus erfolgen. Entweder die Tätigkeiten eines Unternehmens lassen sich als richtiges Handeln (Pflichtethik, nach Kant) charakterisieren – in dem Fall geht die Verantwortung des Unternehmens über die Einhaltung von (formalen) Regeln hinaus (vgl. N.King et al. 1999: „Beyond Regulations"; oder auf Dänisch V.Pedersen 2004: „Hinsides regler"); oder aber die Tätigkeiten des Unternehmens lassen sich als strategisches Handeln (Nutzenethik, Utilitarismus, nach Bentham und Mill) charakterisieren – in dem Fall steht die Verantwortung des Unternehmens immer noch unter der Maxime der langfristigen Gewinnmaximierung (vgl. M.Morsing/S.Beckmann 2006: „Strategic CSR Communication").

In diesem Beitrag gehe ich – unabhängig von dem Stellenwert der Nutzendimension – von einer strategischen Instrumentalisierung von CSR aus. Die Mehrzahl sowohl der CSR-Initiativen als auch der wissenschaftlichen Beiträge zu dieser Thematik gehen von externen Anspruchsgruppen aus (vgl. z.B. das von K.Podnar herausgegebene Themenheft des *Journal of Marketing Communications* 2/2008; A.Crane et al. 2008; A.Carroll 2008: 41). D.h. dass Sympathietransfer und Identifikation mit unternehmerischen sozialen Werten in der Regel auf Anspruchsgruppen wie Kunden, Lieferanten, Medien (als Multiplikatoren) und andere externe Gruppen zielen.

Allerdings steht das Identifikationspotenzial von unternehmerischer sozialer Verantwortung nicht nur externen, sondern auch internen Anspruchsgruppen zur Verfügung (K.Backhaus et al. 2002; S.Frandsen/M.Morsing 2009). In diesem Beitrag soll deshalb die Thematisierung von Umweltthemen in Mitarbeiterzeitschriften als Ausdruck der Corporate Social Responsibility im Mittelpunkt stehen. M.a.W. soll die strategische Nutzung von Umweltfreundlichkeit in Mitarbeiterzeitschriften als Instrument des *employer branding* theoretisch und empirisch ausgeleuchtet werden.

2   Employer branding

Die dänische Wirtschaft ist bis zum Einsetzen der globalen Finanzkrise im Laufe von 2008 durch einen jahre- wenn nicht jahrzehntelangen wirtschaftlichen Aufschwung gekennzeichnet gewesen. Diese gesamtwirtschaftliche Lage, die sich in Hochkonjunkturen in u.a. dem Bereich Mode, Design, in der Pharmabranche, im Baugewerbe und generell im Export niedergeschlagen hat, hat auf dem dänischen Arbeitsmarkt zu Vollbeschäftigung geführt, die ihrerseits eine „Verschärfung des Wettbewerbs um höher qualifizierte Arbeitskräfte" (G.Wöhe 1993: 300) nach sich gezogen hat.[4]

Employer branding ist eine recht neue Disziplin, die sich aus dem ursprünglichen product branding und dem anschliessenden corporate branding ableitet. Branding als Prozess der Markenführung und brand als Marke haben sich ursprünglich zunächst auf das Produkt bezogen (vgl. z.B. D.Aaker 2002, im deutschen Kontext vor allem F.-R.Esch 2004). Es geht dabei darum, ein Produkt so zu markieren (warenzeichenrechtlich; in Bezug auf corporate design), dass es einheitlich unverwechselbar wird und zugleich mit funktionellen und symbolischen Assoziationen aufgeladen wird (Grundnutzen plus Zusatznutzen, G.Wöhe 1993: 670; S.Müller/K.Gelbrich 2004: 550-553). Nicht nur Produkte, sondern auch Unternehmen können so als Marke geführt werden. Das employer branding macht sich diese Erkenntnisse und Techniken zunutze in dem Versuch, ein Unternehmen als attraktiven Arbeitsplatz zu markieren und darzustellen. Employer branding ist damit mit strategischer Markenführung des Unternehmens als (potenzieller) Arbeitgeber gleichzusetzen. Der Zweck des employer branding ist die Rekrutierung, d.h. das Anwerben, sowie die Festhaltung von qualifizierten und motivierten MitarbeiterInnen (vgl. K.Backhaus/S.Tikoo 2004: 502, 513).

Als Instrumente des employer branding können u.a. natürlich ein attraktives Gehalt, motivierende, sinnvolle, herausfordernde, erfüllende Arbeitsaufgaben, günstige Arbeitsbedingungen, Zusatzleistungen, flexible Arbeitszeiten usw. genannt werden (vgl. u.a. T.Ambler/S.Barrow 1996; H.Holt Larsen 2001).

Neben diesen finanziellen, organisatorischen, psychologischen und arbeitstechnischen Instrumenten kann employer branding auch symbolisch in der Form von Texten vorkommen. Textuelle Erscheinungsformen sind vor allem die interne Kommunikation bzw. die Organisationskommunikation, wobei vor allem Stellenanzeigen (gedruckt und online), Job-/Karrieresektionen (auf den Homepages der Unternehmen) sowie nicht zuletzt Mitarbeiterzeitschriften eine wichtige Rolle spielen.

---

[4]   Vgl. auch M.Ewing et al. 2002: 7f., die der heutigen wissensbasierten Wirtschaft ein mehr oder weniger permanentes und von Konjunkturschwankungen unabhängiges Defizit an hochqualifizierten MitarbeiterInnen bescheinigen.

3 Mitarbeiterzeitschriften

Mitarbeiterzeitschriften sind ein zentrales Instrument der internen Unternehmenskommunikation, werden trotz des starken Zuwachses an Intranets weiterhin als Leitmedium der internen Kommunikation betrachtet und können eine Vielzahl von Funktionen erfüllen. In deskriptiven wie auch präskriptiven Arbeiten zu Mitarbeiterzeitschriften scheint sich das folgende Bündel von Funktionen herauszuschälen:

- Information
- Motivation
- Kultur/Identität
- Unterhaltung
- Legitimierung
- Kohärenzschaffung zu anderen internen Medien
- Diskussion und Dialog
- Kritik

(vgl. V.Eg 1996; H.J.Jensen 1997; K.E.Balle 1998; B.Erlien 1999, 2003; L.Kistrup/P.Toft 2006; K.Josefsen/F.Smedegaard 2006; K. Bischl 2000; J.G.Frey/M.Hermann 2001; M.Schweizer 2004; E.W.Mänken 2004; C.Cauers 2005; FEIEA 2005; G.Bentele 2008).

Vor dem Hintergrund der oben genannten Funktionen lässt sich eine Dichotomie erstellen, die zwei übergeordnete Hauptfunktionen von Mitarbeiterzeitschriften einander gegenüberstellt. Deskriptiv angelegte Arbeiten tendieren eindeutig dazu, Mitarbeiterzeitschriften als *strategisches Kommunikationsinstrument der Unternehmensführung* darzustellen. Zumindest im deutschsprachigen Kontext scheinen Studien nahezulegen, dass Mitarbeiterzeitschriften ein Verlautbarungsorgan der Unternehmensführung bzw. ein internes PR-Instrument sind, die der Machtausübung dienen und prinzipiell nur positive Nachrichten über das Unternehmen verbreiten (K.Bischl 2000: 98; M.Schweizer 2004: 44; C.Cauers 2005: 46). Es wird ein ausgeprägter Einigkeitsdiskurs gepflegt, der eine Fassade der Harmonie und des Konsens vermitteln soll (vgl. S.Habscheid 2008). Zweck ist die einseitige Beeinflussung der Mitarbeiter im Sinne einer einheitlichen Unternehmenskultur, was u.U. auch eine Zensur von unternehmens-nonkonformen Gesichtspunkten beinhaltet. Die Mitarbeiterzeitschrift wird in diesem Zusammenhang als ein Medium der Einwegkommunikation charakterisiert, das höchsten „pseudo-bidirektional" (M.Schweizer 2004: 37) sein kann.

Vor allem die präskriptiven (und hier vor allem die dänischen Arbeiten, die oft einen journalistischen bzw. publizistischen Ansatz verfolgen, mithin die Mitarbeiterzeitung eher als eine Variante der Zeitung sehen denn als Variante der Internen Unternehmenskommunikation) heben die *kritische und objektive Berichterstattung* als wichtigste Funktion der Mitarbeiterzeitschrift hervor. Die Mitarbeiterzeitschrift ist ein Forum für Mitarbeitermeinungen (V.Eg 1996: 12-13; A.-M.Arleth Skov 1997: 18; H.Kastholm 1997; K.Josefsen/F.Smedegaard 2006: 22-23), wo auch Kritik und negative Nachrichten vermittelt werden können (L.Kistrup/P.Toft 2006: 59), ja müssen, und sie unterliegt prinzipiell, wie andere Zeitungen auch, der Pressefreiheit. Damit ist sie ein Instrument der Partizipation der Mitarbeiter am Organisations- und am Aushandlungsprozess von Unternehmenskultur. Sie schafft Transparenz und pflegt (auch) einen Diskurs von Dissens und dient idealerweise (echter) Zweiwegkommunikation.

4   Umweltfreundlichkeit in dänischen Mitarbeiterzeitungen als Ausdruck der CSR

In dieser Kommunikationskonstellation werden nun im Folgenden die unterschiedlichen Grade von (Inszenierung von) Umweltfreundlichkeit dargestellt, wie sie sich in einem Korpus aus Mitarbeiterzeitschriften aus den Unternehmen des dänischen Pendants zum DAX, des OMX C20, präsentieren. Kontaktiert wurden alle Unternehmen des OMX C20, d.h. die zwanzig am häufigsten ge- und verkauften Aktien an der Kopenhagener Börse. Zugestellt wurden mir Exemplare aus den Jahren 2006-2008 von insgesamt zwölf dänischsprachigen Mitarbeiterzeitschriften. Aus diesem Material stammen die Auszüge der nachfolgenden explorativen Studie.

4.1 Beiläufigkeit von Umwelt

Im folgenden Zitat werden die Umweltfreundlichkeit und ihr Identifikationspotenzial zwar explizit angesprochen, aber durch die Abtönungspartikel „übrigens" als zweitrangig markiert.

> „Und ich hoffe dann *übrigens*, dass alle Mitarbeiter *sich freuen* werden, in einem Unternehmen mit *so grossen und weit reichenden Visionen* zu arbeiten." [Hervorhebungen MN]

> ['Og så håber jeg i øvrigt, at alle medarbejdere vil være glade for at arbejde i en virksomhed med så store og langtrækkende visioner."] *(Industrieunternehmen, Nr. 101, April 2008, S. 10)*

Jedoch auch trotz dieser expliziten Abtönung klingt hier bereits die Dimension der Identifikation an: Die Freude und damit das Engagement der Mitarbeiter, in einem visionären Unternehmen zu arbeiten.

4.2 Nebenordnung von Geschäft und Umwelt

In dem folgenden Beispiel kommen Umwelt und Wirtschaftlichkeit gleichermassen zur Sprache. Im selben Artikel wird einerseits die Umwelt allein thematisiert (Überschrift, Reduktion von Emissionen) und andererseits Ökologie und Ökonomie gleichgestellt. Die Nebenordnung erfolgt durch die nebenordnenden Konjunktionen („und", „sowohl als auch"), und die Reihenfolge markiert ebenfalls keine vorrangige Stellung einer Thematik vor der anderen, da die Reihenfolge wechselt.

> „unnötig hoher Energieverbrauch und unnötig hohe Emission von CO_2, NO_x und anderen schädlichen Stoffen"
> „Umweltprogramm von [Firma]"
> „die Menge der CO_2 Emission der eigenen Schiffe der Reederei um 2% zu reduzieren"
> „sowohl in Bezug auf die Umwelt als auch wirtschaftlich"
> [„unødvendigt højt energiforbrug og unødvendig høj stor udledning af CO_2, NO_x og andre skadelige stoffer "; „[Firma]s miljøprogram"; „nedsætte mængden af CO_2 udledning fra rederiets egne skibe med 2%"; „både miljømæssigt og på bundlinjen"] *(Reederei, Sommer 2008, S. 8-11)*

4.3 Unterordnung von Umwelt – Überordnung von Geschäft

Prinzipiell drückt das Adverb „gleichzeitig" ebenfalls eine Nebenordnung aus; dennoch dürfte die Reihenfolge (erst Erwähnung der Wirtschaftlichkeit, dann die Erwähnung der gleichzeitigen Reduktion von Emissionen) ausdrücken, dass das Ersterwähnte die höhere Priorität hat. Hier ist daher wahrscheinlich von einer Unterordnung von Umwelt hinter finanziellen Zielsetzungen auszugehen.

> *„gleichzeitig befriedigend*, dass wir auf diese Weise bei der *Reduktion schädlicher Emissionen* mitwirken" [Hervorhebungen MN]
> [„samtidigt tilfredsstillende at vi på den måde medvirker til at reducere skadelige udledninger"] *(Reederei, Sommer 2008, S. 8-9, S. 11)*

Eindeutig rangverschieden sind Wirtschaftlichkeit und Umweltfreundlichkeit in dem nächsten Beispiel, wo Umwelteffekte explizit als Derivate eines geringeren Brennstoffverbrauchs gekennzeichnet sind („ableiten", Kausaladverbial „damit"). Gemäss der Reihenfolge und dem Kausalzusammenhang wird hier die Wirtschaftlichkeit vorangestellt. Im Kontext von organisationaler Identifikation ist damit die Rücksicht auf die Umwelt zwar zurückgestellt, doch sie wird nichts desto weniger als (lobenswerte, positiv einzuschätzende) Konsequenz der Einsparmassnahmen ausgewiesen. Damit stellt dieser Artikel in der Mitarbeiterzeitschrift den Lesern eine symbolische Identifikationsressource zur Verfügung.

> „Initiativen, die einen geringeren Verbrauch von Brennstoff und – *davon abgeleitet* – eine geringere Emission von CO_2 sichern soll" [Hervorhebungen MN]
> „Ziel ist […] eine Reduktion unseres Energieverbrauchs – *und damit* Emissionen – von 2% bereits in diesem Jahr" [Hervorhebungen MN]
> „Reduktion von Brennstoff und Schmieröl und *davon abgeleiteten* Emissionen" [Hervorhebungen MN]
> [„initiativer der skal sikre et lavere forbrug af brændstof og – heraf afledt – lavere udledning af CO_2"; „Målet med […] er en reduktion af vores energiforbrug – og dermed emissioner – på 2% allerede i år"; „reduktion af brændstof og smøreolie og heraf afledte emissioner"] *(Reederei, Sommer 2008, S. 8-9, S. 11)*

Ein weiteres Beispiel eindeutiger Überordnung von Geschäftsinteressen vor Umweltinteressen ist unten stehend angeführt. Nicht nur wird der wirtschaftliche Spareffekt an erster Stelle genannt, er wird auch mit dem Modifikator „erheblich" besonders hervorgehoben und er wird als Auslöser für die Initiative gekennzeichnet, während die Umwelteffekte zwar mit einem nebenordnenden Adverb bzw. einer nebenordnenden Konjunktion an diese Aussage gekoppelt werden, jedoch im Verbund eine unterrangige Position angeben.

> „Die Aussichten auf einen *erheblichen wirtschaftlichen Spareffekt* haben das Projekt in Gang gesetzt […] 98% weniger CO_2 Neben der Wirtschaftlichkeit erspart das Projekt *auch* der Atmosphäre grosse Mengen CO_2." [Hervorhebungen MN]
> [„Udsigten til en betydelig økonomisk besparelse satte skub i projektet […] 98% mindre CO2 Ud over økonomien sparer projektet også atmosfæren for store mængder CO2."] *(Pharma 3/2008, S. 7)*

4.4 Imagewirkung von Umweltfreundlichkeit

Im folgenden Auszug wird die Motivation für klimaverträgliche Produktionsverfahren explizit mit Gründen der PR und des Image angegeben. D.h. dass nicht das ethisch Vertretbare, sondern die Entsprechung des Wunsches der Ansprechgruppe ‚Kunden' den Ausschlag für die Ergreifung von Gegenmassnahmen gegen globale Erwärmungseffekte gegeben hat:

> „Überhaupt hat der verstärkte Fokus auf globale Erwärmung innerhalb und ausserhalb von [Firrma] den Umweltgewinn in den Brennpunkt gerückt. *Es wird ein Argument, dass im Dialog mit unseren internen und externen Kunden immer schwerer wiegt'*, sagt [...]" [Hervorhebungen MN]
> [„I det hele taget har øget fokus på global opvarmning inden for og uden for [Pharma] sat spot på miljøgevinsten i projektet. ‚Det bliver et argument, som vejer tungere og tungere i vores dialog med interne og eksterne kunder,' siger [...]"]
> *(Pharma 3/2008, S. 7)*

Eindeutig ökonomisch motiviert ist im folgenden Auszug die Entscheidung, Waren und Materialien per Schiff transportieren zu lassen. Die direkte Konsequenz daraus wird aber nicht nur mit der positiven Auswirkung auf das Klima angegeben, sondern auch mit dem aus diesen positiven Klimaeffekten wiederum folgenden Effekt, dass Mitarbeiter sich in ihrer Motivation gestärkt fühlen, für ein umweltfreundliches Unternehmen zu arbeiten.

> „Und welche der vielen guten Argumente haben den Ausschlag für diesen Transport [Schiffstransport, MN] gegeben?"
> „‚Es war *ganz klar* der *wirtschaftliche* Spareffekt von 300.000 DKK. *Aber* generell ist es *sehr motivierend*, mit einem Projekt zu arbeiten, das so offensichtlich sowohl der Wirtschaftlichkeit, der Qualität als auch dem Klima nutzt,' sagt sie."
> „Og hvilket af de mange gode argumenter gjorde udslaget for den transport?"; „‚Det var helt klart den økonomiske besparelse på 300.000 kr. Men generelt er det meget motiverende at arbejde med et projekt, so så åbenlyst gavner både økonomi, kvalitet og klima', siger hun."] *(Pharma 3/2008, S. 7)*

4.5 Identifikationspotenzial von Umweltfreundlichkeit

In der Mitarbeiterzeitschrift eines Pharmaunternehmens wird das Identifikationspotenzial der (inszenierten) Umweltfreundlichkeit explizit thematisiert. Die motivationalen Effekte der Identifikationsressource Umwelt werden durch eigene Aussagen der Mitarbeiter belegt. Dadurch wird eine nahezu optimale Symbiose von interner Unternehmenskommunikation und organisationaler Identifikation erreicht: Durch Umweltmassnahmen stellt das Unternehmen Identifikationsressourcen zur Verfügung, die durch die Versprachlichung noch zusätzlich symbolisch angeboten wird. Die Berichterstattung darüber in der Mitarbeiterzeitschrift dient damit sowohl dem employer branding, indem sich das Unternehmen überzeugend als sozial verantwortlich darstellt, als auch der Schaffung und Stärkung von Unternehmenskultur als Massstab für handlungsanleitende Maximen.

> „„Die Teilnehmer geben oft ihrem *Stolz* über die Verantwortung von [Pharma] Ausdruck und sagen, dass er auf *ihr Engagement und ihre Motivation* in der täglichen Arbeit abfärbt', sagt sie."
> [„„Deltagerne giver ofte udtryk for deres stolthed over [Pharma]s ansvarlighed og siger, at den smitter af på deres engagement og motivation i forhold til deres daglige arbejde' siger hun."] *(Pharma 2/2006, S. 24)*

4.6 Inszenierung von Umweltfreundlichkeit

Insgesamt gesehen ist in dieser explorativen Studie zu erkennen, dass CSR als Instrument des employer branding eingesetzt wird, indem den Mitarbeitern in den Mitarbeiterzeitungen Identifikationspotenzial angeboten wird. Mitarbeiter als Individuen entwickeln generell ein Zugehörigkeitsgefühl zu unterschiedlichen Gruppen und können sich mit diesen identifizieren. Die Typen von Gruppen bzw. Gruppierungen, mit denen sich Mitarbeiter üblicherweise identifizieren, lassen sich in die vier folgenden aufgliedern: Mitarbeiter identifizieren sich 1) mit der Organisation (Übereinstimmung von Bedürfnissen, Wünschen und Werten der Organisation mit dem Individuum); 2) mit der Profession (Identifikation des Individuums mit dem Beruf bzw. dem Fach); 3) mit der Abteilung (Bedürfnis des Individuums nach Anerkennung u.Ä. wird durch Abteilung und nicht durch u.U. grössere, unpersönlichere Gesamtorganisation befriedigt) oder 4) mit persönlichen Werten (Identifikation erfolgt ausserhalb der Organisation mit anderen Gruppen, die Organisation ermöglicht es dem Individuum, diese extraorganisatorische Rolle unbeeinträchtigt auszufüllen) (vgl. S.Frandsen/M.Morsing 2009: 260-261). Die Zurverfügungstellung einer umweltfreundlichen bzw. sozialverträglichen Unternehmensmarke bzw. von Unternehmenswerten als Identifikationsressource durch Einbeziehung von Umweltfreundlichkeit und Klimadiskurs in die Mitarbeiterzeitschrift stellt nun eine in Anlehnung an die oben genannten fünfte Möglichkeit dar, sich mit dem Unternehmen als verantwortlichem Mitglied der (Welt)Gesellschaft zu identifizieren (S.Frandsen/M.Morsing 2009: 261).

5 Diskussion und Ausblick: Ethische Dimension der Inszenierung von Umweltfreundlichkeit

Wollte man vor dem Hintergrund der Ergebnisse der obigen explorativen Studie nun versuchen, die ethische Dimension der Thematisierung von Umweltfreundlichkeit in Mitarbeiterzeitschriften zu bestimmen, wäre die Bezeichnung „mittelbarer" oder „indirekter Utilitarianismus" nicht abwegig. Unkontroversiell ist die Feststellung, dass die Reduktion von Energieverbrauch zu einer Reduktion von Schadstoffemissionen führt und dass dies unzweifelhaft der Umwelt förderlich ist.

Im Gefolge der Verbreitung von CSR und der Entstehung von employer branding als strategischer Disziplin relativ neu ist hingegen, dass diese solchermassen erwirkte Umweltfreundlichkeit auch zur Folge hat oder haben kann, dass sich Mitarbeiter mit dem Unternehmen identifizieren, eben weil es solche umweltfreundlichen Massnahmen ergreift – auch wenn dies aus ökonomischen Erwägungen heraus erfolgt. Und ferner als relativ neu lässt sich feststellen, dass sich diese Identifikation mit dem umweltfreundlichen Unternehmen auf das Engagement und die Motivation der Mitarbeiter positiv auswirkt. Damit bestätigt diese Studie die von S.Frandsen/M.Morsing 2009 erkannten, aber lediglich illustrativ belegten Phänomene der Identifikation von MitarbeiterInnen mit sozial verantwortlich agierenden Unternehmen.

Schliesslich ist festzuhalten, dass die oben angeführten Beispiele von Inszenierung von Umweltfreundlichkeit als Ausdruck unternehmerischer Verantwortung nicht die ökonomischen Motive verhüllen, sondern sich als relativ offenes Eingeständnis von Nutzenmotiven darstellen.

Zwar wäre es aus ethischen Gesichtspunkten lobenswert, wenn die Unternehmen beispielsweise auf Schiffsverkehr setzen würden um die Umwelt zu schonen und die wirtschaftlichen Einspareffekte erst in zweiter Reihe als positive Nebenerscheinung willkommen heissen würden. Doch weil das Axiom der langfristigen Gewinnmaximierung allseits bekannt und prinzipiell auch akzeptiert ist, spricht es in hohem Masse für die Glaubwürdigkeit der Unternehmen, dass sie ihre ökonomischen Motive nicht als ökologische kaschieren.

Unbeantwortet muss in diesem Zusammenhang die Frage bleiben, ob es verwerflich ist, dass die hinter den Umweltmassnahmen stehenden Motive ökonomischer und nicht ethischer Art sind. Die Beantwortung dieser Frage muss der Philosophie oder der Theologie zugewiesen werden. In Wiederholung der eingangs erwähnten Allegorie bleiben also die Fragen offen:

Darf man beim Beten rauchen? Darf man beim Rauchen beten?

Literatur

Aaker, David A. (2002): Building Strong Brands. London: Simon & Schuster.
Ambler, Tim/Barrow, Simon (1996): The employer Brand. In: Journal of Brand Management 4.3. 185-206.
Arleth Skov, Anne-Marie (1997): Om at redigere: et godt mix. In: Jørgensen (Hrsg.) (1997): 16-23.
Backhaus, Kristin/Stone, Brett E./Heiner, Karl (2002): Exploring the Relationship between Corporate Social Performance and Employer Attractiveness. In: Business & Society. 41. 3 292-318.
Backhaus, Kristin/Tikoo, Surinder (2004): Conceptualizing and researching employer branding. In: Career Development International. 9. 5. 501-517.
Balle, Knud Erik (1998): Personalebladet – sådan! Styrk den interne kommunikation i din virksomhed. Højbjerg: TBI-Forlag.
Barrow, Simon/Mosley, Richard (2006): The Employer Brand. Bringing the Best of Brand Management to People at Work. Chichester: Wiley.
Bentele, Günter (2008): Mitarbeiterzeitschrift. In: Bentele et al. (2008): 608.
Bentele, Günter/Fröhlich, Romy/Szyska, Peter (Hrsg.) (2008): Handbuch der Public Relations. Wissenschaftliche Grundlagen und berufliches Handeln. 2. Auflage. Wiesbaden: Verlag für Sozialwissenschaften.
Bentele, Günter/Piwinger, Manfred/Schönborn, Gregor (Hrsg.) (2001): Kommunikationsmanagement. Strategien, Wissen, Lösungen. Neuwied/Kriftel: Luchterhand.
Bischl, Katrin (2000): Die Mitarbeiterzeitung. Kommunikative Strategien der positiven Selbstdarstellung von Unternehmen. Wiesbaden: Westdeutscher Verlag.
Brandon, Carolyn (2005): Truth in Recruitment Branding. In: HR Magazine. 50. November 2005. 89-96.
Carroll, Archie B. (2008): A History of Corporate Social Responsibility. Concepts and Practices. In: Crane et al. (Hrsg.) (2008): 19-46.
Cauers, Christian (2005): Mitarbeiterzeitschriften heute. Flaschenpost oder strategisches Medium? Wiesbaden: VS Verlag für Sozialwissenschaften.
Cheney, George/Christensen, Lars Thøger/Zorn, Jr., Theodore E./Ganesh, Shiv (2004): Organizational Communication in an Age of Globalization. Issues, Reflections, Practices. Chicago: Waveland Press.
Crane, Andrew/McWilliams, Abagail/Matten, Dirk/Moon, Jeremy/Siegel, Donald S. (Hrsg.) (2008): The Oxford Handbook of Corporate Social Responsibility. Oxford: Oxford University Press.
Eg, Verner (1996): Redaktørens håndbog. Personaleblade, skoleblade, foreningsblade. København: Dansk Personalebladsforening.
Engelund, Henrik/Buchhave, Brit (Hrsg.) (2009): Employer branding som disciplin. Frederiksberg: Samfundslitteratur.
Erlien, Bente (1999): Intern kommunikasjon. Planlegging og tilrettelegging. 2nd edition. Oslo: Tano Aschehoug.
Erlien, Bente (2003): Intern kommunikasjon. Planlegging og tilrettelegging. 3rd edition. Oslo: Universitetsforlaget.

Esch, Franz-Rudolf (2004): Strategie und Technik der Markenführung. München: Vahlen.

Ewing, Michael T./Pitt, Leyland F./de Bussy, Nigel M./Berthon, Pierre (2002): Employment branding in the knowledge economy. In: International Journal of Advertising. 21.1. 3-22.

FEIEA (2005): Internal Communication across Europe 2005. A research report by FEIEA in cooperation with Trident Communications. Wien/Regensburg: FEIEA/Trident. (= DELPHI Study).

Frandsen, Sanne/Morsing, Mette (2009): Udfordringer og muligheder ved at anvende CSR som employer branding-strategi. In: Engelund/Buchhave (Hrsg.) (2009): 255-268.

Frey, Jens Georg/Martin, Hermann (2001): Neue Wege der Mitarbeiterkommunikation über das Intranet. Beispiel: Das BASF Wide Web. In: Bentele et al. (Hrsg.) (2001): 3.03, 1-8.

Freeman, R.Edward (1984): Strategic Management: A Stakeholder Approach. Boston: Pitman.

Habscheid, Stephan (2008): Einheit als Fassade. Zur sprachlichen Inszenierung ‚kollektiver Identität' in Organisationen. In: Pappert et al. (Hrsg.) (2008): 255-272.

Holt Larsen, Henrik (2001): Virksomhedens vigtige værktøjer – tiltrækning, fastholdelse og udvikling af medarbejderne. In: Holt Larsen (Hrsg.) (2001): 252-287.

Holt Larsen, Henrik (Hrsg.) (2001): Noget for noget? Rekruttering og fastholdelse af unge højtuddannede. København: Berlingske Annoncecenter/Nyt fra Samfundsvidenskaberne.

Jensen, Hans Jørgen (1997): Om at læse: Et godt personaleblad. In: Jørgensen (Hrsg.) (1997): 82-84.

Josefsen, Kristian/Smedegaard, Flemming (2006): Personalebladet i fokus. Odense: Syddansk Universitet, Institut for Sprog og Kommunikation.

Jørgensen, Børge (Hrsg.) (1997): Personalebladet – om at skrive, redigere, illustrere og kreere et godt blad. København: Dansk Personalebladsforening.

Kastholm, Helle (1997): Om at have rygrad: 'Ventilbestyreren'. In: Jørgensen (Hrsg.) (1997): 24-31.

King, Nancy M.P./Henderson, Gail E./Stein, Jane (Hrsg.) (1999): Beyond Regulations. Ethics in Human Subjects Research. Chapel Hill/London: University of North Carolina Press.

Kistrup, Louise Riis/Toft, Pernille Mølgaard (2006): Intern kommunikation i praksis – en guide til strategisk dialog. København: Handelshøjskolens Forlag.

Lauring, Jakob/Thomsen, Christa (2009): Ideals and practices in CSR identity making: the case of equal opportunities. In: Employee Relations. 31. 1. 25-38.

Mänken, ErnstW. (2004): Mitarbeiterzeitschriften noch besser machen. Kritik und Ratschläge aus der Praxis für die Praxis. Wiesbaden: VS Verlag für Sozialwissenschaften.

Morsing, Mette/Beckmann, Suzanne C. (Hrsg.) (2006): Strategic CSR communication. København: DJØF.

Pappert, Steffen/Schröter, Melanie/Fix, Ulla (Hrsg.) (2008): Verschlüsseln, Verbergen, Verdecken in öffentlicher und institutioneller Kommunikation. Berlin: Erich Schmidt.

Pedersen, Verner C. (2004): Hinsides regler. Selvorganisering og ledelse med ansvar. København: Børsens Forlag.

Quick, Reiner/Knocinski, Martin (2006): Nachhaltigkeitsberichterstattung – empirische Befunde zur Berichterstattungspraxis von HDAX-Unternehmen. In: Zeitschrift für Betriebswirtschaft. 76. 6. 615-650.

Schönborn, Gregor/Steinert, Andreas (Hrsg.) (2001): Sustainability Agenda. Nachhaltigkeitskommunikation für Unternehmen und Institutionen. Neuwied/Kriftel: Luchterhand.

Schweizer, Matthias (2004): Die Kommunikationprozesse von Mitarbeiterzeitungen mittlerer Unternehmen. Frankfurt a.M.: Peter Lang.

Wöhe, Günter (1993): Einführung in die Allgemeine Betriebswirtschaftslehre. 18. Auflage. München: Vahlen.

Out-of-Home-Displays – Anwendungstypen und markenstrategisches Potential

Ursula Stalder & Michael Boenigk

Abstract

Die fortschreitende Entwicklung digitaler Medien führt dazu, dass Marken in wachsendem Umfang integraler Bestandteil des urbanen Raums werden. Der Beitrag beschreibt auf der Grundlage einer empirischen Untersuchung die verschiedenen Erscheinungsformen digitaler Medien im öffentlichen Raum. Voneinander abgrenzen lassen sich digitale Werbedisplays, Beschilderungssysteme, Medienfassaden und Medienarchitekturen. Ferner geht der Beitrag auf die markenstrategischen Potentiale von Out-of-Home-Displays ein.

The continuous development of digital media has stepped up the pace at which brands are being accepted as an integral part of urban environments. This article relies on an empirical approach and shows that digital media in urban environments are found in the form of ad screens, signage systems, claddings, and media architecture. Furthermore the article describes the brand potentials from Out-of-Home-Displays.

Einführung

Medial bespielbare Architekturen, fassadengrosse Projektionen, Megaposters oder hoch auflösende Displays werden in einem wachsenden Umfang zu integralen Bestandteilen des urbanen Raums.

Einkaufszentren und Sportarenen, Bahnhöfe und Flughäfen sind heute Orte, resp. Räume[1], aus denen Werbung nicht mehr wegzudenken ist. Sie sind Ausdruck einer Erlebnisgesellschaft[2], in der Marken Lebensstile symbolisieren und als Stimulus für Lebensentwürfe und Gefühlszustände fungieren (vgl. Kilian 2008, Wöhler 2008, Mikunda 2007).

Die Fülle und Vielfalt von Medienangeboten in solchen „öffentlichen Räumen"[3] ist auffallend. Unter Verweis auf den von Legnaro/Birenheide geprägten Begriff der „Erzählmaschine" unterscheidet Zurstiege (2008, 127) drei Typen von Medienangeboten, die diese „Erzählmaschinen" antreiben: Zum einen die Werbemedien, die „die Besucher in Wunscherfüllungs-, Verwandlungs- und Veränderungsgeschichten verstricken", zum andern Medien wie Zeitungen, Zeitschriften, Bücher oder Mp3-Spieler, deren Konsum vorwiegend im öffentlichen Raum stattfindet, sowie ferner Informationen aber auch Vorschriften, die diese Orte darbieten und dadurch definieren.

Franck (2005) weist auf einen vierten Medientyp hin, der Hand in Hand mit der „Invasion der Marken" den städtischen Raum transformiert hat: Die Kameras, die „aus dem öffentlichen einen überwachten Raum" machen. Der städtische Raum konstituiert sich nicht nur im Physischen und Sichtbaren, sondern auch auf einer Ebene, die weniger sichtbar ist. Er ist zugleich ein dichter Datenraum, in dem über Radiowellen, Bluetooth oder andere kabellose Technologien ein permanenter Austausch von Daten stattfindet (vgl. Jaschko 2007). Beispielsweise gehört eine flächendeckende Videoüberwachung längst nicht mehr nur in Ein-

---

[1] Zu einer Darlegung verschiedener Raumtheorien vgl. auch Dünne/Günzel (2006). Für die Entwicklung einer soziologisch fundierten Raumtheorie geht Löw (2001) von einem sozialen Raum aus, der durch materielle und symbolische Komponenten gekennzeichnet ist. Sie definiert einen „Ort" als eine benennbare Stelle oder einen Platz, als einen kleinen Ausschnitt auf der Erdoberfläche, eine geografische Markierung. Ein „Raum" wiederum ist eine relationale (An)Ordnung sozialer Güter und Menschen an Orten. Analytisch geht sie damit von einem sozialen Raum aus, der durch materielle und symbolische Komponenten gekennzeichnet ist und wendet sich damit gegen die sonst übliche Trennung in einen sozialen und einen materiellen Raum, „welche unterstellt, es könne ein Raum jenseits der materiellen Welt entstehen (sozialer Raum), oder aber es könne ein Raum von Menschen betrachtet werden, ohne dass diese Betrachtung gesellschaftlich vorstrukturiert wäre (materieller Raum)" (Löw 2001, 15).

[2] Zu einer grundlegenden kultursoziologischen Analyse der „Erlebnisgesellschaft" vgl. Schulze (1992).

[3] Ausgehend von einem traditionellen Raumbegriff, der einen physisch fassbaren, dreidimensionalen Ort meint, bezeichnet der Begriff „öffentlicher Raum" im Kontext dieses Artikels einen Raum, der einen öffentlichen Charakter hat, der Öffentlichkeit zugänglich ist, von der Öffentlichkeit genutzt wird und dessen Nutzung der Öffentlichkeit dient. Damit soll einerseits das Verständnis von „öffentlichem Raum" als öffentlich-rechtlichem Raum, d.h. der Eigentum der öffentlichen Hand ist, andererseits diskursiv besetzten Termini wie etwa „Dritte Orte" (Oldenburg 1999), „Orte", resp. „Nicht-Orte" (Augé 1994), „Anderen Räumen" wie „Utopien" und „Heterotopien" (Foucault 2006) etc. ausgewichen werden.

kaufscentern und Flughäfen zum Alltag, sondern ganze Innenstädte werden überwacht. Die Überwachung basiert dabei auf denselben digitalen vernetzten Infrastrukturen wie die Informations- und Kommunikationsmedien. Mit neueren Kameralösungen und Videoanalysesoftware können nicht nur Besucherfrequenzen in Echtzeit gemessen und das Passantenverhalten analysiert werden, mit ihnen können die Bilddaten mittels Gesichtserkennungsverfahren ausgewertet und mit andern Datenbeständen abgeglichen werden. Die Durchdringung des städtischen Raumes mit derartigen Sicherheits- und Kontrolltechnologien, zu denen im weitesten Sinne auch die RFID-Technologie und GPS-Systeme gezählt werden können, geht Hand in Hand mit der Allgegenwart von digitalen (Bild-)Medien in der Stadt.

Diese doppelte „Privatisierung des öffentlichen Raums" – einerseits durch Marken, andererseits durch die Kontrolle im Auftrag von Unternehmen – stört, so befürchtet die kulturpessimistische Kritik das organische Gefüge und die Heterogenität einer lebendigen Stadt: Durch die Funktionalisierung der Städte als Konsumgut (vgl. Klingmann 2003) transformieren diese zu „Nicht-Orten" (Augé 1994), die zwar im Bereich des Konsums klar definierte Handlungsspielräume eröffnen, ökonomischen Imperativen folgend jedoch rasch zu gigantischen „Verkaufsmaschinen" verkümmern (vgl. Zurstiege 2008, 135).

Die Beschäftigung mit dieser wachsenden medialen Infrastruktur im öffentlichen Raum hat gerade erst begonnen. Zurzeit existieren weder ein einheitliches Begriffsinstrumentarium noch eine Typologie oder ausdifferenzierte Codes hinsichtlich der Gestaltung dieser digitalen (Bild)Medien. Noch ist unklar, ob es sich dabei lediglich um technische Infrastrukturen handelt oder ob man tatsächlich von einer neuen Mediengruppe sprechen kann und es ist nicht klar, wo die Schnittmenge zwischen kommerzieller und kultureller Nutzung liegt.

1   Anwendungstypen von Out-of-home Displays

Um Einblicke in die medialen Potenziale von Out-of-Home-Displays[4] zu erhalten, führte die Hochschule Luzern eine Untersuchung[5] durch, bei der es unter

---

[4]   Der Begriff "Out-of-Home-Displays", resp. "Digital Out-of-Home-Media" wurde wegen seiner Anschlussfähigkeit an den im angelsächsischen Raum verbreiteten Begriff der "Outdoor Media" gewählt. In diesem Kontext wird er als Sammelbezeichnung für alle digitalen Bildmedien verwendet, deren Rezeption im Wesentlichen oder vorwiegend im öffentlichen Raum – also ausser Haus (jedoch nicht im Kino) und ausserhalb des Arbeitsplatzes – stattfindet.

[5]   Das Forschungsprojekt „Out-of-Home-Displays" wurde von der Förderagentur für Innovation des Bundes KTI und den Wirtschaftspartnern Sony (Europe), APG/e-Advertising, Migros und PC-Ware (vorm. Bison) finanziell unterstützt.

anderem darum ging, auf der Grundlage einer übergreifenden Betrachtung des Phänomens Out-of-Home-Displays aus konzeptueller und anwendungsorientierter Perspektive deren verschiedene Erscheinungsformen zu isolieren, um die Chancen und Risiken, aber auch die Erfolgsbedingungen solcher Out-of-Home-Medien für die Markenführung besser zu verstehen.[6]

Medientheoretisch lassen sich diese neuen Formen der Medienkommunikation im öffentlichen Raum als eine Mediengruppe verstehen, in deren Kern vier mediale Qualitäten miteinander verbunden sind: Interaktivität, Multimedialität, Konnektivität und Generativität, mit denen Formen und Inhalte dargestellt und kommuniziert werden können (vgl. Sauter 2004). Diese Charakteristika betreffen den Kommunikationsträger selbst, nicht dessen Bespielung mit Bildern und Botschaften – im Vergleich mit traditionellen Anwendungen: Eher die Plakatwand als das Plakat selber. Sie bilden eine medientechnische Grundlage, die grundsätzlich neutral ist, resp. sich für eine ganze Palette unterschiedlicher Anwendungsformen verwenden lässt. Die reine Verfügbarkeit dieser Medientechnologien im öffentlichen Raum stellt jedoch keinen relevanten Parameter dar, durch den eine bestimmte Nutzungsform festgelegt würde.

Im Kontext der Markenführung liessen sich vier verschiedene Anwendungstypen von Out-of-Home-Displays voneinander abgrenzen:
- Digitale Werbedisplays (Digital Billboards, Ad Screens)
- Digitale Beschilderungssysteme (Digital Signage)
- Digitale Medienfassaden
- Digitale Medienarchitekturen

---

[6] Die Systematisierung der Relation von Raum/Konsum, resp. Konsum/Raum, die Hellmann/Zurstiege (2008) vorschlagen, bietet dafür eine interessante Ergänzung (quasi auf einer Meso-Ebene). Sie bilden ein Vier-Feld-Schema mit den beiden Achsen kommerzielle/nichtkommerzielle Nutzung des Raums und Raum als Mittel/Zweck des Konsumierens: Im ersten Feld (Mittel/Kommerziell) befinden sich Räume und Orte, in denen Handel auf altmodische Art und Weise betrieben wird, wo noch der Vertrieb von Waren den Betrieb bestimmt (z.B. Flohmärkte, Fachgeschäfte, aber auch Messen, Auktionen, e-Commerce-Marktplätze). Im zweiten Feld (Zweck/Kommerziell) lassen sich all jene Räume einordnen, bei denen das Räumliche selbst zum Konsumieren angeboten wird oder dafür zumindest eine zentrale Rolle spielt (z.B. Clubs, Freizeitparks, Flaniermeilen). Im dritten Feld (Mittel/Nicht-kommerziell) handelt es sich um Räume und Orte, in denen kulturelle Veranstaltungen angeboten werden (z.B. Oper, Theater, Konzerthäuser) sowie teilweise Dritte Orte im Sinne Oldenburgs, bei denen das räumliche, vor allem aber das soziale Moment zum Tragen kommen (Cafés, Buchläden etc.). Im vierten Feld (Zweck/Nicht-kommerziell) führen Hellmann/Zurstiege Räume zusammen, die auch kommerzielle Funktionen erfüllen, aber keineswegs in erster Linie (z.B. Denkmäler, Museen, Schwimmbäder, aber auch Videospiele und „Second Life"); hier steht das Räumliche selbst im Mittelpunkt der Aufmerksamkeit, seine Gestaltung, Herrichtung und Inszenierung (vgl. Hellmann/Zurstiege 2008, 11f.).

1.1 Digitale Werbedisplays (Digital Billboards, Ad Screens)

Digitale Werbedisplays („Bewegte Plakate") basieren auf zwei zentralen Entwicklungen moderner Informationsgesellschaften: der steigenden Mobilität der Bevölkerung („Mediennutzung im Tagesablauf") und den Digitalisierungs- und Konvergenzprozessen der Informations- und Kommunikationsinfrastrukturen. Um die flächendeckende Erreichbarkeit der Zielgruppen zu sichern, werden stark frequentierte Orte des öffentliche Raums („High impact sites") als weiterer Standort der massenmedialen Kommunikation erschlossen; dazu kommen Orte, wo sich die Zielgruppen stationär aufhalten, wie z.B. in Bars, Restaurants, an Konzerten oder in öffentlichen Verkehrsmitteln ("The captive audience").

Die verfügbaren digitalen Technologien werden nicht nur als neue Distributionsmedien genutzt, mittels derer sich bewegte Bilder darstellen lassen, sondern auch, um Überraschungseffekte zu erzielen oder die gezeigten Inhalte dynamisch an die Situation vor dem Display anzupassen. So „reagierte" etwa die Kampagne „Es passiert, wenn niemand hinsieht" von Amnesty International 2008 auf die Blickrichtung der Passanten: Wendeten Passanten ihre Aufmerksamkeit auf den Screen in der Buswartehalle, sahen sie ein scheinbar glückliches Paar. Sobald sich jedoch der Betrachter wegdrehte, schlug der Mann auf die Frau ein und das vermeintliche Idyll entpuppte sich als Fassade für häusliche Gewalt. Hinter dem Motivwechsel verbarg sich ein mit dem Display gekoppelter „Face tracking"-Sensor der Firma Vis-à-Pix, der registrierte, ob der Betrachter sein Gesicht dem Screen zuwendete.

Ein anderes Beispiel war die Kampagne von Adobe zum CS3 Launch 2007, die mit der Bewegung der vorbeigehenden Passanten interagierte: Infrarot-Sensoren in der rund 5 Meter langen und 2.5 Meter hohen Wandinstallation „dockten" sich an den Fussgänger an, dessen Bewegung anschliessend das Tempo und die Richtung der Animationen und Musikeffekte steuerte; erreichte er das Ende der Installation, erblühte das Bild in Regenbogenfarben und es erschien oberhalb „seines" Designs die Kampagnen-Botschaft "Creative license: take as much as you want."

1.2 Digitale Beschilderungssysteme (Digital Signage)

Mit dem Begriff „Digital Signage" („Digitale Beschilderung") wird eine weitere Palette digitaler, multimedialer Kommunikations- und Informationsmedien erfasst. Sie werden im Ladenumfeld („Point of sales") als Teil der Marken-, Produkt- und Promotionskommunikation eingesetzt und nutzen die fortschreitende "Technologisierung" der ganzen Wertschöpfungskette des Detailhandels für eine

Umgestaltung des Kauferlebnisses. Digitale Kassensysteme, elektronische Preis-
anzeigen, Frequenzzähler im Eingangsbereich und Überwachungskameras haben
breitbandige Datenkabel in den Ladenbereich hinein verlängert. Sie werden zunehmend durch RFID oder ähnliche Technologien ergänzt, die die Waren selbst
in die digitale Infrastruktur integrieren („Internet of things") und durch die Verbindung mit weiteren kunden- und produktbezogenen Datensystemen aktuelle
Detailinformation verfügbar machen. Entsprechend gross ist die Vielfalt der in
ein Gesamtsystem der POS-Kommunikation eingebundenen Teilstrategien.

Ein Beispiel für die integrierte Planung solcher Display-Medien in der POS-
Kommunikation sind die *„New Generation Stores"* der Swisscom in der
Schweiz. Im Rahmen des neuen Filialkonzepts nehmen die multimedialen Displays fünf verschiedene Funktionen wahr, die in ihrer Gesamtheit nicht nur die
„gefühlte Wartezeit" reduzieren, sondern insgesamt zu einem positiven Ein-
kaufserlebnis[7] während der ganzen Aufenthaltsdauer führen sollen: Den (1)
„Window Screens" in den Schaufenstern fällt die Aufgabe zu, die Passanten zu
„stoppen" und zum Eintreten in den Laden zu bewegen („attract"), mit den (2)
im Ticketsystem integrierten Screens wird der Eintretende begrüsst und auf aktuelle Angebote aufmerksam gemacht („welcome"), im Ladeninnern informieren
und unterhalten („provide information/entertain") (3) eine Vielzahl von Display-
Medien, wobei zwischen Screens in der Wartezone mit mehr unterhaltenden
Programmelementen, Demonstrations-Screens im unmittelbaren Produktumfeld
für die beratergestützte Detailinformation und interaktiven „Touch and try"-
Screens, an denen der Kunde selber experimentieren kann, differenziert wird.
Beim eigentlichen Kaufabschluss werden die Shop-Mitarbeiter/Innen vom (4)
Zentralcomputer unterstützt, der ihnen Rabattberechnungen, Vertragsänderungen
und Datenmutationen direkt in den Kundenstammdaten erlaubt. Die (5) im Aus-
gangsbereich stationierten Screens werden mit Bildern und Botschaften bespielt,
die den Kunden und die Kundin verabschieden und hinausbegleiten („rein-
force").

Die a1 lounge, der Flaship Store der Telekom Austria an der Mariahilfer
Strasse in Wien, geht noch einen Schritt weiter: Hier entfaltet sich ein Gesamt-
konzept, in dem Architektur, Services, Produkte und Zukunftsvisionen zu einem
Ganzen verschmelzen. Auf Dekorations- und Promotionsmaterialien wie auch
auf Produktregale wird weitestgehend verzichtet. Stattdessen dominieren Displays – gruppiert zu vier Stationen – das gesamte Ladenkonzept: Sie sind Infor-
mationsstelle und Ausstellung, Produktübersicht und Einkaufsplatz in einem.
Um etwas zu kaufen, legt man einen „virtuellen Einkaufswagen", ein kristalle-
nes, symbolisches Handy, auf die dafür vorgesehene Stelle auf einem Bildschirm

---

[7]   Zum Verhältnis von Erlebnis und Marke vgl. Kilian 2008.

und wählt das gewünschte Produkt per Touchscreen; auch Detailinformationen zu laufenden Verträgen, neuen Angeboten oder Gebrauchsanleitungen können dort gesammelt werden. Das Kassenpersonal übernimmt dann diesen Einkaufswagen und übergibt die gekauften Produkte oder installiert sie z.B. direkt auf dem Handy.

In den *Prada Epicenters* in New York, Los Angeles und Tokio hängen oder stehen Flachbildmonitore in allen Grössen zwischen den Regalen. Reale und virtuelle Bilder überlappen sich auch in den Umkleidekabinen: Die einfachen quadratischen Kabinen sind mit zwei interaktiven „Kleiderschränken"– einem für hängende Kleidung und einem für Legewaren – ausgestattet, in denen Sensoren die elektronischen Etiketten der Shop-Artikel ablesen und einen Touchscreen steuern, der die Ware und die damit verbundenen Informationen wie Verfügbarkeit von Variationen in Grössen, Struktur oder Farben anzeigt.

Auch die Verkaufsberater sind mit kleinen radiofrequenzgesteuerten „palm scanners" ausgestattet, mit denen sowohl der Kunde wie auch die Textilien seiner Wahl erfasst werden. Das Gerät scannt Personal-Tags und Kundenkarten, ermöglicht Inventarkontrollen, reserviert Umkleideräume, fungiert als Fernbedienung für die allgegenwärtigen Bildschirme und ermöglicht es, Waren aus dem Lager direkt zu bestellen und auszuliefern. Die dahinter liegende Technologie ist RFID, mit der sowohl die Waren ausgezeichnet, wie auch die Kundenkarten bestückt sind. Sobald diese identifiziert und gescannt werden, eröffnen sie einen unmittelbaren Zugang zum Zentralcomputer, der einen breiten Informationsfluss in Form von Skizzen, Laufsteg-Videos oder Farbpaletten für jedes Kleidungsstück, Schuh oder Tasche bereitstellt. Auch die Einkäufe werden über den Zentralcomputer, auf dem auch die Kundenprofile gespeichert sind, abgewickelt, sodass Daten früherer Einkäufe, Zahlungsverhalten oder Vorlieben auf der Kundenkarte abgeglichen werden.

In eine ähnliche Richtung geht auch das im Herbst 2007 lancierte Pilotprojekt der Galeria Kaufhof in Essen, bei dem rund 30.000 Artikel mit RFID-Etiketten ausgestattet wurden. Mit Anwendungen wie bei Prada sollen auch hier die Kundenzufriedenheit erhöht und zugleich hinter den Kulissen die Warenverfügbarkeit optimiert und die Abläufe effizienter gestaltet werden.

1.3 Digitale Medienfassaden

Medienfassaden – in architektonische Fassaden implementierte Medien[8] – stellen als dritter Anwendungstyp eine weitere Form von digitalen Bildwelten im öffentlichen Raum dar. Sie nutzen die Schnittstelle zwischen der Architektur und dem öffentlichen Raum für die Markierung von Präsenz und Bedeutung. Durch diese Medialisierung erfährt die (architektonische) Fassade eine Funktionserweiterung, sie wird vom „Face" zum „Interface" (vgl. Schmidt 2009).

Der *Bayer Konzern* etwa entschied 2007, ihren ehemaligen Konzernsitz nicht abzureissen, sondern das 122 Meter hohe Scheibenhochhaus, das an einer zentralen Verkehrsachse in Leverkusen steht, als Kommunikationsinstrument zu nutzen: Nach der Entkernung bis auf die Stahl- und die Deckenkonstruktionen wurde das Bauwerk mit einem transparenten Edelstahlgewebe über eine Fläche von 17.500 Quadratmetern umhüllt und rund 3,5 Millionen LED-Leuchten in das Gitter eingearbeitet. Neben flächendeckenden Licht- und Bildinszenierungen können so – unabhängig von der Tageszeit – zwei ca. 40 mal 40 Meter grosse Darstellungen des Bayer-Kreuzes auf der Ost- und Westfassade des Gebäudes angezeigt werden.

Andere Beispiele solcher architektonischen Markenpräsenzen sind etwa der Erweiterungsbau der Firmenzentrale von T-Mobile in Bonn, bei dem sich mittels 250.000 Leuchtdioden ein transparentes Bild über die Fassade legt und Architektur und Mediendesign zu einer Einheit zusammenfügt, oder die „Spots"-Fassade am Potsdamer Platz in Berlin, eine Weiterentwicklung der vielfach ausgezeichneten Medienfassade BIX am Kunsthaus Graz, die für den Zeitraum von anderthalb Jahren zum Träger kuratierter Licht- und Medieninstallation wurde und so die Bekanntheit und Ausstrahlung der HVB Immobilien, der Besitzerin des Gebäudes, unterstützen sollte.

Interessant ist auch das Beispiel des elipsenförmigen, 22 Stockwerke hohen Konzernsitzes der Versicherungsgesellschaft Uniqa in Wien, in dessen 7000 Quadratmeter grosse Fassade ein LED-Raster mit einzelnen ansteuerbaren Bildpunkten eingebaut ist. Die konzipierbaren Bilderwelten aus abstrakten und gegenständlichen Motiven verleihen der Aussenhaut des Uniqa Towers zusätzliches Leben. Im Gegensatz zu klassischen Fassadenanstrahlungen löst sich diese Installation von der Zweidimensionalität und bespielt das Gebäude rundum. Das Gebäude wurde 2006 im Speziellen wegen dieser nächtlichen Bespielungen als

---

[8]   Als „Medienfassaden" werden verschiedene Formen von informationstechnologisch gesteuerten Monumentaldisplays bezeichnet, die symbiotisch mit der Architektur verbunden sind. In dieser Definition teilt sich das Mediale auf in Aspekte der Technik, der Ästhetik und der Kommunikation (vgl. Schmidt 2009). Für einen Überblick über die verschiedenen Arten von Medienfassaden vgl. Häusler (2009).

„wesentlicher Beitrag" zum Wiener Stadtbild, resp. dem "metropolitanen Leben" ausgezeichnet.

1.4 Digitale Medienarchitekturen

Einen Schritt weiter gehen als vierter Anwendungstyp die Markenarchitekturen, in denen Gebäude als Ganzes mit einem hohen Kommunikationswert ausgestaltet und als (digitale) Medienarchitekturen zum festen Bestandteil des Markenauftritts werden. Eine bekannte Strategie ist das Co-Branding im Sinne der Verbindung einer Unternehmensmarke (z.B. a1, Prada, Guggenheim) mit der Marke eines bekannten Architekten (z.B. EOOS, Herzog & Demeuron, Gerry). Diese symbolischen Bauten (ikonografische Architektur[9]) sollen primär „Werte vertreten", „Stimmung erzeugen" und „Kontraste schaffen". Architektur wird dabei gezielt als Symbol für kulturelles Prestige genutzt (vgl. Zintzmeyer/Binder 2002). Unterstützt wird sie dabei – dem Zeitgeist gemäss – von Medientechnologie, mittels derer Fassaden und Innenräume mit Licht, Farbe und Bewegung bespielt werden. Mit szenografischen Mitteln wird ein künstlicher Markenraum kreiert, der ein räumliches (materielles und soziales) Markenerlebnis bietet.

So setzt beispielsweise die *BMW Welt* in München in einem grossen offenen Raum unter einem wolkenförmigen Dach die Übergabe der Neuwagen an die Kunden in Szene. Die architektonische Ausformulierung des Projekts entspricht den Werten der Marke BMW und schafft ihre Umsetzung in den Raum. „Freude am Fahren" wird zu einer dynamischen Skulptur, hohe Performance und eine leicht unterkühlte, modern-technische Anmutung prägen das Gebäude. Die Übergabe des Wagens an seinen Käufer bzw. die Käuferin wird in einem Ritual inszeniert, wodurch der Kauf zu einer Erfahrung und bleibenden Erinnerung werden soll.

In diesen heterotropen Räumen erhält das Umfeld, in dem die Marke – neben ihren Produkten und Leistungen – räumlich und sinnlich erlebt wird, eine zentrale Bedeutung. Die Beziehung des Kunden zur Marke wird in seine Beziehung zum Umfeld, wie z.B. zur Stadt oder zur Region, eingebettet und als zusätzliches Kraftfeld genutzt (vgl. Barth 2008, 409). In den *Swarowski Kristallwelten* in Wattens wurde gezielt die 100-jährige Tradition des Industriebetriebs mit der Tourismusdestination Tirol verbunden. Auch das *Mercedes-Benz-Museum* in Stuttgart-Bad Canstatt – mit 1 Mio. Besuchern pro Jahr das meistbesuchte Museum der Stadt –, das direkt vor dem Haupttor des Werks Untertürk-

---

[9]   Zum Verhältnis von Architektur und Branding, resp. einer architektonisch fundierten „Ökonomie des Zeichens" vgl. Angelil (2003).

heim auf einem künstlich aufgeschütteten Hügel gegenüber der Mercedes-Benz Arena liegt, bezieht eine zusätzliche kulturelle Bedeutung durch seinen Standort. Solche Markenlandschaften („Brandscapes", vgl. Klingmann 2007) entstehen aus der Verknüpfung zweier Prinzipien: der künstlichen räumlichen Verkörperung von Markenidentitäten und einer ebenso künstlichen Schaffung von Orten. Das Marketing wird in den architektonischen Entwurfsprozess miteinbezogen, so dass Wertsysteme von Firmen als Raumerfahrung wahrnehmbar werden. Visuelle Choreographie und architektonisches Design sollen Erlebnisse und eine soziale Dimension ermöglichen, wo sonst lediglich eine rein kommerzielle Umgebung wäre (Klingmann 2003, 51). In diesem Prozess der urbanen Verräumlichung konstituieren Marken heute einen eigenen physischen Kontext, sie werden re-territorialisiert.

2   Markenstrategische Potentiale

Aus markenstrategischer Sicht bieten sich durch den Einsatz digitaler Display-Medien wie aufgezeigt vielfältige Potentiale. So besteht durch digitale Installationen oder Räume die Möglichkeit, die Identität von Marken sichtbar und für die Kunden erlebbar zu machen. Multisensuale Markeninszenierungen, wie beispielsweise die BMW Welt in München, schaffen durch ihre Inszenierung des Raums in der Begegnung mit dem Kunden tiefgreifende Erlebnisse und bleibende Erinnerungen.

Gleichzeitig werden derartige Inszenierungen der Markenwerte durch eine architektonisch und markentechnisch passgenaue Einbettung in ihr Umfeld zu einem imagebildenden Teil von diesem. So gelingt es beispielsweise dem Apple Flagship Store auf der Fifth Avenue in New York, die zentralen Markenwerte Innovation und Design in perfekter Form in Szene zu setzen und durch einen räumlichen Imagetransfer einen Mehrwert für die Marke, aber gleichzeitig auch das Umfeld zu schaffen.

Diese differenzierende Visualisierung von Marken und die Greifbarmachung ihrer Werte sind in Zeiten vielfältiger und zunehmend homogener Markenangebote sowie einer zunehmenden Bedeutung der Kommunikation im Marketingmix und eines wachsenden Kommunikationswettbewerbs von hohem Wert (vgl. Pasquier/Dreosso/Rauch 2004, 29f; Calder/Malthouse 2005, 356). Gleichzeitig verkörpern sie mit eine neue Phase marken- und kommunikationspolitischer Aktivität, die in den 60er Jahren mit der Produktorientierung begann und den Wandel hin zu einer postindustriellen Erlebnisgesellschaft veranschaulicht (vgl. Bruhn 2006, 5f).

Eine weitere Ausprägung dieses Wandels ist der Einsatz digitaler Display-Medien in Form von POS-Screens im Handel. Auch diese Form der zeitpunktgenauen Information und Interaktion mit dem Kunden bietet aus Marketingsicht vielfältige Chancen. So besteht aus einer kundenorientierten Perspektive durch die POS-Screens die Möglichkeit der Vervollständigung bzw. Optimierung des Kundenkontaktpunktes am Point of Sale. Ein Zusatznutzen kann für den Kunden beispielsweise durch zusätzliche Informationen zu Produkten, sei es über deren Inhaltsstoffe oder deren Zubereitung, geschaffen und so Kaufanreize ausgelöst werden. Gleichzeitig bietet sich für Hersteller und Handel die Möglichkeit der tagesaktuellen und punktgenauen Distribution von Botschaften mit geringen Streuverlusten. Unterstützt wird die Entwicklung durch die flächendeckende Vernetzung der Infrastrukturen sowie die sinkenden Kosten der Hardware und Software Investitionen.

Um die notwendige Differenzierung und die gewünschten Assoziationen zu schaffen, ist es dabei unabhängig von der Form der digitalen Display-Medien wesentlich, diese mit den anderen Medien der Online- und Offline Kommunikation zu vernetzen (vgl. Balmer/Greyser 2006). Nur so können die für einen langfristigen Kommunikationserfolg notwendige einheitliche Wahrnehmung der Marke und der Aufbau positiver Wissensstrukturen zu einer Marke im Gedächtnis der Zielgruppen sichergestellt werden (vgl. Esch 2003, 84). Durch ihre identitätserzeugende Kraft haben digitale Display-Medien dabei das Potential, als Leitinstrumente die Leitlinien der Integration der Kommunikation vorzugeben. So bildet ihre markenbildende Qualität den Ausgangspunkt der inhaltlichen Integration der Kommunikation und ihre multisensuale Inszenierung die Grundlage der formal gestalterischen Integration (vgl. Bruhn 2006, 66-71).

Die Beziehung zwischen öffentlichem urbanen Raum und den Marken definiert den Unterschied von Out-of-Home-Displays zu anderen Medienformen. Wenn die Gestaltung dieser Medien als reine Design-, resp. Adaptionsaufgabe verstanden wird, dann fehlt die Verbindung zum sozialen Kontext. Wenn das Marketing und das Design die Technologien der Präsentation oder der Distribution einer Kampagne nur einseitig betrachten, liegen die eigentlichen Möglichkeiten dieser Medien für die Markenführung brach. Es muss gelingen, die Display-Medien – den Träger wie auch das Gezeigte – so in ein räumliches und soziales Gewebe einzufügen, dass die Marke wie selbstverständlich darin aufgeht und dennoch als „Landmark" hervortritt. Es ist eine Bereitschaft dafür aufzubringen, sich auf die Einmaligkeit des architektonischen und sozialen Raums einzulassen.

Literaturverzeichnis

Angelil, Marc (2003): Die Macht des Brandings. Architektur ge-brand-markt. In: Architese – Zeitschrift und Zeitschriftenreihe für Architektur, Nr. 6, S. 8-15.

Augé, Marc (1994): Orte und Nicht-Orte. Vorüberlegungen zu einer Ethnologie der Einsamkeit. Frankfurt a.M.: S. Fischer.

Balmer, John M. T./Greyser, Stephen A. (2006): Corporate Marketing. Integrating corporate identity, corporate branding, corporate communications, corporate image and corporate reputation. In: European Journal of Marketing, No. 7/8, S. 730-741.

Barth, Matthias (2008): Flagship Stores. Zur Synthese von Marke und Architektur. In: Herbrand, Nicolai O. (Hg.). Schauplätze dreidimensionaler Markeninszenierung: Innovative Strategien und Erfolgsmodelle erlebnisorientierter Begegnungskommunikation. Stuttgart: Edition neues Fachwissen, S. 405-412.

Böhme, Gernot (2006): Architektur und Atmosphäre. München: Wilhelm Fink.

Bruhn, Manfred ([4]2006): Integrierte Unternehmens- und Markenkommunikation. Strategische Planung und operative Umsetzung. Stuttgart: Schäffer Poeschel.

Calder, Bobby J./Malthouse, Edward C. (2005): Managing Media and Advertising Change with Integrated Marketing. In: Journal of Advertising Research, No. 4, S. 356-361.

Dünne, Jörg/Günzel, Stephan (2006) (Hg.): Raumtheorie. Grundlagentexte aus Philosophie und Kulturwissenschaften. Frankfurt a.M.: Suhrkamp.

Esch, Franz-Rudolf (2003): Strategie und Technik der Markenführung. München: Vahlen.

Foucault, Michel (2006): Von anderen Räumen. In: Dünne, Jörg/Günzel, Stephan (Hg.): Raumtheorie. Grundlagentexte aus Philosophie und Kulturwissenschaften. Frankfurt a.M.: Suhrkamp, S. 317-329.

Franck, Georg (2005): Werben und Überwachen: Zur Transformation des städtischen Raums. In: Hempel, Leon/Metelmann, Jörg (Hg.). Bild – Raum – Kontrolle: Videoüberwachung als Zeichen des gesellschaftlichen Wandels. Frankfurt a.M.: Suhrkamp, S. 141-155.

Häusler, Matthias, H. (2009): Media Facades: History, Technology, Content. Ludwigsburg: Av Edition.

Hellmann, Kai-Uwe/Zurstiege, Guido (2008) (Hg.): Räume des Konsums. Über den Funktionswandel von Räumlichkeiten im Zeitalter des Konsumismus. Konsumsoziologie und Massenkultur. Wiesbaden: VS Verlag für Sozialwissenschaften.

Jaschko, Susanne (2007): Der öffentliche und der Datenraum der Stadt. Online: http://www.heise.de/tp/r4/artikel/25/25011/1.html (letzter Zugriff: 18.3.2009).

Kilian, Karsten (2008): Vom Erlebnismarketing zum Markenerlebnis: Wie und warum Erlebnisse und Marken einander bereichern. In: Herbrand, Nicolai O. (Hg.). Schauplätze dreidimensionaler Markeninszenierung: Innovative Strategien und Erfolgsmodelle erlebnisorientierter Begegnungskommunikation. Stuttgart: Edition neues Fachwissen, S. 29-68.

Klingmann, Anna (2003): Brandscapes. Vom Branding der Stadt als Konsumgut. In: Architese - Zeitschrift und Schriftenreihe für Architektur, Nr. 6, S. 46-51.

Klingmann, Anna (2007): Brandscapes. Architecture in the Experience Economy. London: MIT Press.

Löw, Martina (2001): Raumsoziologie. Frankfurt a.m.: Suhrkamp.

Löw, Martina/Steets, Silke/Stoetzer, Sergej (2008): Einführung in die Stadt- und Raumsoziologie. Stuttgart: UTB.

Mikunda, Christian (^{2}2007): Marketing spüren – willkommen am Dritten Ort. Frankfurt-Wien: Redline.

Müller, Marion G. (2007): What is visual communication? Past and future of an emerging field of communication research. In: Studies of Communication Research. Journal of Swiss Association of Communication and Media Research, No. 2, S. 7-34.

Neumann, David (2008): Die Marke auf dem Weg zum Erlebnis. Trend Erlebnisgesellschaft und Erlebnismarketing. In: Herbrand, Nicolai O. (Hg.). Schauplätze dreidimensionaler Markeninszenierung: Innovative Strategien und Erfolgsmodelle erlebnisorientierter Begegnungskommunikation. Stuttgart: Edition neues Fachwissen, S. 13-28.

Oldenburg, Ray (^{3}1999): The great good places: cafés, coffee shops, bookstores, bars, hair salons, and other hangouts at the heart of the community. New York: Da Capo Press.

Pasquier, Martial/Dreosso, Corina/Rauch, Andre (2004): Kommunikation. Eine Delphi-Studie zu den Entwicklungen der Marketingkommunikation. Bern-Stuttgart-Wien: Haupt.

Pine, B. Joseph/Gilmore, James H. (2000): Markets of One: Creating Customer-Unique Value through Mass Customization. Boston: Harvard Business School Press.

POPAI Point of Purchase Advertising International (1999): „European Consumer Buying Habits Study". Online: http://www.popai.de/POS_Forschung/Shopper_ insights1.html (letzter Zugriff: 18.3.2009).

Sauter, Joachim (2004): Das vierte Format: Die Fassade als mediale Haut der Architektur. Online: http://netzspannung.org/media-art/publications/digital-transformations/ (letzter Zugriff: 20.4.2009).

Schmidt, Gunnar (2009): Medienfassade. In: Arch+ - Zeitschrift für Architektur und Städtebau: Schwellenatlas. Von Abfallzerkleinerer bis Zeitmaschine, Nr. 191/192, S. 77.

Schulze, Gerhard (1992): Die Erlebnisgesellschaft : Kultursoziologie der Gegenwart. Frankfurt a.M.: Campus.

Wöhler, Karl-Heinz (2008): Erlebnisgesellschaft – Wertewandel, Konsumverhalten und -kultur. In: Herbrand, Nicolai O. (Hg.). Schauplätze dreidimensionaler Markeninszenierung: Innovative Strategien und Erfolgsmodelle erlebnisorientierter Begegnungskommunikation. Stuttgart: Edition neues Fachwissen, S. 3-12.

Zintzmeyer, Jörg/Binder, Reinhard (2002): Von der Kraft der Symbole. Markenführung durch visuelle Gestaltung. In: Brauer, Gernot (Hg.). Architektur als Markenkommunikation. Dynaform + Cube. Basel-Boston-Berlin: Birkhäuser, S. 37-44.

Zurstiege, Guido (2008): Der Konsum Dritter Orte. In: Hellmann, Kai-Uwe/Zurstiege, Guido (Hg.). Räume des Konsums. Über den Funktionswandel von Räumlichkeiten im Zeitalter des Konsumismus. Konsumsoziologie und Massenkultur. Wiesbaden: VS Verlag für Sozialwissenschaften, S. 121-141.

Corporate Social Responsibility: Ethische Verantwortung oder Image-Pflege?

Michael Etter & Christian Pieter Hoffmann

Die „sozialen Medien" stellen Unternehmen vor neue kommunikative Herausforderungen: Im Web 2.0 kann jeder Teilnehmer seine Interessen und Positionen an den Gatekeepern der etablierten Medien vorbei publizieren, und sich mit Gleichgesinnten zusammenschliessen und koordinieren. Das Internet ermöglicht es so, bisher von Entscheidungsträgern unbeachteten Individuen und Gruppen Gehör zu verschaffen und ihren Interessen gegenüber den Unternehmen eine ungeahnte Schlagkraft zu verleihen. Die Auswirkungen dieser neuen medialen Kräfteverhältnisse musste etwa das deutsche Unternehmen Jamba im Jahr 2005 schmerzhaft erfahren, als ein einziger Blogeintrag einen kommunikativen Prozess auslöste, der in einer Verschärfung des Telekommunikationsgesetzes gipfelte, welche das Geschäftsgebaren des deutschen Marktführers für Klingeltöne und mobile Inhalte empfindlich beeinträchtigte.

Wie konnte es dazu kommen? Der Betreiber des Blogs „Spreeblick" prangerte in einem Eintrag (Hauesler, 2004) die undurchsichtige Preis- und Abonnementspolitik von Jamba an, die - so der Vorwurf - vor allem Jugendliche dazu verführe, unwissentlich kostspielige Verträge einzugehen. Der Eintrag fand in der Blogosphäre erheblichen Anklang. Zum Sprung auf die Agenda der Massenmedien verhalf dem Thema ausgerechnet das betroffene Unternehmen selbst: Jamba schaltete sich nämlich in die Internet-Debatte ein. Dies jedoch nicht unter eigenem Namen, sondern mittels Blogeinträge fiktiver Nutzer, die die Position Jamba's vertraten. Es dauerte nicht lange, bis dieses Vorgehen aufgedeckt wurde – es folgte ein Aufschrei der Empörung in der Blogosphäre, traditionelle Medien wie Spiegel, Focus, Süddeutsche Zeitung, Handelsblatt und Sat.1 gewannen plötzlich Interesse an der Kontroverse und begannen mit einer kritischen Berichterstattung. Schon wenige Monate später reagierte die Politik mit der erwähnten Verschärfung des Telekommunikationsgesetzes.

Die Beschwerde eines einzelnen Bloggers über das vermeintlich unethische Verhalten eines Unternehmens mit Millionenumsatz führte so dank der Eigendynamik der sozialen Medien zu der verschärften Regulierung einer ganzen Branche. Dieses Beispiel ist natürlich einerseits eine Fallstudie ungeschickter Kommunikation in den neuen Medien, welche ganz eigene Spielregeln aufweisen. Es zeigt jedoch zugleich, unter welch verschärfter Beobachtung das Verhalten heutiger Unternehmen stehen. Im Web 2.0 kann jeder Kunde, jeder Mitarbeiter, jeder Wettbewerber zu einem investigativen Journalisten werden, der ethisches, ökologisches oder soziales Fehlverhalten schonungslos aufdeckt. Die Anforderungen an die Verantwortung und Transparenz der Unternehmen erreicht damit eine neue Dimension.

1   Forderungen aus dem Web 2.0

Das beschriebene Beispiel verdeutlicht, wie Fälle wahrgenommenen ethischen Fehlverhaltens einzelner Unternehmen erhebliche öffentliche und insbesondere mediale Aufmerksamkeit auf sich ziehen können (Hogan, 2007; Kepplinger, 2005; Lukaszewski, 2004). Die neuen Medien spielen hier eine unterstützende Rolle: Soziale Netzwerke, Blogs oder Mikro-Blogs ermöglichen es Einzelpersonen oder Gruppen, das Verhalten von Unternehmen öffentlich anzuprangern, Folge-Berichterstattung zu erzeugen und die Reputation von Unternehmen nachhaltig zu beeinflussen (Huber, 2008; Meckel, 2008). Von besonderer Bedeutung ist dabei die Wahrnehmung der Aufrichtigkeit und Authentizität von Unternehmen als Teilnehmer in Kommunikationsnetzwerken - soziale Medien bauen Kommunikationshierarchien ab, sie bedingen Begegnungen auf "Augenhöhe". Versuche der Irreführung oder Manipulation stellen in der Kommunikationskultur sozialer Medien ein Tabu dar.

Von besonderer Bedeutung für die Wahrnehmung des Unternehmens als Kommunikationspartner oder Netzwerkteilnehmer ist das Gebaren der Organisation als "Corporate Citizen". Dabei steht vor allem die ethische, soziale oder ökologische Verantwortung des Unternehmens gegenüber der Gesellschaft im Mittelpunkt, die so genannte Corporate Social Responsibility (CSR). Die öffentliche Thematisierung der CSR beeinflusst das Verhältnis des Unternehmens zu zahlreichen relevanten Anspruchsgruppen (Karmasin & Weder, 2008; Lewis, 2003; Waddock et al., 2002). Die Kommunikation und Thematisierung von CSR spielt daher auch im Rahmen der Unternehmensbewertung an den Kapitalmärkten eine zunehmende Rolle (Fieseler, 2008). Die hohe Bedeutung der CSR-Kommunikation für das unternehmerische Reputationsmanagement wurde sowohl in der Theorie (Fombrun, 2005; Macleod, 2001) als auch in der Praxis erkannt - immer mehr Unternehmen tragen ihr ökologisches und soziales Engagement gezielt an die Öffentlichkeit (Gregory et al., 2008; Hartman et al., 2007; Hooghiemstra, 2000).

Vor diesem Hintergrund stellt sich jedoch die Frage, aus welchem Grund, mit welcher Motivation Unternehmen die Kommunikation ihrer CSR-Aktivitäten intensivieren. Handelt es sich tatsächlich primär um eine medial getriebene Bemühung um die eigene Reputation und das Unternehmensimage, oder liegt dem sozialen und ökologischen Engagement doch eine intrinsische Motivation zu Grunde, also die Anerkennung einer genuin ethischen Verpflichtung zu einem nachhaltigen Wirtschaftsgebaren? Anders gefragt: Wie authentisch oder unauthentisch - und damit kritikanfällig - ist der Auftritt heutiger Unternehmen als guter Corporate Citizen? Um diese Frage zu beantworten, führten die Autoren eine empirische Studie durch, in deren Rahmen insgesamt 201 Führungskräfte zu ihrer Wahrnehmung und Kommunikation der CSR befragt wurden. Bevor die Forschungsergebnisse präsentiert werden, beschreibt das nächste Kapitel einige theoretische Grundlagen rund um die in der Wissenschaft diskutierten Motive für unternehmerische CSR-Initiativen.

2   Motive für CSR

Eine Vielzahl von Studien bemüht sich, positive Auswirkungen der „Corporate Social Responsibility" auf die betroffenen Unternehmen nachzuweisen. So seien CSR-Aktivitäten geeignet, die Reputation des Unternehmens zu bewahren oder fördern, ein gutes Arbeitsklima zu schaffen oder einschränkenden Regulierungen vorzubeugen. CSR-Massnahmen können hier als betriebswirtschaftlich sinnvolle Anpassungen an äussere Rahmenbedingungen verstanden werden (Thompson, 1967; Lawrence und Lorsch, 1967). Insbesondere vier externe Faktoren fördern demnach ein unternehmerisches CSR-Engagement: Zunehmende Regulierungen, der demographische Wandel, der Druck von NGOs und der zunehmende Bedarf an Transparenz (Vogl, 2003). Unternehmen reagieren auf diese Trends durch CSR-Massnahmen, welche die Wettbewerbsfähigkeit steigern und den unternehmerischen Erfolg sichern sollen (Maignan & Ralston, 2002; Moir, 2001; Turban & Greening, 1997; Cochran & Wood, 10984; Siltoja, 2006). Immer wieder wird betont, dass CSR-Investitionen nichtfinanziellen Wert, so genannte intangible Assets für das Unternehmen schaffen – solche Werte wirken sich letztlich indirekt auf die finanziellen Werte, die „Bottom Line" des Unternehmens aus (Fombrun, Gardberg & Barnett, 2000; Gardberg & Fombrun, 2006; Hansen & Schrader, 2005).

Zu den bedeutendsten intangiblen Assets werden in diesem Zusammenhang vor allem das Image oder die Reputation eines Unternehmens gezählt (Fombrum, 1996; Deephouse, 2000). Die Wahrnehmung von CSR-Massnahmen unter verschiedenen Anspruchsgruppen stellt einen wichtigen Treiber einer positiven Unternehmensreputation dar (Clarkson, 1995; Waddock & Graves, 1997; Fombrun, Gardberg & Barnett, 2000; Brammer & Pavelin, 2004;). Der hier beschriebene

Fall Jamba demonstriert entsprechend umgekehrt das Entstehen eines Reputationsschadens durch ethisch fragwürdiges Verhalten. Fombrum et al. (2000) argumentieren, dass CSR-Massnahmen auch Reputationsverluste in Krisenzeiten vermeiden können. CSR-Massnahmen dienen somit als eine Art Versicherung gegen Angriffe auf die Legitimität und den Handlungsspielraum von Unternehmen (Hansen & Schrader, 2005; Klein & Dawar, 2004).

Die betriebswirtschaftliche Forschung beschränkt sich jedoch nicht auf instrumentelle Motive für CSR-Engagement. Ebenso wurde untersucht, ob die persönlichen Wertverständnisse der unternehmerischen Führungskräfte sozial und ökologisch nachhaltiges Wirtschaften befördern (Hemmingway & Maglagan, 2004). Tatsächlich konnte gezeigt werden, dass CSR-Massnahmen vor allem durch das persönliche Engagement von Managern in Unternehmen Eingang finden, basierend auf deren Wertvorstellungen. Dies gilt selbst, wenn damit ein gewisses finanzielles und persönliches berufliches Risiko verbunden ist (Wood, 1991; Drumwright, 1994; Swanson, 1995; Fineman & Clarke, 1996; Menon & Menon, 1997). Umgekehrt befördern ein CSR-freundliches Unternehmensklima und entsprechende Freiräume für Manager ein Engagement in CSR-Massnahmen. Immer wieder setzen sich jedoch Führungskräfte auch dort für die soziale Verantwortung ihrer Unternehmen ein, wo dies nicht durch die Unternehmenskultur gezielt befördert wird (Drumwright, 1994).

Basierend auf diesen Studien und Theorien der Motivation für unternehmerisches CSR-Engagement sollte unsere Studie untersuchen, welche Motive deutschsprachige Manager für soziales und ökologisch verantwortliches Verhalten geltend machen. Von besonderem Interesse war dabei, welche Rolle der Wunsch nach einer positiven Aussenwahrnehmung, beziehungsweise nach einer Vermeidung externer Kritik, spielt. Das folgende Kapitel beschreibt zentrale Erkenntnisse, jeweils fundiert durch aussagekräftige Zitate der Interviewpartner.

3   CSR aus Sicht von Führungskräften

Für die Untersuchung wurde eine multiparadigmatische Forschungsmethodik angewandt, welche qualitative mit quantitativen Elementen verbindet. In einer ersten Phase wurden 201 Manager und Managerinnen aus Deutschland und der Schweiz anhand eines standardisierten Fragebogens zu ihrer Unternehmensverantwortung befragt. In der zweiten Phase wurden 23 Führungskräfte auf Basis eines offenen Leitfadens telefonisch interviewt, wodurch die Erkenntnisse der quantitativen Befragung stellenweise vertieft und letztlich auch validiert werden konnten. Die Stichproben beider Befragungen bestanden aus Führungskräften des oberen und mittleren Managements und deckten verschiedene Branchen und

Unternehmensgrössen ab. Die Resultate der beiden Befragungen werden hier zusammenfassend präsentiert.

4   Relevanz von sozialen und ökologischen Fragestellungen

Unter Führungskräften lässt sich ein deutliches Bedürfnis nach einer Auseinandersetzung mit ethischen Fragen und Gesichtspunkten ausmachen. Die Befragten sind überwiegend der Ansicht, dass soziale und ökologische Belange bei Unternehmensentscheidungen bereits heute eine wichtige Rolle spielen. Dabei steht jedoch nicht alleine eine gesellschaftliche Verantwortung im Vordergrund, sondern auch eine ökonomische Erfolgsrechnung: sozial verantwortungsvolles sowie umweltbewusstes Handeln schliesst ökonomischen Erfolg nicht aus, sondern ermöglicht oder steigert diesen gar.

Die Aussage "Soziale und ökologische Belange spielen eine wichtige Rolle bei Unternehmensentscheidungen" erhielt auf einer Skala von „1 - gar keine Zustimmung" bis „10 - volle Zustimmung" einen hohen Durchschnittswert von 7.3. Zahlreiche Interviewpartner gingen davon aus, dass soziale und ökologische Belange in Zukunft noch an Bedeutung gewinnen werden.

> "Social Responsibility ist sicherlich ein Punkt, den ich als Unternehmer sehen muss. (…) Ich glaube, dass Social Responsibility sicher ein grosses Thema für die Zukunft ist."

> "Also, wenn ich in die Wirtschaft schaue, dann glaube ich, dass ethisch-moralische Fragen eine zunehmend wichtigere, aber eine immer noch vergleichsweise untergeordnete Rolle spielen."

Kritisch wird angemerkt, dass zahlreiche Unternehmen heute noch ein instrumentelles Verhältnis zu sozialen und ökologischen Fragestellungen pflegen. Wie dieser Manager erklärt, finden sie vor allem dann Berücksichtigung, wenn sich das Unternehmen davon einen Vorteil verspricht:

> "Das geschieht noch nicht genug, es sei denn, Sie haben Image-Vorteile dadurch, dass sie sich um die Umwelt kümmern. Aber das machen die wenigsten. Umwelt ist für die meisten ein noch unausgereiftes, zu langfristiges Konzept."

> "Natürlich kann ein Unternehmen nach Innen eine Kultur, eine Ethik haben von Respekt und Vertrauen, aber parallel dazu nach Aussen die Umwelt verdrecken. Aber das geht nicht lange gut, weil sie diese Asymmetrie zwischen dem inneren und äusseren Verhalten dauerhaft nicht auf(rechter)halten. Letztes Beispiel dafür waren

ja die Überwachungen in den Supermärkten bei einigen Unternehmen in Deutschland. So was schlägt sich nieder, auch auf die Kunden, auf die Reputation."

Besonders hohe Relevanz erhalten die erwähnten Fragestellungen erst dann, wenn sie Bestandteil der strategischen Ausrichtung des Unternehmens geworden sind:

"(…) Ich denke aber auch, dass es Unternehmen gibt, die diese Leitlinien sehr stark verinnerlicht haben, weil sie wissen, dass es ein Kern ihrer strategischen Positionierung, Erfolgspositionierung auch ist. Und eine Marke, wenn man so will, kann nur überleben, wenn sie dieses Standbein hat. Und das ist vielen Leuten auch klar geworden, das wirkt dann auch auf die Menschen nach innen."

5   Beitrag zur gesellschaftlichen Entwicklung

Der Wunsch nach einer positiven gesellschaftlichen Mitwirkung ist zwar vorhanden, die Führungskräfte identifizieren ihren Einflussbereich jedoch vornehmlich in ihren Unternehmen.

"Es können auch wieder Frauen, die vielleicht wieder zurück in den Arbeitsprozess wollen, bei uns arbeiten, es können junge Leute, die vielleicht so nicht in den Arbeitsprozess finden, bei uns beginnen zu arbeiten, und dann eben auch zu lernen und Karriere zu machen. Das ist für mich ein Bereich, in dem man wieder irgendwo dazu beiträgt, zu einer gewissen sozialen Sicherheit, sprich, dass die Gesellschaft funktioniert im weitesten Sinne."

Nichts desto trotz erfährt der Anspruch, mit der eigenen Tätigkeit einen Beitrag zur gesellschaftlichen und wirtschaftlichen Entwicklung zu leisten, von den befragten Führungskräften mit einem Durchschnittswert von 7.7 eindeutige Zustimmung. Auch die Aussage "Ein optimales Unternehmen fühlt sich seinem Standort verpflichtet und handelt als gesellschaftlich verantwortlicher Akteur" erzielte durchschnittlich einen hohen Wert von 8.3. Die befragten Führungskräfte argumentierten dabei regelmässig, dass persönlicher und betriebswirtschaftlicher Erfolg eine Voraussetzung für einen positiven Beitrag an Gesellschaft und Wirtschaft darstellt.

"Da gibt es natürlich den persönlichen Erfolg, den Erfolg für das Projekt, den Erfolg für die Abteilung, die Tochtergesellschaft, der Erfolg für das Gesamthaus. Und irgendwann kommt sicherlich auch mal der gesellschaftliche Erfolg. Den sehe ich dann später."

Oftmals sehen die Führungskräfte den Einfluss ihrer Tätigkeit auf das gesell-schaftliche Wohl nur als mittelbaren Effekt. Der Erfolg im Unternehmen, im unmittelbaren Umfeld wird höher gewichtet - kann aber letztlich auch zu einem höheren Wohl beitragen.

"Gesellschaft und Volkswirtschaft ist vielleicht ein bisschen abstrakt. Es geht mir darum zu sagen, man hat als Geschäftsführer - ich sehe das zumindest so für mich als Geschäftsführer einer Firma - natürlich auch einen gewissen Anspruch seinen Mitarbeitern gegenüber. Letzten Endes sehe ich es so: wenn ich meine Arbeit gut mache, dann geht es dem Unternehmen gut und dadurch auch den Mitarbeitern. Das kann man natürlich auf einer abstrakteren Ebene so sehen, dass man auch einen ge-sellschaftlichen Aspekt oder einen gesellschaftlichen Beitrag leistet. Ich für mich se-he das immer ein bisschen näher an mir dran, nämlich bei meinen Mitarbeitern."

Den Führungskräften ist ihr Einfluss auf die gesellschaftliche Entwicklung durchaus bewusst. Sie sehen damit zum Teil auch eine Verantwortung oder zu-mindest einen Wunsch zur positiven Mitgestaltung verbunden.

"Klar ist es in unterschiedlichen Berufen unterschiedlich. Wenn ich ein guter Schuhmacher bin und Schuhe repariere, leiste ich auch einen Beitrag. Aber der ist wahrscheinlich nicht so, dass er an grossen Hebeln die Gesellschaft weiter bringt. Wenn man den Einfluss hat, und in Positionen sitzt, sollte man es glaube ich versu-chen."

Bei manchen Führungskräften wurde in den Gesprächen deutlich, dass ein Wunsch nach einem signifikanteren Beitrag für die Gesellschaft vorhanden ist.

"Ja, das sind wünschenswerte Ziele. Aber es ist natürlich so, für meinen Anspruch in diesem Umfeld, wo ich wirken kann, möchte ich möglichst mein Bestes tun, damit es eine, aus meinen Werten, eine positive Entwicklung gibt, natürlich. Ganz klar möcht' ich einen Beitrag leisten und darum habe ich mich im Laufe meines Lebens auch immer wieder gefragt, ob ich jetzt am richtigen Punkt bin, die richtigen Dinge tue, die weiter in meinem Wertehorizont, oder meinen Wertvorstellungen auch ent-sprechen. Und das kann auch sein, dass sich das auch weiter verändert."

Nicht in jedem Fall muss ein Engagement für die Gesellschaft aber aus der be-triebswirtschaftlichen Tätigkeit resultieren. Zahlreiche Führungskräfte befürwor-ten ein Engagement auch ausserhalb ihrer eigentlichen unternehmerischen Tätig-keit.

"Ich glaube, dass unsere Arbeit sicherlich ganz unbestreitbar einen volkswirtschaft-lichen Sinn macht. Es ist darüber hinaus auch so, dass wir uns als Firma sehr stark auch in Pro-Bono-Projekten engagieren, an den Standorten an denen wir sind. Das ist sozusagen der weitere gesellschaftliche Beitrag den wir vielleicht leisten."

6   Orientierung an Stakeholder-Interessen

Die befragten Manager zeigten eine hohe Affinität zum Stakeholder-Ansatz der Unternehmensführung: Befragt nach der Einflusssphäre des Unternehmens, nach jenen Zielgruppen, für die das Unternehmen eine Verantwortung trägt, wurden vor allem die zentralen Anspruchsgruppen der Unternehmensführung genannt. Ein optimales Unternehmen pflegt danach ein partnerschaftliches Verhältnis zu seinen Kunden, Mitarbeitern und Zulieferern. Die Aussage "Ein optimales Unternehmen versteht sich als Partner gegenüber Mitarbeitern, Kunden und Zulieferern" erhält entsprechend eine hohe durchschnittliche Zustimmung von 8.7. Insbesondere die Wahrung der Mitarbeiterinteressen erhält eindeutige Zustimmung, wie der Durchschnittswert von 8.6 für die Aussage "Ein optimales Unternehmen achtet die Interessen seiner Mitarbeiter" zeigt.

Von einem partnerschaftlichen Verhältnis versprechen sich die Führungskräfte insbesondere auch Initiative und Eigenverantwortung der Mitarbeiter.

"Und ein optimales Unternehmen gibt das Ziel vor, aber bezieht die Mitarbeiter mit ein, wenn es darum geht, den Weg dahin zu bestimmen. Ohne das Ziel aus den Augen zu verlieren. Man gibt die Leitplanken vor, in diese Richtung geht es, aber lässt innerhalb der Leitplanken viel Spielraum, für die Partnerunternehmen, für die Mitarbeiter."

Nachhaltiger Erfolg entsteht in der Wahrnehmung der Führungskräfte nicht nur aus der Einbindung der Mitarbeiter, auch die Akzeptanz und Zusammenarbeit weiterer Stakeholder ist hier geboten. Das Unternehmen hat nach Ansicht der Manager daher auch deren Interessen aufzunehmen und zu respektieren. Als guter Corporate Citizen übernimmt das Unternehmen Verantwortung für verschiedene Anspruchsgruppen, den Standort, ja gar die weitere Gesellschaft.

„Ich glaube, letztlich sollte man, für ein ideales Unternehmen, eine Kultur haben, die sowohl Kunden, Mitarbeitende und auch Zulieferer als Partner anschaut, wenn man an ein Stakeholder-Modell glaubt. Eigentlich die Öffentlichkeit und die Gesellschaft auch, weil ein Unternehmen, das hat eine gesellschaftliche Verantwortung, immer."

"Das Unternehmen muss einen guten Dreiklang erwirtschaften zwischen einerseits den Gesellschaftern/Aktionären, den Arbeitnehmern und der Volkswirtschaft. Und ich glaube, das ist ein in sich festes Gefüge, was, wenn alle Interessen ausgewogen vertreten werden, dann funktioniert das auch für alle."

Die Interessen von Mitarbeitern, Kunden und Zulieferern zu wahren, erscheint für viele Führungskräfte nicht nur wünschenswert, sondern durchaus auch praktikabel.

> "Ich bin der Überzeugung, bei guten Geschäften gibt es nur Gewinner, und nicht Gewinner und Verlierer. Das ist für mich schon eine Voraussetzung."

7 The Business of Business?

Es wird damit deutlich, dass aus Sicht der Führungskräfte eine Auseinandersetzung mit ethischen, sozialen und ökologischen Gesichtspunkten nicht alleine eine Frage der gesellschaftlichen Verantwortung ist – sie ergibt sich durchaus auch aus einer ökonomischen Erfolgsrechnung: sozial verantwortungsvolles und ethisches Handeln soll ökonomischen Erfolg nach sich ziehen. Man spricht hier von einer Gewinnorientierung unter Nebenbedingungen, oder auch einem „aufgeklärten Eigeninteresse". Die Maxime der reinen Profitmaximierung findet umgekehrt dementsprechend wenig Anklang. Die einst durch Milton Friedman formulierte Maxime "The business of business is business" erfährt in dieser Form mit einem Durchschnittswert von 5.8 nur wenig Zustimmung von den befragten Führungskräften.

Dabei stellen Profit und Rendite in den Augen der Manager wichtige Bestandteile eines optimalen Unternehmens dar – sie sind die Voraussetzung für ein erfolgreiches Agieren des Unternehmens auch über rein finanzielle Gesichtspunkte hinaus. Dem Erwirtschaften einer überdurchschnittlichen Rendite wird von den Befragten eine hohe, jedoch nicht herausragende Bedeutung beigemessen. Der Durchschnittswert für die Aussage "Das optimale Unternehmen erwirtschaftet eine überdurchschnittliche Rendite" beträgt 7.4.

> "Renditesteigerungen ins Unermessliche – nein. Aber man muss überhaupt Gewinn machen, um Arbeitsplätze zu sichern, man muss aber nicht danach streben, höchsten Gewinn zu machen."

> "Ich glaube, dass Business first - vergiss alles und mach dein Geschäft - grundsätzlich falsch ist. Wir sind alle merkantil ausgerichtet als Unternehmen, natürlich gibt es eine Kapitalgesellschaft für die ich arbeite. Und diese Gesellschaft hat darauf zu achten, per Gesetz sogar, dass Rendite entsteht. Entsteht keine Rendite, gibt es auch das Gesetz, dass die Kapitalgesellschaft zu schliessen ist. (...) Natürlich muss ich Rendite orientiert sein, aber der Rahmen ist so weit gesteckt, dass man sich darin bewegen kann."

Die befragten Führungskräfte unterscheiden vor allem eine kurzfristige Maximierung von einer langfristigen Wertsteigerung.

> "Na ja, das kommt immer auf den Fall an. Wenn ich die Maxime nur begrenzt auf zwei Jahre zum Beispiel sehe. Dann kann ich ethisch, moralisch verwerflich so ein Unternehmen natürlich zwei Jahre so in Richtung Umsatzmaximierung oder Renditeoptimierung trimmen, dass es dem Unternehmen und den Menschen irgendwie weh tut. Die Frage ist aber, was bringt es mir eigentlich langfristig. Und langfristig ist es für mich eher, Werte zu schaffen, als kurzfristig auf Umsatz/Renditen zu trimmen."

Der Gewinn stellt für viele Führungskräfte also keinen Selbstzweck dar, sondern ist die Konsequenz eines langfristig orientierten, nachhaltigen Wirtschaftens.

> "Renditesteigerungen ins Unermessliche – nein. Aber man muss überhaupt Gewinn machen, um Arbeitsplätze zu sichern, man muss aber nicht danach streben, höchsten Gewinn zu machen."

> "Nein, ich glaube Profitstreben ist sowieso ganz gefährlich. Ich glaube, man muss versuchen, das Beste herzustellen, zu liefern, das Beste zu tun – dann kommt der schon. Aber das Eine muss vor dem Anderen stehen. Und ich bin der festen Überzeugung, dass jeder, der redlich wirtschaftet, der moralisch handelt und der eine gute Idee hat und Leistung bringt, dass der dann damit auch Profit macht. Ich glaube, dass die Profit-Orientierung und dieses ständige Phantasie-der-Anleger-Beflügeln das ist alles Kulissenschieberei."

8   Ethik vor Gewinn?

Die befragten Führungskräfte nehmen damit eine optimistische Perspektive auf das CSR-Engagement ihrer Unternehmen ein: Soziale und ökologische Verantwortung gegenüber den Anspruchsgruppen trägt zum langfristigen Erfolg des Unternehmens bei. Was aber, wenn ökonomische Sachzwänge doch einmal in Konflikt mit ethischen Überzeugungen geraten? Die Interviewpartner zeigen sich hier kaum gewillt, ethische Überzeugungen einem reinen Gewinnstreben zu opfern. Die Aussage "Ein optimales Unternehmen setzt ethische Aspekte über materielle Gewinninteressen" erreicht einen Durchschnittswert von 7.3 – uneingeschränkte Zustimmung findet sie damit nicht. Dies zeigt auch der nicht überragende Durchschnittswert von 6.1 für die Aussage "Ein optimales Unternehmen verzichtet auf Renditesteigerung, um Arbeitsplätze zu sichern." Umgekehrt verwehren sich die Befragten jedoch dagegen, dass ethischen Gesichtspunkten in gewissen Situationen eine reduzierte Bedeutung zukommen sollte.

„Ich glaube, dass man zu einer Form kommen muss, in der eine vernünftige Ökonomie, d.h. ein profitables Geschäft, sich verbinden lassen muss mit einem ökologisch und sozial verantwortungsvollen Umgang. Ich glaube, dass es keine bessere Zeit gab als heute, das zu tun. Ich denke, dass das Bewusstsein der Verbraucher und der Gesamtgesellschaft zumindest in der westlichen Hemisphäre ganz klar in diese Richtung geht."

"Ich glaube, die materiellen Gewinninteressen müssen im Rahmen ethischer Grundüberzeugungen stattfinden."

Die konsequente Ausrichtung des Handelns an bestimmten ethischen Grundwerten halten die meisten Führungskräfte durchaus für möglich, wenn nicht notwendig. Dabei sehen sich die Manager sogar in einer Art Vorbildfunktion.

"Wehret den Anfängen. Wenn ich einmal beginne, Kompromisse zu machen, dann ... das erste Mal ist es ein kleiner Kompromiss, das nächste Mal ein etwas grösserer. Wer sagt Stopp? Deswegen würde ich sagen, nein, das sollte man nicht tun. Denn das wird ein Kavaliersdelikt, oder es wird eine Gewohnheit, das ist sehr heikel."

Dabei erkennen die Entscheidungsträger durchaus immer wieder erhebliche Sachzwänge. Nicht immer lassen sich die Wünsche aller Anspruchsgruppen unter einen Hut bringen, vor allem, wenn die Grenzen der Wirtschaftlichkeit erreicht sind.

"Also stellen Sie sich vor, unsere Firma bekäme ein Übernahmeangebot. Da können Sie zwar sagen, aus ethischen Überlegungen gefällt mir der Bieter oder das ganze Umfeld nicht. Da können Sie sich nicht erwehren und müssen den Aktionären am Schluss die Entscheidung überlassen."

"Es wird immer so sein, dass Standorte und Unternehmen geschlossen werden. Wenn das höhere Ziel ist, dadurch vielleicht mehr Arbeitsplätze im Gesamtunternehmen zu retten. Das gab's immer und das wird es immer geben."

Dennoch lässt sich zusammenfassend festhalten, dass eine zuverlässige Unternehmensethik als wichtiger, wenn nicht notwendiger Bestandteil eines erfolgreichen Unternehmens betrachtet wird. Eine schlichte Gegenüberstellung von unternehmerischer Verantwortung und Renditestreben lehnen die Befragten ab.

"Aber natürlich hat ein perfektes Unternehmen ethische Grundsätze, nach denen sich möglichst alle richten, die dann auch wirklich verbindlich sind, wo man dann auch keine Ausnahmen macht. Sonst hat es ja eh keinen Sinn."

"Ich kann es nur wiederholen: Ich denke, dass anhaltender Erfolg nur auf der Corporate Social Responsibility aufbauen kann."

9   CSR als Imagepflege

Von besonderem Interesse für unsere Untersuchung war die Frage, ob CSR-Engagement insbesondere durch den Wunsch nach einer positiven Aussendarstellung motiviert wird. Bisher konnten wir zeigen, dass Führungskräfte durchaus von einem Wunsch nach gesellschaftlichem Engagement sowie nach ethischer Zuverlässigkeit geleitet werden. Dabei sehen sie keinen Konflikt zwischen verantwortlichem Wirtschaften gegenüber den relevanten Anspruchsgruppen und einer finanziell gedeihlichen Entwicklung des Unternehmens. Doch wie steht es um das Verhältnis von intrinsischer Motivation und dem Wunsch nach Überzeugung und Umwerbung der Anspruchsgruppen? Inwiefern sind CSR-Aktivitäten eine Übung in Reputationsmanagement?

"Corporates, also grosse Unternehmensorganisationen, die tun das im Wesentlichen, um ihr Image aufzubessern. Und nicht, weil sie jetzt eine losgelöste, übergeordnete Verantwortung für die Allgemeinheit oder die Umwelt verspüren."

Nicht wenige Manager stimmen der Aussage zu, dass CSR häufig nicht mehr als nur ein Feigenblatt darstellt. Es wird festgestellt, dass die CSR-Bemühungen mancher Unternehmen tatsächlich auf einem aufrichtigen, langfristigen Engagement fussen. Nicht selten aber weist CSR einen kurzfristigen, instrumentellen Charakter auf, indem CSR etwa der Imageverbesserung dient. So erhält die Aussage, dass "CSR oft nicht mehr als ein Feigenblatt darstellt", eine mittlere Zustimmung von 6.8. Immer wieder wird angemerkt, dass ethische Leitlinien nicht die nötige Aufmerksamkeit erhalten, wie die Zustimmung zur Aussage "Ethische Leitlinien spielen in den meisten Unternehmen nur eine untergeordnete Rolle" mit einem durchschnittlichen Wert von 6.6 offenlegt.

Unternehmen wenden immer mehr Ressourcen für Fragen der CSR auf. Die tatsächliche Verankerung der CSR im unternehmerischen Alltag wird dennoch kritisch hinterfragt.

"Also bei ganz wenigen Unternehmen ist das wirklich, meiner Meinung nach, in der Unternehmenskultur veranlagt."

"Man kann das alles aufschreiben. Aber wenn die Leute das nicht selber vorleben und machen, kommt dabei nichts raus. Die werden das pro forma erfüllen, dann gibt es riesen tolle Berichte, aber das geht nicht unter die Oberfläche."

Die Bedeutung der CSR für das Marketing oder die Public Relations eines Unternehmens wird dagegen unumwunden anerkannt.

"Ich glaube, das ist halt oftmals ein PR-Thema. Was ich erst mal nicht schlecht finde, wenn es dann aber trotzdem ehrlich und nachhaltig betrieben wird. Und man nicht nur kurze Zeit auf das Thema CSR aufspringt, oder das nächste Wort ist eben Diversity, und und und. Davor war es vielleicht mal Ecology. Das sind lauter solche Keywords, derer man sich dann bedient, damit man gute PR bekommt. Ich glaube, das Ganze muss nachhaltiger sein."

"Ich sehe das auch zum Teil in Unternehmen, denen ist das klar, dass man was tun muss. Es gibt aber die Unternehmen, die sich eine strategische Erfolgspositionierung versprechen, wenn sie sagen, ok, wir machen ein Agenda-Setting und suchen wirklich Themen, die wir besetzen können, weil wir in der Branche, in der wir tätig sind, das noch nicht stark gemacht wird, weil es vielleicht nicht gefordert ist oder die Sensibilität des Umfeldes, der Kunde nicht darauf reagiert, dort, denke ich, ist es doch oftmals auch einfach mehr ein Marketing-Tool."

Erneut wird also eine differenzierte Perspektive eingenommen – die Tatsache, dass CSR in der Unternehmenskommunikation eine bedeutende Rolle spielt, muss einem überzeugten Engagement nicht entgegenstehen.

"Ich empfinde z.B. bei Gesprächspartnern aus der Industrie, dass das kein Feigenblatt ist. Sondern, dass es viele gibt, denen das wirklich ein Anliegen ist. Ob das motiviert ist aus eigener Überzeugung, z. B. christlicher Überzeugung, oder ob's schlichtweg motiviert ist aus Marktgegebenheit, weil ein Unternehmen (…) im Endeffekt sehr teuer dafür bezahlt und man das vermeiden will. Das kann ich nicht ganz so einschätzen. Ich würde aber sagen, überwiegend ist das nicht nur ein Feigenblatt."

10 Zusammenfassung

Vor kurzem stellte der CEO der ABB AG, Joseph Hogan, in einem Interview in der Bilanz fest: "Unternehmen können sich in ethischen Fragen keine Kompromisse mehr leisten" (Hogan, 2009). Diese Aussage zeigt, dass das Thema CSR, die ethische, soziale und ökologische Verantwortung des Unternehmens, auf der Ebene des Spitzenmanagements heute ernstgenommen wird. Diese Entwicklung kann zweifellos auch auf gestiegenen öffentlichen und medialen Druck zurückgeführt werden. Konsumenten, Journalisten, Politiker, NGOs und andere kritische Stakeholder verlangen heute von Firmen das konsequente Einhalten von sozialen und ökologischen Standards. Das Web 2.0 spielt dabei eine konstruktive Rolle, indem es den unterschiedlichsten Individuen und Zielgruppen ein Sprachrohr sowie Mittel der Vernetzung und Koordination zur Verfügung stellt. Die Medienöffentlichkeit wird damit zugleich breiter, lebendiger und aktiver. Die Unternehmen sehen sich damit gestiegenen Anforderungen der Transparenz und authentischen Kommunikation ausgesetzt.

Wenn Joseph Hogan davon spricht, dass sich Unternehmen keine ethischen Kompromisse mehr „leisten" können, verdeutlicht dies zudem den ökonomischen Charakter einer vordergründig normativ geführten Debatte rund um die soziale und ökologische Verantwortung. Manager erkennen inzwischen den wirtschaftlichen Nutzen, den so genannten „Business Case", in der Wahrnehmung einer gesellschaftlichen Verantwortung. Die Motive unternehmerischer CSR haben somit nicht nur, oder auch nur primär, einen altruistischen, sondern durchaus einen instrumentellen Charakter.

Ein ähnliches Bild zeichnet unsere hier vorgestellte Untersuchung. Die befragten Manager nehmen übereinstimmend eine differenzierte Perspektive ein, welche Unternehmen unmissverständlich als auf wirtschaftlichen Erfolg ausgerichtete Organisationen betrachtet, deren Erfolg aber in elementarer Abhängigkeit vom Zuspruch und der Kooperation weiterer Anspruchsgruppen, wie der Mitarbeiter, Lieferanten oder der Öffentlichkeit, sieht. Betont wird also der Nutzen sozialer und ökologischer Verantwortung für den langfristigen Erfolg des Unternehmens. Umgekehrt sei dieser Erfolg eine Voraussetzung für ein positives Wirken im Sinne der Gesellschaft. Einen grundlegenden Widerspruch zwischen Renditestreben und ethischer Konsequenz wollen die Führungskräfte daher nicht akzeptieren. Wenngleich Spannungsverhältnisse durchaus in spezifischen Entscheidungssituationen zutage treten, wird ein ethisches Geschäftsgebaren als notwendige Grundlage für das Bestehen eines Unternehmens betrachtet.

Versucht man, die Motive für ein CSR-Engagement nach intrinsischer und extrinsischer Motivation zu unterscheiden – also nach altruistischer Überzeugung einerseits und Wunsch nach Image-Pflege andererseits – so ergibt sich wiederum ein vielschichtiges Bild. Denn die beschriebene Motivation unserer Interviewpartner lässt sich differenzieren nach der Bezugsebene der CSR-Motive. Während auf einer persönlichen Ebene vor allem der Wunsch nach einem nachhaltigen Beitrag für die Gesellschaft beschrieben wird, ist schon die Sicht auf die Unternehmensebene etwas instrumenteller – hier wird offen anerkannt, dass CSR mit dem Ziel eines auch finanziellen Unternehmenserfolgs verbunden ist. Die Pflege der Unternehmensreputation spielt dabei eine zentrale Rolle.

Wird der Blick dann schliesslich auf die Branche erweitert, kommen erstaunlich kritische Stellungnahmen zum Vorschein. Den Wettbewerbern wird regelmässig ein oberflächliches Verhältnis zu CSR-Aktivitäten unterstellt – diese seien häufig reine Marketing-Tools. Im schlimmsten Fall wird die CSR-

Kommunikation als das Werfen von „Nebelgranaten" betrachtet. Vor diesem Hintergrund darf auch in Zukunft darauf vertraut werden, dass verschiedenste Mitglieder der Öffentlichkeit ein kritisches Auge auf das Geschäftsgebaren der Unternehmen werfen. Versuchte Irreführungen werden dabei vor allem in den sozialen Medien unbarmherzig offengelegt und kritisiert. Mehr noch als eine blosse Intransparenz führt ein solches, als unaufrichtig empfundenes Kommunikationsverhalten zu nachhaltigen Beschädigungen einer Unternehmensreputation – und, wie das Beispiel Jamba verdeutlichen konnte, immer wieder auch zu empfindlichen Beeinträchtigungen der Geschäftspraxis. Das Web 2.0 und die sozialen Medien bleiben damit eine spannende Herausforderung für die Verantwortlichen der Unternehmenskommunikation.

Literatur

Brammer, S. & Pavelin, S. (2004). Building a Good Reputation. *European Management Journal*, 22(6), 704– 713.

Clarkson, M. B. E. (1995). A Stakeholder Framework for Analyzing and Evaluating Corporate Social Performance. *Academy of Management Review*, 20(1), 92–117.

Cochran, P. L. & Wood, R. A. (1984). Corporate Social Responsibility and Financial Performance. *Academy of Management Journal*, 27(1), 42–56.

Dawkins, J. (2004). Corporate responsibility: The communication challenge. *Journal of Communication Management*, 9(2), 108-119.

Deephouse, D. L. (2000). Media Reputation as a Strategic Resource: An Integration of Mass Communication and Resource-based Theories. *Journal of Management*, 26(6), 1091–1112.

Drumwright, M. E.: 1994, 'Socially Responsible Organisational Buying: Environmental Concern as a Noneconomic Buying Criterion', *Journal of Marketing* **58** (July), 1– 19.

Fombrun, C.J., Gardberg, N. A., and Barnett, M. L. (2000). Opportunity platforms and safety nets: Corporate citizenship and reputational risk. *Business and Society Review*, 105 (1), 85-106.

Fineman, S. and K. Clarke: 1996, 'Green Stakeholders: Industry Interpretations and Response', *Journal of Management Studies* **33**(6), 715–731.

Fieseler, C. (2008). Die Kommunikation von Nachhaltigkeit. Gesellschaftliche Verantwortung als Inhalt der Kapitalmarktkommunikation. Wiesbaden: VS Verlag.

Fombrun, C. J. (1996). *Reputation - Realizing Value from Corporate Image.* Boston, MA : Harvard Business School press.

Fombrun, C. J. (2005). Building Corporate Reputation Through CSR Initiatives: Evolving Standards. *Corporate Reputation Review*, 8(1), 7-11.

Gregory, B., Laura, I., Francesco, L., & Alessandra, Z. (2008). Communicating CSR: Practices among Switzerland's top 300 companies. *Corporate Communications: An International Journal*, 13(2), 182- 196.

Hansen, U. & Schrader, U. (2005). Corporate Social Responsibility als aktuelles Thema der Betriebswirtschaftslehre. *DBW,* 65 (4), 373- 395.

Hartman, L., Rubin, R., & Dhanda, K. (2007). The Communication of Corporate Social Responsibility: United States and European Union Multinational Corporation., 74(4), 373-389.

Haeusler, J (2004): Jamba Kurs. In: Spreeblick (Weblog), 12. Dezember 2004. Online-Publikation: http://www.spreeblick.com/2004/12/12/jamba-kurs/. Abrufdatum: 4. August 2009.

Hemingway, C., & Maclagan, P. (2004, March). Managers' Personal Values as Drivers of Corporate Social Responsibility. *Journal of Business Ethics*, *50*(1), 33-44.

Hogan, S. P. (2007). Toy stories, horror stories and fairy tales, the role of the media in highlighting issues of corporate responsibility., 8(2), 94-100.

Hooghiemstra, R. (2000). Corporate Communication and Impression Management – New Perspectives Why Companies Engage in Corporate Social Reporting., 27(1/2), 55-68.

Huber, M. (2008). *Kommunikation im Web 2.0*. Konstanz: UVK.

Karmasin, M., & Weder, F. (2008). Organisationskommunikation und CSR. Neue Herausforderungen an Kommunikationsmanagement und PR. Wien: Lit.

Kepplinger, H. M. (2005). Die Mechanismen der Skandalisierung. Die Macht der Medien und die Möglichkeiten der Betroffenen (2., aktual. Aufl. ed.). München: Olzog.

Klein, J. & Dawar, H. (2004). Corporate Social Responsibility and Consumers' Attributions and Brand Evaluations in a Product-harm Crisis. *International Journal of Research inMarketing*, 21, 203–217.

Lewis, S. (2003). Reputation and corporate responsibility. *Journal of Communication Management*, 7(4), 356.

Lukaszewski, J. E. (2004). Creating victims: Examining major crises of the last 10 years. *Public Relations Tactics*, 11(7), 18-18.

Hogan, J. (2009). Die neuen Werte. In: Bilanz, 10 (S. 51)

Macleod, S. (2001). WHY WORRY ABOUT CSR? *Strategic Communication Management*, 5(5), 8.

Maignan, I. & Ralston, D. A. (2002). Corporate Social Responsibility in Europe and the US: Insights from Businesses Self-Presentations. *Journal of International Business Studies*, 33, 497–514.

Meckel, M. (2008). *Reputationsevangelisten und Reputationsterroristen*. In M. Meckel & K. Stanoevska-Slabeva (Eds.) *Web 2.0. Die nächste Generation Internet* (S. 109 - 128). Baden-Baden: Nomos.

Menon, A. and A. Menon: 1997, 'Enviropreneurial Marketing Strategy: The Emergence of Corporate Environmentalism as Market Strategy'. *Journal of Marketing* 61 (Januar), 51–67.

Rüegg-Stürm, J. (2004). *Das neue St. Galler Management-Modell*. In: Dubs, R., Euler, D., Rüegg-Stürm, J., Wyss C. E. (Hrsg.). *Einführung in die Managementlehre*. Bern : Haupt-Verlag.

Siltaoja, M. (2006). Value Priorities as Combining Core Factors Between CSR and Reputation. A Qualitative Study. *Journal of Business Ethics*, 68(1), 91-111.

Swanson, D. L.: 1995, 'Addressing a Theoretical Problem by Reorienting the Corporate Social Performance Model', *Academy of Management Review* 20(1), 43–64.

Thompson, J. D. (1967). *Organizations in Action*. New York: McGraw-Hill.

Turban, D. B. & Greening, D. W. (1996). Corporate Social Performance and Organizational Attractiveness to Prospective Employees. *Academy of Management Journal*, 40(3) 658-72.

Vogl, A. J. (2003). Does it pay to be good? *Across the Board,* January/February, 16-23.

Waddock, S. A., Bodwell, C., & B. Graves, S. (2002). Responsibility: The new business imperative. *Academy of Management Executive*, 16(2), 132-148.

Waddock, S. A. & Graves, S. B. (1997). The Corporate Social Performance-Financial Performance Link. *Strategic Management Journal*, 18(4), 303–319.

Wilbers, K. (2004). *Anspruchsgruppen und Interaktionsthemen*. In: Dubs, R., Euler, D., Rüegg-Stürm, J., Wyss C. E. (Hrsg.). *Einführung in die Managementlehre*. Bern : Haupt-Verlag.

Wood, D. L.: 1991, 'Corporate Social Performance Revisited', *Academy of Management Review* **16**(4), 691–718.

Nutzung von Social Media für die Marketingforschung
Kommunikationsräume, Analysemethoden und Anwendungsbereiche

Seraina Mohr & Dorothea Schaffner

Einleitung

Mit der Verbreitung von Web 2.0 Anwendungen, sogenannter Social Software hat sich das Kommunikationsverhalten von Konsumentinnen und Konsumenten radikal verändert. Die Möglichkeiten, im Internet einfach Informationen zu publizieren und sich dabei unabhängig von Institutionen und klassischen Medien auszutauschen, hat eine kreative Revolution ausgelöst. Über Social Software findet ein zunehmend interaktiver Austausch zwischen der Kundschaft und den Unternehmen statt. Konsumentinnen und Konsumenten publizieren im Kommunikationsraum Internet Ihre Meinungen und Erfahrungen, nehmen Bewertungen vor und diskutieren über Produkte, Trends und Entwicklungen. Diese nutzergenerierten Inhalte bieten ein bislang noch weitgehend unausgeschöpftes Potential für die Erkenntnisgewinnung in Unternehmen, denn aus diesen Konversationen können wertvolle Informationen zur Entwicklung von neuen sowie bestehenden Produkten und Dienstleistungen gewonnen werden. Dieser Beitrag befasst sich mit den Möglichkeiten, die der Kommunikationsraum Internet für die unternehmerische Erkenntnisgewinnung bietet und den Methoden, die dafür heute eingesetzt werden. Im Zentrum stehen dabei die folgenden Fragen:

- Welche Forschungsfelder befassen sich mit der Analyse von nutzergenerierten Inhalten?
- Wie lassen sich nutzergenerierte Inhalte im Sinne der Informationsbeschaffung für Unternehmen nutzen?
  - Welche Beispiele gibt es in der Praxis?
  - Welche Erkenntnisse können gewonnen werden?
  - Welche Methoden werden für die Gewinnung der Daten eingesetzt?
  - Wie werden diese Methoden in der Praxis genutzt?

1   Märkte sind Gespräche - im Web 2.0 mehr denn je

- Markets are conversations
- Markets consist of human beings, not demographic sectors
- Conversations between human beings sound human. They are conducted in a human voice (*www.cluetrain.com*)

Dies sind die ersten drei von insgesamt 95 Thesen, die im Cluetrain Manifest (Locke et al. 2009) festgehalten sind und erstmals 1999 auf dem Netz publiziert wurden. Sie haben mit dem Aufkommen von Social Software eine ganz neue Bedeutung und Relevanz erhalten. So ist im Internet ein eigentlicher Kommunikationsraum – oder auch digitaler Marktplatz – entstanden. Leute tauschen sich hier Güter aber auch Meinungen zu Gütern aus. Auf Basis der nachweislich grossen Bedeutung von Mund-zu-Mund Propaganda im Marketing (vgl. z.B. Silverman 2005) lässt sich vermuten, dass die Meinung von anderen Kunden – publiziert beispielsweise auf Bewertungsplattformen – das Kaufverhalten entscheidend beeinflusst.

Diese Publikation von Meinungen und Bewertungen findet über Social Software Anwendungen eine zunehmend grosse Verbreitung. Nach Hippner (2006) steht Social Software für internetbasierte Anwendungen, welche Menschen den Informationsaustausch, den Beziehungsaufbau und die Kommunikation in einem sozialen Kontext ermöglichen. Differenziert betrachtet verbirgt sich hinter dem Begriff eine ganze Reihe von neuartigen Kommunikationsmöglichkeiten, die jeweils unterschiedliche Kommunikationsweisen mit sich bringen. Es sind Social Software Anwendungen wie Blogs, Foren oder auch Wikis, welche Menschen die Möglichkeit geben, sich interaktiv auszutauschen (Schiele, Hähner et al. 2008).

Kundinnen und Kunden sind nicht mehr einfach nur passive Empfänger von Unternehmens- und Marketingkommunikation, sondern beteiligen sich aktiv an Diskussionen oder reagieren auf Kommunikationsangebote von Unternehmen. So diskutieren beispielsweise Nutzer des iPhones von Apple im Blog */www.iphoneblog.de/* neue Funktionalitäten, Probleme sowie Tipps und Tricks. Insbesondere in Blogs werden nicht nur Produkte besprochen, sondern es werden auch Trends und Entwicklungen diskutiert, so tauschen sich auf *notcot.org* Trendsscouts über die neusten Designtrends aus. Im touristischen Bereich sind es Plattformen wie *tripadvisor.com, holidaycheck.de* oder auch *travel.ch*, die es Reisenden ermöglichen, Bewertungen vorzunehmen und auch Anregungen, Hinweise oder Kritiken zu veröffentlichen, die das Konsumentenverhalten beeinflussen und wertvolle Informationen zur Qualitätssicherung und Dienstleistungsentwicklung liefern.

2   Forschungsfelder zum Einsatz nutzergenerierter Inhalte zur Erkenntnisgewinnung

Eine grundlegende Problematik des Forschungsbereiches zeigt sich bereits in der inkonsistenten Verwendung der Begrifflichkeiten und dem Fehlen einer einheitlichen Definition. So werden Begriffe wie „social media monitoring", „social media metrics", „buzz monitoring", „brand monitoring", „online monitoring" oder auch „conversation mining" verwendet, ohne dass eine genaue Definition vorliegt. Vorgeschlagen und verwendet wird als Hilfsbegriff von der Aberdeen Group (2008) der Begriff Social Media Monitoring and Analysis, der jedoch auch als Platzhalter bezeichnet wird. Im deutschen Sprachraum wird in sämtlichen relevanten Artikeln auf die englischen Begriffe zurückgegriffen.

Erste Einzelstudien wurden bis heute von der Aberdeen Group (2008) gemacht, die unter dem Titel „Social Media Monitoring and Analysis" Resultate aus einer Befragung von 250 Organisationen publizierten. Eine rege Diskussion findet derzeit auch in Foren und Blogs statt, ausgelöst von Owyang und Toll (2007), die dazu ein Whitepaper unter dem Titel „Tracking the Influence of Conversations" publizierten.

Verwandte Forschungsfelder sind die Studien zu „Open Innovation" von Frank Piller (2006), der auch in Anlehnung an Eric Hippel (2005) „Democratizing Innvovation" davon ausgeht, dass Kunden stärker als Firmen eine grosse Anzahl von Innovationen beeinflussen. Im Zentrum stehen dabei aber Innovationsprozesse, die von intern und extern gemeinsam beeinflusst werden.

Ein weiterer Ansatz befasst sich insbesondere mit der Bedeutung von Sozialen Netzwerken und der Erkennung von Meinungsführern innerhalb von Netzwerken. Die systematische Auswertung von Sozialen Netzwerken und ihren Gesprächen zur Früherkennung von Trends ist eine Forschungsrichtung, die auf der Methode der Social Network Analysis beruht und insbesondere von Peter Gloor (2007) vom MIT verfolgt wird. Unter dem Schlagwort Coolhunting setzt er mit dem Analyseinstrument „Condor" die soziale Netzwerkanalyse für die Entdeckung von Trends ein.

Sowohl der Bereich der Open Innovation als auch der Bereich der Social Network Analysis sind Themengebiete, zu denen bereits Forschungserkenntnisse vorliegen. Die Fragen nach der Nutzung und der Relevanz von Gesprächen, die in diesem Raum stattfinden, ist jedoch erst seit kurzem ein Thema, dem insbesondere aus Sicht des Marketings und auch der Public Relations eine sehr hohe Bedeutung beizumessen ist. Aus diesem Grund wird sich die nachfolgenden Ausführungen auf Möglichkeiten der Datengewinnung mittels Social Media Monitoring fokussieren.

Beispiele für die erfolgreiche Nutzung dieser Möglichkeiten der Datengewinnung in den USA sind bei Jaffe (2007), Li (2008), Jarvis (2009) oder auch
Carter (2009) beschrieben. Eine systematische Untersuchung der Einsatzmög-
lichkeiten fehlt jedoch. Dokumentiert sind lediglich einzelne Beispiele.

Der Überblick über die Literatur vermag zu verdeutlichen, dass das Wissen
über Kommunikationsräume im Internet und ihren Nutzen für die Neuprodukt-
entwicklung noch wenig systematisiert und strukturiert festgehalten wurde.

3   Social Media Monitoring im Kontext der unternehmerischen
Erkenntnisgewinnung

3.1 Dokumentierte Beispiele

Systematische Studien dazu, wie in der Praxis Beiträge in Foren, Blogs oder
auch Bewertungsseiten im Internet gesammelt und ausgewertet werden können,
um Informationen für die Entwicklung von Produkten oder Dienstleistungen zu
liefern, fehlen bisher weitgehend. Aus diesem Grund werden nachfolgend einige
dokumentierte Beispiele vorgestellt, wie nutzergenerierte Inhalte für die unternehmerische Erkenntnisgewinnung nutzbar gemacht werden können.

Im Kontext der Marktforschung im Tourismus wurde die Berichterstattung
in Blogs am Beispiel des Northern Territory in Australien analysiert (Carson
2008). Dabei konnten allerdings nur wenige prägnante Aussagen zur Wahrnehmung der Tourismusregion gemacht werden und die qualitative Auswertung der
Nennungen erwies sich als sehr aufwändig und auch subjektiv geprägt.

Aktiv sind in dem Gebiet insbesondere die Anbieter von Online Monitoring
Lösungen. So beschreibt etwa Peter Blackshaw, executive vice president von
Nielsen Online Digital Strategic Services seinen Zugang folgendermassen (Car-
ter 2009):

> (…) We try to comprehensively look at all the social media that would matter to our
> set of clients. We monitor the gist of the conversation of the zeitgeist of their indus-
> tries or of a product area. We pull out the concepts they are talking about and watch
> as the concepts shift over time.

Konversationen zu Produkten, Trends und Entwicklungen finden jedoch nicht
nur in unabhängigen Kommunikationsräumen statt, sondern auch auf eigens
eingerichteten Plattformen von Unternehmen oder Instituten, um spezifische
Konversationen mit ausgewählten Konsumentinnen und Konsumenten zu initiie-
ren. So setzt zum Beispiel das Unternehmen Procter & Gamble auf die Online

Plattform *beinggirl.com*, auf der sich junge Mädchen in einer Community austauschen und Rat holen und hat damit die Gelegenheit, direkt mit einer interessanten Zielgruppe in Kontakt zu treten und sich auszutauschen. Nach dem gleichen Prinzip funktioniert auch die Community der Tierfreunde von *fressnapf.de*, die einerseits den Austausch unter Tierfreunden ermöglicht und ausserdem wertvolle Informationen für das Unternehmen liefert oder der Einsatz von geschlossenen Consumer-Blogs wie sie etwa im Artikel von Alain Messerli (2008). In die Richtung geht auch das geplante Projekt „Migipedia" des Schweizer Grossverteilers Migros, das im Laufe des Jahres 2010 allen Usern offen steht und die Beurteilung von rund 40'000 Produkten des Grossverteilers ermöglicht (Werbewoche, 11.1.2010).

3.2 Einsatzgebiete und Erkenntnismöglichkeiten

Das Erkennen von Business Opportunities im Markt ist die Basis und Voraussetzung für die erfolgreiche Entwicklung und Vermarktung von neuen und bestehenden Marktleistungen. Der Marktforschung, d.h. dem systematischen Sammeln, Aufbereiten und Analysieren von Informationen und Marktdaten kommt dabei eine wichtige Bedeutung zu. Jedoch stossen die klassischen Instrumente der Marktforschung in einer zunehmend globalisierten Marktwirtschaft an ihre Grenzen: Das Konsumentenverhalten und die Konsumentenbedürfnisse werden immer komplexer und entsprechend schwieriger abzufragen. Gleichzeitig sind bestimmte Zielgruppen über klassische Erhebungsinstrumente nur schwer oder gar nicht erreichbar.

Vor diesem Hintergrund entwickelt sich das Internet zu einer immer wichtigeren Datenquelle für die Marktforschung: So wird einerseits die Konkurrenzbeobachtung durch die Publikation von Produkteinformationen und -daten erleichtert, es ist andererseits aber auch möglich, Konversationen auf dem Netz zu verfolgen und für das Unternehmen nutzbar zu machen.

Die Daten, welche im Rahmen dieser kreativen Massenbewegung generiert werden, bestehen aus Informationen über Einstellungen, Meinungen, Bewertungen, Probleme, Entwicklungen sowie Trends. Es werden folglich über Social Media Anwendungen riesige Datenmengen generiert, welche für Unternehmen von grosser Relevanz sein können. Insbesondere da es in einer zunehmend fragmentierten Gesellschaft immer schwieriger wird, die Kundschaft und deren immer komplexeres Kaufentscheidungsverhalten mit den herkömmlichen Methoden der Marktforschung adäquat zu erforschen.

Erkenntnisse können dabei in verschiedenen Feldern gewonnen werden. Einige Ansätze sind dafür in der folgenden Tabelle aufgelistet.

Word-of-Mouth-Analyse/Brand-Monitoring	Welche Informationen sind im Umlauf? Wie werden eigene Produkte und die der Konkurrenz beurteilt? Weiterempfehlungsraten?
Issue-Management	Frühzeitiges Erkennen von Themen, die für die Stakeholder-Kommunikation relevant sind Identifikation von Online-Meinungsführern
Qualitäts-management	Erkennen von Produktemängeln Wahrgenommene Qualität bei den Kundinnen und Kunden
Clusteranalyse	Welche Themen werden diskutiert? Welche Trends sind erkennbar?

Tabelle 1:   Erkenntnismöglichkeiten von Social Media Monitoring, Eigene Darstellung

3.3 Methoden zur Datengewinnung

In der Praxis wurden verschiedene Methoden zur Datengewinnung entwickelt: Eine Möglichkeit, diese Konversationen und die Kreativität, die durch die Interaktion von Konsumentinnen und Konsumenten im virtuellen Raum entsteht, zu stimulieren und für die Entwicklung von Produkten nutzbar zu machen, besteht mit dem Aufbau von vorrekrutierten Unternehmensblogs. Andere Ansätze wie die Netnography wurden schon zu einem früheren Zeitpunkt entwickelt und erfahren heute eine eigentliche Renaissance unter neuen Vorzeichen. Zu unterschieden ist dabei insbesondere zwischen quantitativen und qualitativen sowie reaktiven und non-reaktiven Methoden.

Bei einer eher qualitativen Vorgehensweise stehen Fragen nach dem „Wie" und dem „Warum" im Vordergrund. So können Beispielsweise mit der qualitativen Auswertung von Blog-Beiträgen Ideen für ein neues Produkt oder Probleme mit einer neuen Dienstleistung identifiziert werden.

Bei quantitativen Vorgehensweisen werden Fragen nach dem „Wieviel" beantwortet. So werden beispielsweise beim automatisierten Online-Monitoring Zahlen darüber generiert, wie häufig eine bestimmte Begriffskombination in nutzergenerierten Inhalten vorkommt.

Die Begriffe reaktiv und non-reaktiv beziehen sich auf den Einfluss, den die Versuchsleiter oder die Untersuchenden auf die Entwicklung von nutzergenerierten Inhalten nehmen. Dieser Einfluss ist einzig bei den vorrekrutierten Consumer-Blogs am stärksten, da hier die Probanden konkret zu einer Reaktion (Beantwortung von Fragen; Aufforderung zum Austausch) aufgefordert werden. Als non-reaktiv werden solche Methoden bezeichnet, die nutzergenerierte Inhalte analysieren, die nicht als Reaktion auf eine Frage oder Aufforderung entstanden sind.

Die untenstehende Tabelle soll einen Überblick über die verschiedenen Methoden der Datengewinnung bieten, erhebt jedoch nicht den Anspruch an eine vollständige und abschliessende Darstellung.

Bezeichnung	Beschreibung	Art
Vorrekrutierte Consumer-Blogs	Rekrutierung von Probanden für bestimmte Fragestellung; Konfrontation der Probanden mit Fragen oder Aufforderung zum Austausch; Qualitative Auswertung der diskutierten Inhalte; Inputs in Form von Text oder Bild sind zu jeder gewünschten Zeit möglich.	Qualitativ Reaktiv
Netnography	Teilnehmende Beobachtung in Online Foren zum Zweck der Marktforschung; Analyse von „natürlichem" Verhalten im Internet; Erweiterung durch Einbezug von Kunden-Communities oder anderen Online-Quellen.	Qualitativ Non-reaktiv
Kombination qualitative und quantitative Methoden	Quantitative Suche nach spezifischen Inhalten; Verdichtung der Inhalte nach bestimmten Kriterien; Anschliessende qualitative Inhaltsanalyse.	Kombination

| Automatisiertes oder manuelles Online-Monitoring | Funktioniert nach dem Prinzip des Dataminig, der Textanalyse oder Business Intelligence; Bieten effiziente Verfahren zum dezentralen Selektieren und Erfassen von Quellen; Die Identifikation der Quellen und relevanten Begriffe erfolgt analog den Verfahren, die ohne Computerunterstützung laufen; Auswertung meist quantitativ und ergänzend auch qualitativ. | Quantitativ Non-reaktiv Teilweise in Kombination mit qualitativen Methoden |

Tabelle 2:   Methoden der Datenanalyse in der Web 2.0 Forschung, Eigene Darstellung (Die vorliegende Systematisierung kann nicht als abschliessend betrachtet werden, da durch die Novität der Forschungsmöglichkeiten im Web 2.0 eine kontinuierliche Weiter- und Neuentwicklung stattfindet.)

Ein grosser Vorteil liegt sicher in der schnellen Verfügbarkeit von Informationen. Dies zeigt ein Fallbeispiel aus Indien, wo Informationen zu einem neulancierten Mobiltelefon gesammelt und analysiert wurden. Die Resultate wurden anschliessend verglichen mit denen einer Befragung. Die Resultate waren vergleichbar, lagen im ersten Fall jedoch bereits nach zwei Wochen vor, die anderen nach zwei Monaten. Die Informationen, die aus Beiträgen auf sozialen Netzmärkten oder in Blogs gewonnen wurden, zeichneten sich ausserdem durch eine grössere Authentizität und Emotionalität aus. Weil Konsumentinnen und Konsumenten Informationen im Internet grundsätzlich mit Eigenmotivation und nicht als Reaktion auf eine Frage oder eine Manipulation der Forschenden generiert werden, haben diese Daten den Vorteil non-reaktiv erhobener Daten. Die Daten werden näher an realen Kauf- und Verwendungssituationen erhoben und sind unmittelbarer. Gerade im Vergleich zu Studien, die im Testlabor oder mittels Fragebogen erhoben werden, ist die Datengenerierung in Web 2.0 Anwendungen kaum durch Effekte der sozialen Erwünschtheit verfälscht.

Die Vor- und Nachteile der Datengewinnung im Kommunikationsraum Internet sind noch nicht abschliessend zu bewerten. Dies muss anhand von Fallstudien genauer erarbeitet und verifiziert werden.

3.4 Zahlen zur Nutzung in der Schweiz

Unternehmen der Schweiz nutzen bereits unterschiedliche Methoden zur Analyse von nutzergenerierten Inhalten für die Erkenntnisgewinnung. Dies zeigte eine Befragung zur Nutzung von Web 2.0 Anwendungen bei Schweizerischen Unternehmen und Organisationen (MAZ/Bernet-Studie 2007). Gefragt wurde nach dem Einsatz von Web 2.0 Anwendungen im Rahmen der Unternehmenskommunikation. Dabei gaben mehr als 50 Prozent der Befragten an Online-Monitoring zu betreiben oder die Einführung zu planen. Rund 60% derjenigen Firmen, die Online Monitoring betreiben, machen dies intern und setzen dafür Suchmaschinen, RSS-Feeds oder andere Tools ein.

Frage: Wie führen Sie dieses Online-Monitoring durch?

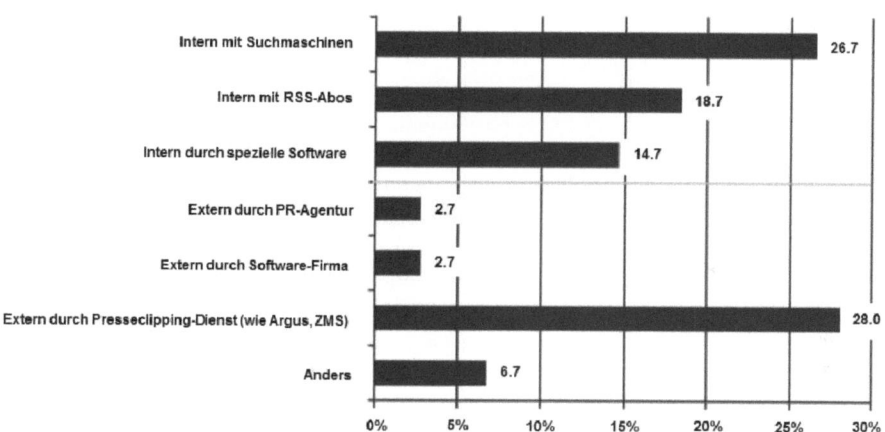

Abbildung 1:   Methoden des Social Media Monitoring, MAZ/Bernet-Studie Web 2.0 (2007), S. 18

Nicht erfragt wurde in dieser Studie, zu welchem Zweck das Social Media Monitoring durchgeführt wurde. Durch die Befragung von Kommunikationsverantwortlichen kann vermutet werden, dass dies vor allem im Rahmen des Issue- und Reputationsmanagement geschieht.

Das grosse Potenzial, das den Aussagen der User attestiert wird, steht in klarem Gegensatz zur tatsächlichen Nutzung. Dies ergab eine Umfrage bei Marktforschungsinstituten in der Schweiz. Im Rahmen dieser Forschungsarbeit wurden im März 2009 18 Mitgliederinstitutionen des VSMS (Verband Schweizer Markt- und Sozialforscher) zur bisherigen Nutzung von Web-Konversationen im Rahmen ihrer Arbeit befragt. Die explorative, telefonische Umfrage hat ergeben, dass die meisten befragten Institute der Thematik wohl eine hohe Relevanz zuschreiben, jedoch selber noch keine Anwendungen systematisch einsetzen. Rund die Hälfte der befragten Institute nutzen Konversationen im Web 2.0, jedoch vorwiegend als Quelle für Hintergrundrecherchen und nicht im Sinne eines Marktforschungsinstrumentes. Erst vereinzelt werden systematische und automatisierte Analysen eingesetzt. Generell wird dem Thema noch keine grosse Bedeutung beigemessen. Insbesondere die Skepsis gegenüber den Daten ist dafür verantwortlich. Das heisst, die grosse Menge an unkontrollierten Daten und die Anonymität der Teilnehmenden sind Gründe für die ablehnende Haltung der meisten Marktforschungsinstitute. Als spezifische Herausforderung wurde von einigen Befragten die Sprachenvielfalt genannt.

4   Fazit

Eine systematische Nutzung von Konversationen von Kunden und Kundinnen, die im Kommunikationsraum Internet stattfinden, findet derzeit erst in Ansätzen und noch wenig systematisch statt. Das Zuhören gewinnt an Bedeutung, die Interpretation, Gewichtung und Auswertung der Daten wird dadurch allerdings komplexer. Viele Unternehmen anerkennen wohl das Potential, das sich aus dem Anwendungen ergibt, es fehlen aber noch geprüfte Verfahren, die die angenommenen Vorteile der Nutzung der Gespräche im Internet wie Authentizität, Schnelligkeit und Unmittelbarkeit nachweisen und auch mit der Aussagekraft von herkömmlichen Messmethoden vergleichen. In einem weiteren Schritt sollen anhand von detaillierten Fallstudien die verschiedenen Methoden der Datengewinnung genauer analysiert und empirisch mit herkömmlichen Methoden verglichen werden. Bereits heute betreiben zahlreiche Unternehmen und Organisationen ein Blog-Monitoring. Dieses ist jedoch häufig unstrukturiert und die Interpretation erfolgt meist aus der Sicht einer einzelnen Abteilung und ihrer Aufgaben. Sowohl Marktforschungsunternehmen als auch Technologieanbieter haben ein Interesse an der Nutzbarmachung dieser Daten. Insofern ist auch gesichert, dass weitere Forschung auf dem Gebiet stattfinden wird.

Literatur

Carter, S. (2009): The new language of marketing 2.0 How to use ANGELS to energize your market. IBM Press.

Carson, D. (2008): The 'blogosphere' as a market research tool for tourism destinations: A case study of Australia's Northern Territory. In: Journal of Vacation Marketing, Vol. 14, No. 2, 111-119 (2008)

Hippner, H. (2006). Bedeutung und Einsatzpotenziale von Social Software. Social Software. K. Hildebrand and J. Hoffmann. Heidelberg, Springer.

Jarvis, J. (2009): What would Google do? Harper Collins USA.

Jaffe, J. (2007): Join the Conversation. How to engage Marketing-Weary Consumers with the Power of Community, Dialogue and Partnership. Jon Wiley and Sons.

Gloor, P. : Cooper, S. (2007): Coolhunting. Chasing Down the Next Big Thing. Amacom.

Hippel von, E. (2005): Democratizing Innvovation. MIT-Press.

Kozinets, R. V. (2002). "The field behind the screen: Using netnography for marketing research in online communities." Journal of Marketing Research 39(1): 12.

Li, Ch./Bernoff, J. (2008): Groundswell. Winning in a World Transformed by Social Technologies. Harvard Business Press.

Levine, R. et al. (2009): The Cluetrain Manifesto: 10th Anniversary Edition. Basic Books.

MAZ/ /Bernet-Studie Web 2.0 (2007): Umgang von Schweizer Unternehmen und Organisationen mit dem Social Web

Social Media Monitoring and Analysis. Whitepaper Aberdeen Group. (2008)

Schiele, G., J. Hähner, et al. (2008). Web 2.0 - Technologien und Trends. Interactive Marketing im Web 2.0. H. Bauer, D. Gross-Leege and J. Rösger. München, Vahlen: 1-14.

Silverman, G. R. (2005). Word of Mouth: the oldest, newest Marketing Medium. In: A. Kimmel: Marketing communication: new approaches, technologies, and styles. (S. 193-210). Oxford: University Press.

Werbewoche online , Meldung vom 11.1.2010
http://www.werbewoche.ch/werbewoche/news/marketing_kommunikation/content-188228.html

Web-Adressen effizient gestalten – Strategien aus der Wortbildungsforschung

Peter Handler

1 Kommunikatives Relais

Im Kommunikationsportfolio von Unternehmen hat das World Wide Web heute einen nicht mehr wegzudenkenden Stellenwert. Über die blosse Information hinaus dienen Web-Sites immer mehr auch dazu, wirtschaftliche Abläufe an sich zu organisieren und zu bewältigen. Der Web-Adresse kommt daher eine Schlüsselfunktion bei der Bereitstellung dieser Inhalte und Funktionen für (potenzielle) Kunden und Geschäftspartner zu; trotz der Existenz von Suchmaschinen, denn Google & Co können keineswegs alle situativen Bedarfslagen abdecken und bedeuten stets einen – wenn auch kurzen – Umweg. Das zeigt u.a. eine Studie zum Internetverhalten. Auf die Frage „Wie gehen Sie in der Regel vor, wenn Sie im Internet nach der Homepage eines bestimmten Unternehmens suchen, von dem Sie nur den Namen kennen?" geben immerhin 10% der Befragten an: „Ich gebe den Namen des Unternehmens in die Adressleiste des Browsers ein und hänge eine Top Level Domain an (.at, .de, .ch, .biz, .com, .org, ...)." Zum Vergleich: Verwendung von Suchmaschinen: 87%; Nutzung anderer Möglichkeiten: 3% (nic.at 2008).

Auch wenn sich Unternehmen – gerade für diese Zielgruppe – primär ihre Adresse mit dem originären Firmen- bzw. Markennamen sichern sollen, besteht darüber hinaus ein viel grösseres kommunikatives Potenzial, denn in Web-Adressen können spezifische Formeln, Appelle und Aussagen „verpackt" werden; vgl. *easy-inserieren.ch*[1], *bookacook.de* oder *meineneuefirma.at*. Indem sich Domain-Namen so als eigene Kommunikationsschiene etablieren, nimmt es auch nicht wunder, dass sie im Alltag überall dort auftauchen, wo Aufmerksamkeit zu erheischen ist: auf Anzeigenseiten (*moderne-heizung.de*; Umbauen & modernisieren 1/2, 2010: 17), in TV-Werbespots (*alliprogramm.at*; ORF2 18.01.2010), im Strassenverkehr auf Firmenwagen (*malermeister-muellerundsohn.de*), auf

---

[1] Auf den *www.*-Teil wurde zur Vereinfachung jeweils verzichtet; ggf. ist allerdings auch die Präsenz vs. Absenz dieses Elements in der Adresse bzw. dessen Substitution (siehe Fussnote 2) noch ein Gestaltungsmerkmal.

Verpackungen (*berger-schinken.at*), sogar als Aufdruck auf Badepantoffeln (*ho-teltherme.at*).

Das Optimalszenario besteht darin, die Web-Adresse „im Kopf" der Com-puterbenutzer zu verankern, denn sie ist dort mehr als ein blosses Adressie-rungstool: nämlich auch Werbemittel, Identifikationsstifter und Kundenbin-dungsinstrument. Im Hinblick auf diese strategische Bedeutung sollte die Wahl dieses Sprachprodukts nicht nebenher, sondern äusserst bedachtsam getroffen werden. Mit dem Know-how, das die Sprachwissenschaft in der Wortbildung (WB) – als Teildisziplin der Morphologie, der wissenschaftlichen Erschliessung des inneren Aufbaus von Wörtern und Wortformen – verfügt, kann sie der Wirt-schaft dabei ein kompetenter Partner sein.

2   Domain-Linguistik

Web-Adressen in ihrer derzeitigen Ausprägung sind eine sprachpragmatische Massnahme, um den Zugang zu Informations- und Kommunikationsangeboten im Internet für den Menschen kognitiv handhabbarer zu machen. Sie stehen durch eindeutige Zuordnungen stellvertretend für Zahlenausdrücke in der Art von 192.41.10.105, mit denen die Sites im Hintergrund eigentlich von den Rech-nern abgerufen werden. Obwohl technisch nicht zwingend, haben Web-Adressen häufig einen dreigliedrigen Aufbau (des Typs: *www.webname.net*), bestehend aus dem Signet *www* (dessen Platz zuweilen jedoch auch von anderen Benen-nungen eingenommen wird[2]), einem – relativ[3] – frei gestaltbaren „Kern" und der Domain-Endung (die – noch[4] – aus einem festgesetzten Kürzel-Inventar [mit diversen Regulierungen bzgl. Zugänglichkeit] auszuwählen ist). Damit konzen-trieren sich die gestalterischen Bemühungen auf das Kernelement; wie wir im Weiteren sehen werden (vgl. Abschnitt 3.3), können aber auch die anderen Be-standteile einer gezielteren Formgebung unterworfen sein.

---

[2]   Es handelt sich hierbei nur um eine Konvention zur Serverbenennung und nicht um eine techni-sche Unabdingbarkeit. In zahlreichen grösseren Unternehmen wird dieser Strukturplatz anders be-nannt und zur Binnengliederung verwendet (vgl. *www.google.com* vs. *scholar.google.com* vs. *mail.google.com* etc.)

[3]   Die Limitierungen betreffen den verwendbaren Zeichensatz (jedoch mit der Tendenz, die Ver-wendung von immer mehr – auch nicht-lateinischen – Zeichensätzen zu ermöglichen; vgl. IDNA o.J.) sowie die Anzahl der Zeichen (das Maximum wird aus kognitiv-pragmatischen Gründen al-lerdings kaum ausgeschöpft; ganz im Gegenteil, man möchte eher kurze Adressen: jüngst wurden ein- und zweistellige *.de*-Domains freigegeben).

[4]   Projektiert – aber auch umstritten und deshalb in der Realisierung verzögert – ist die Zulassung eigener Top Level Domains (= Endungen) für „established corporations, organisations, or institu-tions in good standing" (Neue gTLDs o.J.).

Die Wortbildungsforschung ist deshalb angesprochen, weil Web-Adressen zumeist auf Wortbildungsprodukten (WBP) aufbauen, wie die folgende Grafik (Abb.1) veranschaulicht:

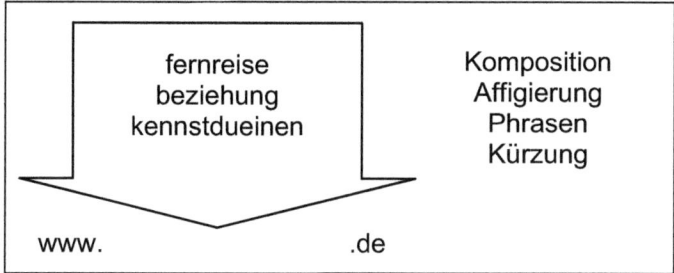

Abbildung 1:   Wortbildungsprodukte im „Kernbereich" von Web-Adressen

Insgesamt bildet jeder derartige Domain-Name eine spezifische komplexe Struktur, in der allgemeine Wortbildungsregularitäten und technisch normierte Vorgaben (Zeichenlimitierung, Längenrestriktion, Domain-Endungen) in Interaktion stehen.

3   Strukturen und Effekte

3.1 Standard-Wortbildungsmuster[5]

In der detaillierteren Betrachtung der benutzten Wortbildungsverfahren liegt es nahe, mit den „klassischen" Schemata zu beginnen, die bereits in Abb.1 aufgelistet wurden. Die kombinatorische WB (= komplementär zur reduktiven WB, s.u.) ist mit der Komposition (*fotobuch.de, naturidyll.com, brautkleider.at*) ebenso gut vertreten wie mit der Affigierung (*urwald.info, schoenheit.at, verfuehrung.net*). Diese WBP sind zwar meist unspektakulär, erfüllen aber dennoch gut ihren Zweck, weil sie eben die gerade richtige Antwort auf ein beabsichtigtes Kommunikationsziel darstellen. Dies verdanken sie Eigenschaften, welche in der

---

5   Die Klassifizierung in 3.1 und 3.2 wurde für einen Handbuch-Beitrag (P. Handler 2009a) konzi- piert und – wie auch hier – in jeweils adaptierter Form in weiteren Publikationen zu stilistischen und pragmatischen Aspekten der Wortbildung verwendet (vgl. P. Handler 2008, 2009b, in Druck).

Morphologie angelegt sind und in verschiedener Akzentuierung (z.B. je nach dem Grad der Neuheit vs. Lexikalisierung[6]) in Erscheinung treten können. Adressen wie *zustelldienst.at*, *mittagspause.org*, *schattenmacher.de* erhalten ihren Wert primär aus einer der Hauptfunktionen der WB, nämlich der „durchsichtigen" Nomination – mit „Wörtern, deren Aufbau durchschaubar ist und die (...) mit anderen sprachlichen Einheiten durch Motivationsbeziehungen verbunden (...) sind." (J. Erben 2000: 21) Bei entsprechender Wahl von Bestandteilen kann auch der Charakter der Neuheit mit genutzt werden; diese Bildungen wirken dann metasprachlich modern und hip; vgl. *e-hotel.de*, *i-land.de*, *kulthit.de*, *eventszene.at*. Eine wiederum andere Qualität geht mit der Lexikalisierung einher: Die Bedeutung wird fokussiert; die WB zielt auf Markennamen-Eigenschaften ab (z.B. Unverwechselbarkeit) – siehe: *lebenshilfe.de*, *kinderfreunde.at*, *volkshochschule.ch*.

Eine besondere Entfaltung erfährt das kombinatorische Verfahren der Phrasendurchkopplung.[7] Es ermöglicht im Vergleich zur Komposition mehr Explizität und entspricht zugleich den technischen Vorgaben für Domain-Namen (keine Leerzeichen; allenfalls Bindestrich). Die stärkere, an Satzfunktionalitäten herankommende Aussagekraft dieser – auch gut memorierbaren – „kollokativen Clips" mündet dann z.B. in informativen Mehrwert (*verdecktepreiserhoehungen.de*, *kurz-mal-weg.at*, *haarestattglatze.com*), emotionale Bindung (*meinhund.at*), Positivformeln (*alleswirdgut.ch*), Identifikation mit Ausrufen (*auf-und-davon.at*), Appell mittels Imperativ (*schaumal.de*) u.v.a.m.

Die ebenfalls der WB zugerechnete Kürzung manifestiert sich in der Integration von Akronymen und anderen Kurzformen (*hno.at*, *nzz.ch*, *azubi.de*, *reha.com*, *uni.de*). Diese bringen nicht nur ihre Nomination, sondern ggf. auch stilistische Begleittöne wie Informalität, (Gruppen)Vertrautheit o.ä. mit; zur Kurzwortbildung insgesamt vgl. E. Donalies 2002: 142-153. Kombinatorische WB mit abgekürzten Elementen ermöglicht kompakte und flott wirkende Gesamtkonstruktionen (*biofutter.de*, *styriamed.net*, *bauinfo.at*).

---

[6] Lexikalisierung bezieht sich in der WB auf den Prozess der Verfestigung von WBP, sodass der Gesamtkomplex dominiert (und nicht mehr so sehr die Teile und deren Motivationsbezug); dabei existieren verschiedene Abstufungen: von aufrechterhaltener formaler Durchsichtigkeit bis hin zum völligen Verschwinden der Motivierung – meist im Zusammenhang mit anderen Phänomenen des Sprachwandels (vgl. L. Eichinger 2000: 10-13 u. 42-44).

[7] Der Begriff taucht im Zusammenhang mit WBP auf, die durch einen „Durchkopplungsbindestrich" (W. Fleischer et al. 1995: 122) verbunden sind; in diesem Beitrag bezieht sich Durchkopplung darauf, dass wegen der Unzulässigkeit von Leerzeichen alle Elemente aneinandergefügt sind, egal ob mit oder ohne Bindestrich (= das einzig vorgesehene Binnensegmentierungszeichen).

3.2 Auffälligere WB-Techniken – „special effects"

Freilich existieren auch Bedarfslagen, in denen auffälligere WB-Techniken angebracht und zur Umsetzung des Kommunikationsziels besser geeignet sind. Die WB verfügt über ein ganzes Arsenal an „special effects", wie die folgende Auflistung (ohne Anspruch auf Vollständigkeit) zeigt:

- Hybridbildung (die Bestandteile kommen aus verschiedenen Sprachen; beabsichtigt ist meist eine „Aufwertung" durch „importiertes" Sprachprestige oder Exotik); vgl. *topprodukte.at, easyinserieren.ch, autofiesta.com*
- konnotative Akzentuierung (einzelne WB-Elemente sind konnotativ „stark" besetzt und bringen dies mit ein); vgl. *saugut.de, grottenschlecht.de*
- markiertere Wortbildungsmuster (ein gesamtes Verfahren ist auf eine spezifische Nuancierung ausgerichtet; z.B. Verniedlichung); vgl. *katschi.at* (Tourismusregion Katschberg), *oeffis.de*; zum WB-Muster siehe K.-M. Köpcke 2002
- Wortmischung (Überlappung von Wortmaterial der Bestandteile führt zu eigenwilligen – besonders stimmigen oder kontrasthaltigen – Form-Sinn-Koinzidenzen); vgl. *kloesterreich.at, kurlaub.ch, denglisch.org*
- Abweichung (WBP, die den morphologischen Regeln völlig widersprechen); vgl. *unkaputtbar.at*
- klassisches Wortspiel (Bezug auf eine dahinterliegende, erschliessbare Sprachstruktur bei geringfügiger lautlicher Veränderung); vgl. *autohr.at* (Performance-Literatur), *fortschrott.de*
- Zahlen-Sprachspiel (dasselbe Prinzip der leichten Verfälschung, jedoch unter Nutzung der Graphem-Ebene); vgl. *n8licht.de, car4you.ch*
- Motivationsmodifikation (Aufbrechen der Struktur und andere Motivierung); vgl. *m-ars.at* (Kunstsupermarkt), *ge-org.at* (basierend auf österr. Varietät [s.u.]: „der orge Internet-Stick zum orgen Tarif")
- Alliteration und Reim (Gleichklang am Wortanfang oder -ende; in den Web-Adressen verdichtet zusammengefügt); vgl. *hausundheim.at, regierenkapieren.de*
- Reduplikation (Wiederholung, die von Lautmalerei über abstrahierende Abbildung bis zu Intensivierung allgemein gehen kann); vgl. *bummbumm.at* (Site für Herzgesundheit), *blocherblocher.com* (Architektenduo), *nettonetto.at* (Wirtschaftstreuhänder)
- Varietät (Umgangssprache, Dialekt bzw. regionale Ausprägungen); vgl. *gstanzl.at, huesli.ch, spaetzle.de*
- semantische Verfahren (Bedeutungsübertragungen und -verfremdungen); vgl. Metaphorik: *autoinsel.at* (Fahrzeughandel); Metonymie: *die-pfote.at* (Tierbedarf-Shop); Doppelsinn: *frauenzimmer.de* (Mode, Trends, etc.)

3.3 Nutzungspotenzial von Domain-Endungen

Die Domain-Endungen verdienen in mehrfacher Hinsicht noch eine spezielle Berücksichtigung. Zuallererst ermöglichen einige darunter, semantisch auf ein spezifisches Kommunikationsziel zu verweisen (ob die damit geweckten Erwartungen dann realiter auch eingelöst werden, ist wieder ein anderes Kapitel); vgl. *strom.info* (Informations-Site), *coke.jobs* (Stellenangebote). Jedenfalls heben sich solche Adressen in ihrer Aussagekraft deutlich von den inhaltlich wenig sagenden, gängigen Endungen *.com* (der ursprüngliche Zusammenhang mit *commercial* ist längst aufgeweicht) oder *.net* ab – und auch von Länderkürzeln (welche meist ohne weitere Hinterfragung die Standardwahl darstellen[8]).

Aus ihrem Status als „Normalfall" können Länder-Domains allerdings rasch heraustreten, wenn sie sich durch Umdeutung in einem völlig neuen Verwendungszusammenhang wiederfinden, weil sie zufällig mit anderen Kurzformen identisch sind, nach deren Nutzung als Domain-Endung ein Bedarf besteht. Der pazifische Inselstaat Tuvalu (*.tv*) wird zum „Domain-Spender" für Fernsehsender und den Bereich Television allgemein; vgl. *okto.tv*, *arte.tv* oder *signtime.tv*. Ähnliche Übertragungen existieren bei *.fm* (für Radio-Thematiken; vgl. *lounge.fm*), *.im* (für *instant messaging*; vgl. *bing.im*) u.a.m.

Ein Kniff für Domains mit hohem Originalitätswert besteht darin, Begriffe zu verwenden, deren Wortauslaut einem Domain-Kürzel entspricht; vgl. *inser.at*, *fensterte.ch*, *aufdemlan.de*. Dasselbe Prinzip lässt sich auch auf Satzstrukturen anwenden; die montenegrinische Endung *.me* z.B. hat – umgedeutet zum englischen *me* – eine hohe Eignung für satzwertige Strukturen wie *becauseits.me* o.ä. (die Domains für affektiv markierte Appellsätze à la *love.me*, *kiss.me* werden als Lockmittel im Rahmen der *.me*-Vermarktung für ein Bieterverfahren zurückgehalten; zum aktuellen Stand vgl. die Site des Registrators *domen.me*).

Und so gering der Umfang der Endungen auch sein mag, selbst auf diesem winzigen Platz kann deren Struktur noch weitere, „rhetorische" Qualitäten entfalten. So macht bei *.cc* die Reduplikation das Element interessanter und leichter memorierbar; vgl. *installateur.cc*, *kabarett.cc*, *netfoto.cc*.

---

[8]   Im Zusammenhang mit Autonomiebestrebungen erhalten Länderkennungen allerdings hohe politische Brisanz und gelten als Träger von Identität sowie als Signal kultureller/nationaler Eigenständigkeit; z.B. ersichtlich in der Schaffung von *.cat* für Katalonien und in den Bemühungen um eine Top Level Domain für Québec (vgl. dazu P. Handler in Druck).

3.4 Ausschöpfung der Inhaltsdimension

Anders als bei den im Abschnitt 3.2 angeführten Konstellationen, in denen der Effekt aus der Konstruktionsweise resultiert, dominiert in den hier zur Sprache kommenden Fällen die Bedeutung bzw. die semantische Referenz. Mit generischen Begriffen in der Web-Adresse lassen sich grosse Bereiche aus der Alltagswelt im Internet „besetzen". Viele derartige Bedeutungsträger sind bereits WBP, z.B. in *fahrschule.de, langlaufen.at, lebensmittel.ch*; hier kommt es aber auch zum grossen Auftritt von Simplizia (wobei nach deren Einbettung in die Domain-Syntax insgesamt wieder eine komplexe Struktur vorliegt), z.B. *tomaten.at, sprechen.com, wetter.de*.

Beziehen sich solche Wörter bzw. WBP zudem auf Emotionen, liegt ein zusätzliches Atout vor. In der Regel bemüht man sich klarerweise um positive Konnotierungen (vgl. *liebe.de, hoffnung.at, schwerelos.ch*) schräge Realisierungen sind allerdings – weil sie Aufmerksamkeit erzielen können – nicht ausgeschlossen (vgl. *monster.de, frust.at, desaster.com*).

Eine andere Art – prinzipiell nicht minder wertvoller – „Fundus" besteht im weiten Feld der Namen. Geografische Namen bieten sich für Institutionen und Tourismusorganisationen an (*berlin.de, luzern.ch*), Eigennamen für Personen, die – bes. im Zusammenhang mit (frei)beruflicher Tätigkeit – auch mittels Internet ihrem Namen Markengeltung geben möchten (*sonjabertrams.de, pfaffenlehner.com, lenahoschek.at*). Im Wirtschaftsleben nehmen insbesondere Firmen-/Marken-/ Produkt-/Eventnamen eine zentrale Rolle ein (*nestle.ch, ovomaltine.com, meisterproper.at, osterklang.at*); zu den wichtigsten Prozeduren der Namensgebung in der Wirtschaft vgl. Ch. Platen 2000.

Im Überschneidungsbereich mit Werbung tun sich noch allerlei weitere Möglichkeiten auf: z.B. Verweis auf Erzeuger und Produkt (*huberslandhendl.at*), Beschreibung eines (hier: Immobilien-)Projekts (*wohnenimweiherfeld.ch*), Aufgreifen ganzer Slogans (*holzistgenial.at, vernunftistderneuepunk.de*) u.a.m. Im Extremfall kann um die Web-Adresse eine ganze (verrätselte) Mikro-„Geschichte" aufgebaut sein: *birnebringteier.at* (= eine gute Idee bringt Geld [Innovationspreis]).

3.5 (Kon-)Textualität

Web-Adressen machen sich die in der WB angelegten Strukturbeziehungen zunutze und stehen zudem in mannigfaltigen kontextuellen Zusammenhängen. Mit WB konstitutiv verbunden ist das Phänomen der „Reihe", das auf paradigmatischen Identitätsrelationen basiert (vgl. I. Barz et al. 2003: 53-54). Mehrere

Teilhaber an einer WB-Reihe können ergänzend ein grösseres Aktivitätsfeld abdecken und einander gegenseitig verstärken; vgl. *heizungs-profi.at*, *bad-profi.at*, *thermen-profi.at*. Nicht immer gelingt es freilich, eine vorher im Marketingplan festgelegte Reihenstruktur auch im Web 1:1 wiederzugeben – dann nämlich nicht, wenn einzelne Reihenpartizipanten wegen der Vergabepraxis bei Domains (Prinzip = „first come, first served") bereits für andere registriert sind. Dieses Dilemma betrifft z.B. die vom Handelsriesen *Spar* praktizierte Sortimentsgliederung in „Themenwelten", unter denen sich einige als *weinwelt.at*/*digiwelt.at*/*bierwelt.at*[9] auch im Web verortet finden. Bei *kaffeewelt.at* hatte allerdings bereits *Jacobs* die Nase vorn, und bei *kaesewelt.at* eine Schaukäserei (hierbei bestand immerhin die Ausweichmöglichkeit auf die Umlaut-Domain *käsewelt.at*; vgl. Fussnote 3).

Auf der anderen, der syntagmatischen Achse angesiedelt sind Wechselbezüge mittels Reim; vgl. „Hunger ade mit *essen.at*" (Aufschrift auf Zustellauto). Web-Adressen können aber auch an semantischen Isotopien (vgl. J. Dubois et al. 2007: 259) beteiligt werden, wie ein Anzeigentext zur Eröffnung einer Müllverbrennungsanlage veranschaulicht: „(...) Kein Dreck. Die neue Müllverbrennung Pfaffenau. Eröffnungsfeuer(!): 20.9. ab 10 Uhr. (...) *baukeinenmist.at*" (Kurier 15.09.2008: 9).

Eine extreme, aber gerade deshalb sehr originelle „Kontextualisierung" stellt die Koppelung mit aussersprachlicher Realität per GPS-Koordinaten dar: „46°41'N/15°37'E *polz.co.at* (...) 46°43'N/15°35'E *vinofaktur.at*" (Weingüter-Auflistung in einer Touristik-Broschüre).

4   Herausforderung Praxis

4.1 Ziel-Unvereinbarkeiten

In Bezug auf den Spruch, dass man im Leben nicht alles zugleich haben kann, sind auch die elektronischen Sphären keine Ausnahme. Es gilt, u.U. mit verschiedenen, einander ausschliessenden Kommunikationszielen umzugehen: Mit der Integration des @-Zeichens in den Firmennamen lässt sich etwa eine Techno-Aura erzeugen, was auf dieser Ebene durchaus einen zusätzlichen Impact darstellt; vgl. *creativity@work*. Allerdings kollidiert eine solche Verschriftung mit den Regeln für Domain-Namen (das @-Zeichen ist darin nicht zugelassen); die Adressierung im Web ist daher so nicht möglich, sondern erst mit der Wie-

---

[9] Mittlerweile dürfte man von der Themenwelten-Strategie abgekommen sein, denn ausser bei *weinwelt.at* führen diese Sites nicht mehr zum jeweilig thematisch passenden Angebot, sondern zu einer sortimentübergreifenden *Spar*-Site.

dergabe auf Basis der Lautung: *creativityatwork.co.uk*. Dieselbe Problematik besteht z.b. auch beim Firmenschriftzug *Café+Co*, der für die Web-Eignung ebenfalls – nämlich zu *cafeplusco.at* – transkribiert werden muss; ähnlich braucht das Unternehmen namens *Web²* für seine Internetpräsenz die „ausgeschriebene" Variante *webquadrat.at*.

4.2 Medienwechsel

Andere Komplikationen ergeben sich bisweilen beim Wechsel des Mediums. Das kann – etwa beim Verbreiten einer Web-Adresse per Radiospot – mit dem Switchen in einen anderen Sprachmodus (schriftlich > mündlich) zu tun haben. Die Disco *Estate Club* mit ihrer Domain *estate-club.at* verliert abrupt an Attraktivität, wenn einem (Radio-)Hörer das Verknüpfungszeichen „-" gesprochen vermittelt werden muss[10], sei es als „Bindestrich" oder – wie im Beispiel hier tatsächlich erfolgt – als „Minus" (mit all seinen negativen Konnotationen): „Estate minus Club at" (Ö3 08.11.2008). Auch für *eigenkapital-stimme.de* wurde – ähnlich ungeschickt – mit „Eigenkapital minus Stimme de" geworben (Klassikradio 03.12.2006).

Bei den *dots* kann es ebenfalls drunter und drüber gehen; z.B. wenn in ein und demselben Unternehmen verschiedene Logiken ihrer Verwendung aufeinandertreffen. Eine strenge Strukturierung in den Domains (*oe1.orf.at, tv.orf.at, wetter.orf.at*, u.s.w. [Web-Site-Schema mit Auffächerung durch Erstelement]) kollidiert mit dem Bemühen, Namen von einzelnen Sendungen durch *dots* zeitgeistig aufzupeppen (*euro.film, a.viso* [Programmnamen]; vgl. Abschnitt 5.2), was dann zu verqueren Adressstrukturen wie *tv.orf.at/euro.film* oder *tv.orf.at/a.viso* führt.

4.3 Risikobereiche

Eine Reihe anderer Konfigurationen kann ebenfalls kommunikative Risiken beinhalten. Bei der Verwendung von Slogans als Domain-Namen ist zu berücksichtigen, dass die Kommunikationssituation im Werbekontext eine andere als vor dem Web-Browser ist. Der Slogan „Achten Sie auf die Marke" (Gemeinschaftswerbung der Markenartikelhersteller) mag vom Plakat oder TV-Bildschirm her-

---

[10] Die *dots* brauchen hingegen nicht explizit ins Mündliche transponiert zu werden (allenfalls tritt an ihre Stelle eine Pause), denn hierbei kann man mit dem Medienwissen der Zuhörer rechnen: Die Kenntnis über den Aufbau von Web-Adressen erlaubt die implizite Identifizierung der Segmente, insbesondere bei gängigen Endungen.

unter einen flotten Aufruf abgeben, er taugt in Form von *achten-sie-auf-die-marke.at* hingegen kaum als Stimulus für die Eingabe ins Adressfeld, weil sich mit dem Wechsel des kommunikativen Akteurs die Perspektive ändert. (Eine Struktur mit Ich-Perspektive wie *daswillichauch.de* ermöglicht hingegen eine unmittelbare Identifikation.[11]) Ähnlich verhält es sich mit einem bewusst provokativen Slogan wie „Keine Zeitung, keine Ahnung" (Kampagne der Zeitungsherausgeber, um – v.a. Jugendliche – zum Zeitunglesen zu motivieren). Er erfüllt als „Aufreger" seine Dienste; für das aktive Eintippen als *keinezeitungkeineahnung.at* (und damit das implizite Eingeständnis, „keine Ahnung" zu haben) eignet er sich herzlich wenig.

Andere Problematiken tauchen im Bereich Wortform und Segmentierung auf. Etwa wenn letztere aufgrund der Unzulässigkeit von Leerzeichen verwischt wird, was dann mehrere „Anläufe" zur Deutung auslöst: *forestree.at = forest...?! for...?!* Oder wenn die Buchstabenfolge – ggf. über *dots* hinweg – auch weitere, andere Segmentierungen zulässt: eine Art morphologisches Vexierbild; vgl. *SLBAU.ch* (*Bau+ch* vs. *Bauch*). Abkürzungen führen sich ad absurdum, wenn sie mit verbreiteten Wörtern konkurrieren; vgl. die unglücklich das Wort *aus* evozierende Adresse *ausrad.at* (Ausseer [=Ortsname] Radsporttage).

In den modernen Gesellschaften mit ihren Charakteristika wie Mobilität und Transnationalität ist auch der Effekt in anderen Sprachen zu bedenken. (Bei der Marken- und Produktnamenwahl ist das bereits Routine, bei Web-Adressen besteht offensichtlich Nachholbedarf.) Die naheliegende und unhinterfragte Vorgangsweise der slowenischen Supermarktkette *Tus*, ihren Namen mit dem Landeskürzel zu kombinieren (= *tus.si*) wirkt auf Millionen deutschsprachiger Touristen, die das Land bereisen, wohl unfreiwillig komisch.

Schliesslich kann auch die Rechtschreibung zum Fallstrick werden: Jener Wiener Raumausstatter, der seine Domain als *www.ihr-raumaustatter.at* (!) registrieren liess, wird (auch wenn er diese Adresse in grossen Lettern über dem Geschäftseingang angebracht hat) für jene, welche die Wörter – den Fehler überlesend – naturgemäss in richtiger Schreibung eingeben, ein Unerreichbarer bleiben.[12]

---

[11] Dass es mit dieser Überlegung etwas auf sich hat, belegt beispielsweise die Tatsache, dass die Bischöfliche Wirtschaftsdirektion in Graz unlängst ihren wortspielerischen Slogan bei der Einhebung des Kirchenbeitrags von „Trag' was bei" auf das perspektivisch invertierte „Ich trag was bei" geändert hat.

[12] Umgekehrt empfiehlt es sich aber durchaus, Tippfehler von Internetnutzern zu antizipieren und diese Varianten ebenfalls für sich als Domains zu reservieren. Andernfalls wird man leicht Opfer von Typesquatting /Typosquatting – wenn nämlich andere diese Domains vereinnahmen und diesen Anteil des Traffics für eigene Zwecke missbrauchen.

5   Expansion

5.1 Erweiterungen

In und um Domain-Namen können – auf ganz verschiedenen Intentionen basierend – erweiternde Prozeduren zum Einsatz kommen. Wenn z.b. eine attraktive Web-Adresse bereits anderweitig vergeben ist, kann man versuchen, mit einem nur geringfügigen – vielleicht sogar aufwertenden – Zusatz von den Qualitäten der Ursprungsadresse zu profitieren. Das können markante Zahlen sein (vgl. *sport1.at, katzen1.de, flirt1.ch, wetter24.de, fussball24.de, buch24.de*) oder klassische WB-Elemente (*...+auto → superauto.at, traumauto.ch, primaauto.de*).

Ein etwas anders gelagertes, aber verwandtes Bezugsmittel ist die Anspielung, die ebenfalls eine Bezugnahme auf bestehende Strukturen ermöglicht. Der Effekt ist hingegen ein spielerischer, oft ironisierender; etwa wenn eine Friedensbewegung mit *willfrieden.at* auftritt, indem sie sich an die Adresse *willhaben.at* „anhängt" – eine Anzeigenplattform, die überdies mit Slogans des Typs WILL TRAUMJOB, WILL NEUEN LAPTOP, WILL EIGENES BÜRO etc. Werbung macht.

Eine Erweiterung per klassischem Sprachspiel liegt bei der Werbeformel *gewinn.komm* vor, mit der das Wirtschaftsmagazin *Gewinn* verfremdend auf seine Web-Site aufmerksam macht. (Fortsetzung auf der Folgeseite: „Wie Sie zu Ihrem Gewinn kommen, sehen Sie auf www.gewinn.com. Hier finden Sie ..." Top Gewinn November 2006: 2-3) Dies ist übrigens der umgekehrte Fall im Vergleich mit dem Wortspiel-Typ in Abschnitt 3.2, wo die Web-Adresse das Resultat – und nicht den Ausgangspunkt – darstellt.

Schliesslich noch ein Beispiel für den Übergang zum Bildmodus, wenn nämlich in einer Werbebroschüre die *dots* bei *www☺sos-kinderdorf☺at* (hier grafisch vereinfacht) zu lachenden Kindergesichtern ausgestaltet sind.

5.2 Sekundärnutzungen des Strukturschemas

Infolge ihres typischen Grundmusters, das zum Bestandteil des Medienwissens und der Alltagskultur geworden ist, wird die Morphostruktur von Web-Adressen zur beliebten Ausgangsbasis für Sekundärnutzungen. Dabei kommt eben den charakteristischen *dots* die tragende Rolle zu.

Es beginnt damit, dass Unternehmen ihre Domain (inklusive Endung!) überhaupt gleich zum Firmennamen machen, mit dem sie in der Öffentlichkeit auftreten – so z.B. *post.at*, das auf allen österreichischen Postfilialen prangt. Vielfach besteht hingegen keine Verbindung zu einer konkreten Web-Adresse, sondern das Punkt-Schema wird lediglich benutzt, um am Trendsetter-Image der modernen Informationstechnologien mitzunaschen. Das betrifft oft Produktnamen (*be.ez* [Taschen]), kann eine ganze Werbelinie prägen (*like.no.other* [Sony-Kampagne]) und reicht bis auf Speisekarten (*Holunder.Limo.Eigene* [Restaurant Rochus, Wien]).

Im Printgewerbe ist die „Verarbeitung" meist etwas anspruchsvoller und reicht über die Dekorfunktion hinaus: Bei der Werbebotschaft „*DiePresse.com* – alles schneller *www.issen*" zielt die Struktur auf eine semantische Konvergenz von *www* und *wissen* ab, in der Zeitungstitelzeile *www.papier.ade?* (Die Presse 07.01.2006: A4) besteht eine Wortspiel-Relation zwischen *.ade* und der Endung *.at*, der Punkt im Magazin-Titel *an.schläge* dient zum Aufbrechen der WB-Motivierung beim Wort *Anschläge*, um sie bewusster zu machen und mehrfache Lesarten zu provozieren. Und im folgenden Werbetext wird eine Pseudo-Domain als Appetizer für den dann expliziten Appel zum Aufruf der „echten" Adresse verwendet: „*www.gewohntexklusiverservice-aussergewöhnlichgünstig.com* (...) Entdecken Sie unsere sensationell günstigen Afrika-Angebote auf *Emirates.com*" (Emirates-Kampagne Frühjahr 2009).

6 Fazit

In der Wirtschaft ist man also dabei, Web-Adressen aus dem Korsett bloss markenorientierter Betrachtungsweise zu befreien und als leistungsfähiges Instrument im umfassenden Kommunikationsportfolio zu begreifen. Dass es trotz der technischen Limitierungen (bzgl. Zeichensatz, Länge, Endungsauswahl) zu einer beachtlichen Vielfalt in den sprachlichen Umsetzungen kommt, liegt am kreativen Potenzial, das die Sprache auch – und gerade – auf der morphologischen Ebene auszeichnet.

Es gilt jedoch, einigen Fallen auszuweichen, und die Überblicksdarstellung von Strukturen und Verfahren in diesem Beitrag soll dazu anregen, die reichhaltigen Möglichkeiten weiter auszuschöpfen. Kann man sich damit doch einen klaren Kompetenzvorteil verschaffen! Die anschliessende Checkliste ist als Werkzeug gedacht, um sich bei der Domain-Suche die Bedingungslage sowie die Kommunikationskonfiguration ins Bewusstsein zu rufen und die jeweils bestgeeignete(n) Web-Adresse(n) zu finden.

7   Checkliste für Unternehmen

1. Haben wir bereits einen etablierten Namen?
    reservieren, Entscheidung für Endung(en) – vgl. Punkt 3.; ggf. mehrere Varianten mit verschiedenen Endungen zum Auffangen von „ratenden" Nutzern bzw. zur umfangreichen Sicherung des eigenen „Namensterritoriums"

2. Haben wir eine Produktpalette mit relevanten Produktnamen?
    wie in Punkt 1. für jedes Produkt vorgehen

3. Ist unser Kommunikationsziel mit einer bestimmten Domain-Endung besonders gut verwirklichbar?
    Wahl je nach Informationstyp, Zielgruppe, etc. (Top Level Domains, z.B. .info, .com); ggf. Umdeutung von Domain-Kürzeln (z.B. .tv)

4. Wie sieht es mit der Abdeckung des (angestrebten) geografischen Aktionsradius durch Domain-Endungen aus?
    entsprechende Endungen registrieren; Sinnhaftigkeit und Verfügbarkeit der .eu Endung prüfen

5. Können wir – bei Kreation eines völlig neuen Domain-Namens – durch stilistisches „opting in" (gelungene Anwendung der Standard-Wortbildungsmittel) punkten?
    generische Begriffe wählen; mit allgemeineren Wortbildungsmustern (Komposition, Präfix- und Suffixverwendung) operieren; ggf. Neubildungen schaffen – mit Eigenschaften wie Treffsicherheit und „semantische Aura"

6. Können wir – bei Kreation eines völlig neuen Domain-Namens – durch stilistisches „opting out" (Auffälligkeit durch Abweichung) punkten?
    gewagtere Techniken wählen („special effects") – aber: Verständnis muss gesichert sein!

7. Haben wir einen etablierten Slogan bzw. wollen wir eine explizite (Werbe-)Aussage verbreiten?
    Slogans auf jeden Fall „sichern"; Phrasenkomposition: prägnante (pos.) Formel anwenden/ kreieren; veränderten kommunikativen Status (z.B. Plakat # Bildschirmeingabe) berücksichtigen

8. Sind wir allen Fallen ausgewichen?
    auf Bedeutungsirritationen in anderen Sprachen überprüfen; Störungen in
    der Segmentierung beim Lesen ausschliessen; Transponierbarkeit ins
    Mündliche checken; fehlerhafte Schreibvarianten antizipieren und als Do-
    mains mitregistrieren

9. Wollen wir vorhandene Web-Adressen durch Techniken wie Anspielung
    oder Erweiterung für uns mitnutzen?
    Erweiterungsmöglichkeiten abklären: Austausch von Teilen komplexer
    Wörter; sprachliche Zusätze wie Kompositionselemente; Erweiterung mit-
    tels (prägnanter) Zahlen

10. Welche zusätzlichen Nutzungsperspektiven eröffnen sich?
    Potenzial der Web-Adresse in der umfassenden Unternehmenskommunika-
    tion ausloten

Literatur

Barz, Irmhild/Schröder, Marianne/Fix, Ulla (Hrsg.) (2000): Praxis- und Integrationsfelder
    der Wortbildungsforschung. Heidelberg: Winter
Barz, Irmhild/Schröder, Marianne/Hämmer, Karin/Poethe, Hannelore (2003): Wortbil-
    dung – praktisch und integrativ. Ein Arbeitsbuch. 2. Aufl. Frankfurt a.M. etc.: Lang
[Dingeldey, Daniel/Hitzelberger, Florian/Huber, Florian (Projektleitung)] o.J.: domain §
    recht. Ihr online-Ratgeber. www.domain-recht.de (30.01.2010)
Donalies, Elke (2005): Die Wortbildung des Deutschen. Ein Überblick. 2. Aufl. Tübin-
    gen: Narr
Dubois, Jean/Giacomo, Mathé/Guespin, Louis/Marcellesi, Christiane/Marchellesi, Jean-
    Baptiste/Mével, Jean-Pierre (2007): Grand Dictionnaire Linguistique & Sciences du
    langage. Paris: Larousse
Eichinger, Ludwig M. (2000): Deutsche Wortbildung. Tübingen: Narr
Erben, Johannes (2000): Einführung in die deutsche Wortbildungslehre. 4. Aufl. Berlin:
    Schmidt
Erzgräber, Willi/Gauger, Hans-Martin (Hrsg.) (1992): Stilfragen. Tübingen: Narr
Fix, Ulla/Gardt, Andreas/Knape, Joachim (Hrsg.) (2009): Rhetorik und Stilistik – Rheto-
    ric and Stylistics. Ein internationales Handbuch historischer und systematischer For-
    schung – An International Handbook of Historical and Systematic Research
    (= Handbücher zur Sprach- und Kommunikationswissenschaft – Handbooks of Lin-
    guistics and Communication Science [HSK], 31.2). Berlin/New York: De Gruyter
Fleischer, Wolfgang/Barz, Irmhild/ [Schröder, Marianne (Mitarb.)] (1995): Wortbildung
    der deutschen Gegenwartssprache. 2. Aufl. Tübingen: Niemeyer

Fuchs, Volker/Störl, Kerstin (Hrsg.) (2008): Stil ist überall – aber wie bekomme ich ihn zu fassen? Akten der internationalen Stiltagung an der Ernst-Moritz-Arndt-Universität Greifswald vom 18.-20. Mai 2006. Frankfurt a.M. etc.: Lang

Gauger, Hans-Martin (1992): Zur Frage des Stils. In: Erzgräber/Gauger (1992): 9-27

Gumm, Heinz-Peter/Sommer, Manfred [Hesse, Wolfgang/Seeger, Bernhard (Mitarb.)] (2006): Einführung in die Informatik. München etc.: Oldenbourg

Handler, Peter (2008): Stilphänomene in der Wortbildung. Ein Überblick für das Französische. In: Fuchs/ Störl (2008): 255-274

Handler, Peter (2009a): Stilistische Phänomene der Wortbildung. In: Fix/Gardt/Knape (2009): 1563-1575

Handler, Peter (2009b): Stilistische Aspekte der Wortbildung und ihre Relevanz in der Wirtschaftssprache. In: Mešková (2009): 124-131

Handler, Peter (in Druck): Ein komparativer Blick auf die morphologische Strukturierung von Web-Adressen im Deutschen und Französischen. In: Lavric/Pöckl (in Druck)

Herde, Andreas 2001: www.du-bist.net – Internetadressen im werblichen Wandel. [Onlinepublikation:] Networx Nr.23 (www.mediensprache.net/networx/networx-23.pdf, 30.01.2010)

Huber, Florian/Dingeldey, Daniel (2004): Handbuch Domain-Namen. Alles über Internet-Domains. 2. Aufl. Norderstedt: Books on Demand http://www.google.at/books-?id=Y1ahX7d8jEAC (partielle Ansicht) (30.01.2010)

[IDNA] (o.J.): Internationalizing Domain Names in Applications [Wikipedia-Eintrag] http://de.wikipedia.org/wiki/IDNA (30.01.2010)

Köpcke, Klaus-Michael (2002): Die sogenannte i-Derivation in der deutschen Gegenwartssprache. Ein Fall für die outputorientierte Wortbildung. In: Zeitschrift für germanistische Linguistik 30.3, 293-309

Lavric, Eva/Pöckl, Wolfgang (Hrsg.) (in Druck): [Tagungsband zu: VI. Internationale Arbeitstagung „Romanisch-deutscher und innerromanischer Sprachvergleich", Innsbruck, Österreich, 03.-05.09.2008]

Mešková, Ludmila (Hrsg.) (2009): Acta linguistica N°7. Language for Specific Purposes and Intercultural Communication. Vol.1. Banská Bystrica: Ekonomická fakulta Univerzity Mateja Bela

[Neue gTLDs] Neue Top-Level-Domains (TLDs) - ICANN's "New gTLD Program". http://www.bettinger.de/rechtsdatenbank/domainrecht/neue-gtlds/icann-neue-gtld-neue-tld-new-gtld-new-tld.html (31.01.2010)

NIC.at (Hrsg.)/Pleon Publico (Red.) (2008): Domain-Studie 2008: Das Internet wird immer "österreichischer" – .at ist die beliebteste Top-Level-Domain. Aufklärung bei privater Domainnutzung noch notwendig. http://www.nic.at/fileadmin/www.nic.at-/documents/presse/Pressemappe-24-07-2008.pdf (30.01.2010) und Tabellen/-Grafiken http://www.nic.at/fileadmin/www.nic.at/documents/presse/Pressemappe_-Tabellen_Grafiken-24-07-2008.pdf (30.01.2010)

Platen, Christoph (2000): *Köpi*, *Kelts* und *Knusperone* – Morpheme in den Zeiten der Marktwirtschaft. In: Barz/Schröder/Fix (2000): 239-251

Schumacher, Tim/Ernstschneider, Thomas/Wiehager, Andrea (2002): Domain-Namen im Internet. Ein Wegweiser für Namensstrategien. Berlin u.a.: Springer http://-books.google.at/books?id=BN3cQcoVD8cC (partielle Ansicht) (30.01.2010)

[Siever, Torsten/Runkehl, Jens] 2007 [2002]: Domains – mehr als ein Verweis. [Special zum Deutschunterricht: Domains als Werbemittel. Unterrichtsmaterial zum Thema Werbung im Internet zum Artikel von Siever/Runkehl in Der Deutschunterricht 2/2002] (www.mediensprache.net/de/werbesprache/du/domains/index.asp, 30.01.2010)

Weiß, Joachim/Bauer, Michael (Projektltg.)/Greulich, Walter (Red. Ltg.) (2003): Fachlexikon Computer. Das umfassende Anwenderlexikon für den gesamten IT-Bereich und alle Plattformen. Leipzig u.a.: Brockhaus

Machines as participants in the communication process: the implications of SEO for translation

Peter Jud & Gary Massey

Abstract

Although search engine optimization (SEO) has received considerable attention from internet marketers, it has yet to make any significant impact on the practice and theory of translation. This is all the more remarkable given the increasing importance of web localization, and the rising profile of web translation in general among theorists, trainers and practitioners. Proceeding from Holz-Mänttäri's influential functional model of translational action and the refinement proposed by Risku and Freihoff, this paper examines the impact of machine translation and translation memory technologies on human translation, exploring the related though very specific challenges that SEO presents for web translators. It proposes adapting the classic model of translational action to integrate search engines in the non-human agent role of analyzer. Presenting examples of SEO procedures applied to translation, it considers the practical implications of SEO for web translators.

Introduction

Search engine optimization (SEO) is a branch of search engine marketing (SEM) concerned with optimizing texts to increase the amount of visitors to a website. This is done by achieving as high a ranking as possible in the natural lists of search engines. As such, SEO has received considerable attention from internet marketers (e.g. S. Alkan 2004, J. Ledford 2008), but it has yet to make any systematic impact on the practice and theory of translation. This paper sets out to explore the interface between translation and SEO in an attempt to cast light on the theoretical and practical implications it holds for translation in general, and for web translators in particular. After presenting a fundamental definition and a functional, action-oriented model of translation, the paper considers some of the general effects that new technologies are having on human translation processes and products. Proceeding from this broader context of translation technology, the main part of the paper focusses on the specific challenges that SEO presents for web translators. It concludes by proposing an adaptation of Holz-Mänttäri's influential model of translational action (J. Holz-Mänttäri 1984) and the refinement proposed by Risku and Freihoff (H. Risku & R. Freihoff 2000), and by briefly addressing some of the wider implications of SEO for the practice and theory of translation.

1   A definition of translation

According to the classic definition of translation provided by Roman Jakobson, verbal signs „may be translated into other signs of the same language, into another language, or into another, nonverbal system of symbols" (R. Jakobson 1959/2004: 139). The first he calls intralingual translation or *rewording*, the second interlingual translation or *translation proper*, and the third intersemiotic translation or *transmutation*. Although interlingual translation is commonly considered to be the standard form of activity undertaken by translators, as Jakobson's reference to „translation proper" suggests, present-day professional translating actually comprises all three forms. This is especially true of multimodal and multimedia assignments, where translators may be involved, for instance, in interlingual and intralingual film subtitling, audio-description, respeaking, translating barrier-free multimedia web content and so on.

In the case of web translation, it is currently fashionable to distinguish between translators and localizers. However, as Mossop rightly observes, „,localization' of Web page textual content is (...) a new label for an old activity, namely free translation/adaptation" (B. Mossop 2006: 789). Thus, when Esselink defines localization as „taking a product and making it linguistically, technically, and culturally appropriate to the target locale" (B. Esselink 2003: 67-68), no clear distinction exists between the linguistic and cultural aspects of localization and translation itself, above all when the product of which Esselink speaks is a text. In this paper, therefore, the three basic forms of translation identified by Jakobson are taken to be core activities encompassing and embracing localization, rather than something different from it.

2   An action-oriented model of translation

Since the appearance of Justa Holz-Mänttäri's influential work *Translatorisches Handeln: Theorie und Methode* in 1984, translation has been acknowledged to be far more than linguistic transcoding alone (M. Snell-Hornby 2006: 56-60).

Holz-Mänttäri presents translation as an act of communication forming part of a complex of other actions, in which language is an instrument rather than a goal. As her model of translational action makes apparent, translation is a highly collaborative enterprise amongst specialists involving six principal agent roles, only one of which is assigned to the translator (J. Holz-Mänttäri 1984: 105-111). Risku and Freihoff (H. Risku & R. Freihoff 2000: 53) propose a refinement of this model, shown in Figure 1 (authors' translation).

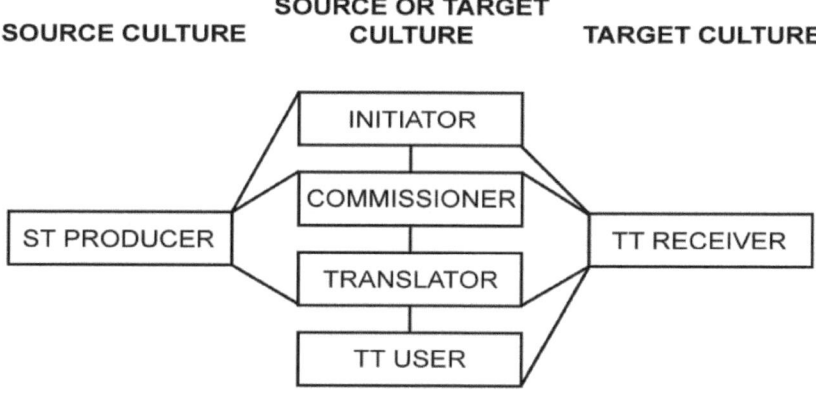

Figure 1:   Role and cooperation partners in translational action (adapted from H. Risku & R. Freihoff 2000: 53)

All interactions in this network are guided by the purpose of the translation assignment (C. Nord 1997: 19-22). The initiator sets the translation process in motion because a target text (TT) is required for a particular purpose. The commissioner asks the translator to produce a TT that can be used for the purpose envisaged by the initiator. The source text (ST) producer produces or has produced the text that serves as the source for a translational action. The translator is the expert in the process of translational action, and as such is ethically obliged to produce a TT that functions within the target culture fully in accordance with the initiator's purpose. The TT receiver is the addressee of the TT, while the TT user actually puts the TT to use.

3   Translation and technologies

The centrality of purpose in all professional translation work is a generally accepted fact in the workplace. It has also found widespread support among translation theorists since the emergence and spread of functionalist translation theories in the 1980s. As one of the major proponents of functionalism, Hans J. Vermeer, states, „any form of translational action (…) has an aim, a purpose (H.
Vermeer 1989/2004: 227). This is borne out by present-day professional practice: the European Standard *Translation services – Service requirements* places
repeated emphasis on the „suitability for purpose" (EN 15038:2006 2006: 11) of
translations.

Of course, the overarching purpose of professional translation work is
commerce. Translation is a major factor in global marketing, and as such has
become a very large and fast-growing business in its own right. The Localization
Industry Standards Association (LISA) estimates that total worldwide localization expenditures more than doubled between 2001 and 2006 to approximately $
30 billion (LISA 2007: 8-10). The effect on the translation industry has been to
fuel a business-driven need for increased speed and productivity. This, in turn,
has among other things led to the broadening deployment of human-aided machine translation (HAMT) technologies, principally Machine Translation (MT),
and of machine-aided human translation (MAHT) technologies, such as Translation Memory (TM).

Each of these impacts on translation workflows and processes, with marked
consequences for the way translators are expected to work. The use of MT systems, for example, has led to a greater emphasis on pre-editing MT input in order
to optimize MT performance by eliminating the inherent ambiguity of natural
language texts. This is achieved by applying controlled language (CL) rules,
which are designed to remove or reduce the number of negative translation indicators or NTIs (S. 2006: 2) and to raise consistency. However, since MT output
is rarely error-free, there is also a corresponding need to post-edit MT output.
This signifies a fundamental shift in translation procedures and processes, as
translators are required to devote a considerable amount of time to work other
than direct translation in a workflow that is becoming increasingly segmented.

Similar changes have been caused by the widespread deployment of TM
systems in the translation industry. Translators who work with TM are largely
involved in leveraging (i.e. re-using) or editing (i.e. adapting) previously translated segments of text stored in a TM database to create a new translation, rather
than translating texts from scratch in the traditional manner. Since the matching
of previous translations with the current one overwhelmingly takes place at sentence level, only careful post-editing of the TM output can ensure that proper

coherence and consistency is maintained within the TT as a whole. Here again, therefore, a „shifting dynamic" (I. Garcia 2008: 58) of the translator's role away from direct translation towards editing, post-editing and revision is clearly in evidence. Moreover, the alignment or preparation of texts for TM input is work that may equally be done by translators, assigning them an additional role in the translation workflow prior to the actual translation phase itself.

As these examples demonstrate, the overall impact of such technologies on translation practice is a growing division of labour and collaboration among specialists, with a concomitant segmentation of the translation process. This is coupled with the emergence of what Mossop calls „collage translation", by which he means „revision of old TL [target language] material from a variety of sources to make it match the ST, together with varying amounts of effort to smooth the joins between the various parts of the resulting collage" (B. Mossop 2006: 790). Both Mossop and Garcia (I. Garcia 2008) express concern that the effects of such developments, especially the growing shift towards post-editing and revision, are too little known and need to be systematically investigated in order to determine how they influence output quality. Indeed, work in this field is only just beginning, although initial research into the cognitive load on MT post-editors and TM translators does suggest that such tasks are not only different from traditional translation work, but may also more demanding (S. O'Brien 2006, 2007).

Despite the current lack of research findings, what can undoubtedly be said is that MT, TM and other technologies introduce new factors to the professional equation, in that they not only redefine the role of the translator in the translation process, but also represent, as Garcia puts it, „a completely new type of text consumer (...) as the embodiment of (…) standards of consistency, repeatability and reuse" (I. Garcia 2008: 50). It is, therefore, hard to concur with Anthony Pym's view that while „the use of websites, memories and the rest imposes a massive mediation between the translator and the figure of the target reader (...) our basic tasks involve communication between humans, and only then the manipulation of electronic mediation" (A. Pym 2003: 494). On the contrary, we believe that the mediation of technology assumes a position of paramount importance in the process and action of translation, as the case of web translation geared to the specific demands of SEO will show.

4   Web translation

Mossop (B. Mossop 2006) repeatedly emphasises that it is business that drives the technological changes shaping today's translation profession. Figures are difficult to come by, but web translation and localization are estimated to have achieved almost twice the share of sofware localization in 2007 (R. Schäler 2005), making it the leading sector of the global translation and localization industry. The large and growing demand that this generates is one obvious reason for the rising profile of web translation among translation theorists, trainers and practitioners (K. Dunne 2006, M. Jimenez 2008, A. Pym/A. Perestrenk/B. Starlink 2006). Rather surprisingly, however, such a general interest has not yet seen any specific consideration of translation as a means of optimizing websites for search engines. Despite the key position occupied by SEO in internet marketing, we are aware of no literature addressing its implications for translation, nor of any other studies dealing with SEO and translation. The rest of this paper thus signifies a brief initial attempt to remedy the situation.

5   Web translation and SEO

As already mentioned, SEO is a branch of SEM, which includes, among other things, paid placement and pay-per-click campaigns such as Google AdWords. SEO aims to increase the number of visitors to a website by having search engines rank the site as high as possible in their natural lists. Although the exact algorithms with which search engines calculate their result pages are secret, there are some rules, based on experience, that have a positive effect on the results. In order to extract those aspects of these rules that are relevant in a translational context, we will divide them into technical and linguistic aspects.

Examples of technical aspects are a flat architecture of a website, a machine readable format – pure flash animations can still not be read by the crawlers, for instance – technical usability, i.e. the absence of dead links, the use of correct code and so forth. Since these do not necessarily concern the translator directly, we will not pursue them any further.

However, the *linguistic* aspects are part of the web translator's tasks. The keyword list of the source language cannot simply be translated word by word into the target language (TL). One keyword of the source language might have two or three important equivalents in the TL, or vice versa. This means that the translator needs to create a new independent keyword list for the website before actually starting to translate. Only when this keyword list is completed can he or she start with the actual translation itself, assigning one keyword or a combination of two or three to each sub-page. When the TT is being produced, the aspects of keyword position and keyword density have to be given prime consideration. Important keyword positions within a text are the title and the very beginning of the text. The ideal keyword density lies between 2% and 10% (J. Ledford 2008), which may be substantially higher than in a non-optimised text. Furthermore, medium-related differences in the reception of internet and printed texts must also be taken into account. Textual content for the internet needs to be presented in a way that allows scanning rather than integral reading, since reading behaviour on the screen differs greatly from that on paper (S. Alkan 2004). This means adopting a suitable macro-structure, i.e. lists, smaller paragraphs and shorter texts. In addition to the text which will be read by the human end-users, the translator is required to produce corresponding meta-content, that is to say meta-keywords, meta-description, image descriptions and so on (J. Ledford 2008). We should mention in passing that image description represents an interesting example of Jakobson's intersemiotic translation.

Some of these linguistic aspects of SEO are illustrated in the example below, a sub-page taken from an authentic web translation assignment from German into English. The final German source text is presented first, followed by the optimized English translation. For reasons of confidentiality, the name of the client has been removed from the texts.

Europa

Bereits in den 1960er Jahren, während seiner Gymnasiumszeit, verreiste [DER AUFTRAGGEBER] gerne in die Nachbarländer, nach Spanien und in die Türkei. An internationalen Kongressen zur Industriegeschichte in Europa knüpfte er später wichtige Kontakte zu industriearchäologisch spezialisierten Fachleuten, die zu Einladungen nach Deutschland, Frankreich, Italien, Österreich, England, Polen, Iberien, Skandinavien, in die Benelux-Länder, den Balkan und nach Russland führten. Mit der „Schweizerischen Gesellschaft für Technikgeschichte und Industriekultur" organisierte [DER AUFTRAGGEBER] die internationalen Kongresse „Le patrimoine industriel – un bilan", „Frau und Technik" und „Industrie – Kultur?" Die Zusammenarbeit mit der deutschen Zeitschrift für Industriekultur bietet seit 2002 eine neue Plattform für den internationalen Informationsaustausch zum Thema Industriearchäologie.

Industrial Archaeology in Europe

The expert for industrial archaeology, [THE CLIENT], repeatedly travelled through numerous European countries, such as Germany, France, Spain, Portugal, Italy, the Netherlands, Belgium, Sweden, Finland and Russia, and inspected their important industrial sites.

At international congresses, he established valuable contacts to other industrial archaeology experts.
SGTI, the Swiss Society for History of Technology and Industrial Heritage, and [THE CLIENT] organised various international congresses.

The cooperation with the German magazine for industrial archaeology has served as a new platform for an international exchange of information.

The most striking difference between the two texts lies in the macro-structure. One large paragraph in the German ST has been divided into four small ones in the English TT in order to guarantee easy scanning of the text.

On the micro-textual level, *Industrial archaeology* was chosen as the main keyword combination for the English sub-page. It occurs four times in the TT, which means a keyword density of 4.5%. The translator has also added this main keyword to the title and to the first sentence of the text in compliance with the principle of keyword position.

The larger geographical areas of Iberia, Scandinavia and Benelux have been replaced by the actual names of the individual countries, even though it can be assumed that someone interested in industrial archaeology is aware of these regional designations. The reason is that country names, such as Spain, Portugal, Sweden and Belgium, have to be considered secondary keywords. An internet user is far more likely to use Spain or Portugal rather than Iberia to find information on industrial archaeology in those countries. In order to limit the list of countries to a reasonable length and so as to increase the keyword density of the main keyword (that is, by lowering the number of other words), Andorra, Luxembourg and Norway have been left out. These countries were chosen because they represent only minor markets for the client.

The translator decided to omit other content as well. The German and French conference titles are not helpful for the English reader and would artificially decrease the keyword density of the main keyword. These omissions also enabled the translator to reduce the text to a size that is suitable for the medium.

As the examples above indicate, SEO imposes a number of macro-structural and micro-structural demands on the web translator's *product*. It also changes the role of the translator in the *process* of translation. Optimization of TTs involves a repeated and recursive process of adaptation, preliminary publication, ranking checks to test the effectiveness of the optimized product, further adaptation, additional ranking checks and so on. What is more, depending on their range of competences, translators may even be required to optimize the ST as part of the same iterative process. This was indeed the case in the above-mentioned assignment, which neatly reveals how translation, especially in multimodal and multimedia environments, can embrace intralingual and intersemiotic (image description) elements alongside ‚proper' interlingual transfer.

6   Implications for translation

Applying Garcia's metaphor of TM as a „demanding new consumer" (I. Garcia 2008: 50), we can liken the exigencies of SEO to the requirements of a TT receiver. The comparison is warranted because the TT will only actually *reach* its intended readership through the selective mediation of a search engine. The search engine therefore emerges as a new non-human actor that simply cannot be ignored.

This has important ramifications for the aforementioned model of translational action developed by Holz-Mänttäri. We submit that the model must be extended to accommodate this new agent, an immutable intermediary between the web translator and the TT receiver that we have designated the *analyzer*. Our proposed adaptation is presented in Figure 2.

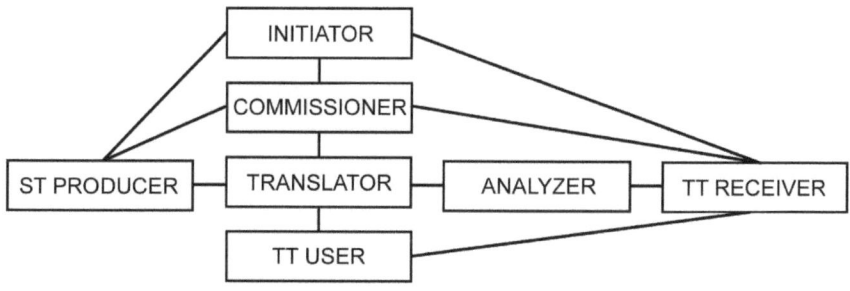

Figure 2:   Adapted model of translational action

The juncture of translation and SEO has other implications for the practice and theory of translation. It is clear to us that SEO will become an increasingly important factor in the fast-developing sector of web translation, and thus one more skill set for the modern translator to master. With this in mind, our own Bachelor Programme in Translation at the Zurich University of Applied Sciences will soon be offering SEO courses as part of its web translation modules. Such offerings, it is hoped, will have the added effect of educating the client by sensitizing more marketers to the obvious benefits of employing web translators equipped with SEO skills.

In addition to these more practical considerations, SEO has certain repercussions for theoretical aspects of translation quality assessment and metrics, particularly in the context of „suitability-for-purpose" (EN 15038:2006 2006: 11) translation. Do we judge the quality of a translation by its success alone? After all, optimizers are sometimes known to flout rules of spelling and even grammar in order to maximize the probability of a website ranking high in the lists of search engine users who mis-spell words and apply faulty syntax. Moreover, the constraints imposed by keyword positioning and density may lead to the creation of a target text which fulfils the client's brief, but which fails to meet the quality standards conventionally associated with textuality. The issue of quality, in turn, raises ethical concerns: How far can or should translators go in manipulating language and texts and in violating linguistic norms? As yet, there are no answers to these questions.

7   Conclusion

Despite the status it enjoys within the internet marketing sector, SEO has effectively been neglected by Translation Studies up to now. This is all the more remarkable given the increasing importance of web localization and the rising profile of web translation in general among theorists, trainers and practitioners. It is to be hoped that, in common with other technologies impacting on translation practices, processes and products, this largely under-developed and hitherto unresearched field will soon receive the systematic attention it deserves.

References

Alkan, Saim Rolf (2004): Texten für das Internet. Praxisbuch für Online-Redakteure und Webtexter. Bonn: Galileo Press
Chestermann, Andrew et al. (Hrsg.) (2000): Translation in Context: Selected Contributions from the EST Congress, Granada, 1998. Amsterdam/Philadelphia: Benjamins
Dunne, Kieran J. (Hrsg.) (2006): Perspectives on Localization. Amsterdam/Philadelphia: Benjamins
EN 15038:2006 (2006): Translation services – Service requirements. Brussels: European Committee for Standardization
Esselink, Bert (2003): Localisation and translation. In Somers, Harold (2003): 67-86
Garant, Mikel/Walker Larry (Hrsg.) (2008): Current Trends in Translation Teaching and Learning Volume II, Helsinki: University of Helsinki Press
Garcia, Ignacio: Translating and Revising for Localisation. What do We Know? What do We Need to Know? In: Perspectives: Studies in Translatology, 16: 1. 2008. 49-60
Holz-Mänttäri, Justa (1984): Translatorisches Handeln. Theorie und Methode. Helsinki: Suomalainen Tiedeakatemia
Jakobson, Roman (1959/2004): On Linguistic Aspects of Translation. In: Venuti, Lawrence (2004): 139-143.

Jimenez, Miguel A. (2008): Web Texts in Translator Training. In: Garant et al. (2008): 39-67

Jud, Peter (2007): Suchmaschinenoptimierung – eine neue Herausforderung für den Übersetzer. Unveröffentlichte Diplomarbeit. Winterthur: Zürcher Hochschule für Angewandte Wissenschaften/Institut für Übersetzen und Dolmetschen.

LISA (2007): The Globalization Industry Primer. PDF. http://www.lisa.org/Industry-Data.512.0.html. Zuletzt besucht: 22.12.2009.

Ledford, Jerri L. (2008): SEO: Search Engine Optimization Bible. Indianapolis: Wiley Publishing

Mossop, Brian: Has Computerization Changed Translation? In: Meta: Journal des traducteurs 51: 4. 2006. 787-805

Nord, Christiane (1997): Translating as a Purposeful Activity: Functionalist Approaches Explained. Manchester: St. Jerome

O'Brien, Sharon: Pauses as Indicators of Cognitive Effort in Post-editing MachineTranslation Output. In: Across Languages and Cultures. 7: 1. 2006. 1-21

O'Brien, Sharon: Eye-Tracking and Translation Memory Matches. In: Perspectives: Studies in Translatology. 14: 3. 2007. 185-205

Pym, Anthony: Redefining Translation Competence in an Electronic Age. In Defence of a Minimalist Approach. In: Meta: Journal des traducteurs. 48: 4. 2003. 481-497

Pym, Anthony/Perekrestenko, Alexander/Starink, Bram (Hrsg.) (2006): Translation Technology and its Teaching. Tarragona: Universitat Rovira i Virgili (Intercultural Studies Group)

Risku, Hanna/Freihoff, Roland (2000): Kooperative Textgestaltung im translatorischen Handlungsrahmen. In: Chestermann, Andrew et al. (2000): 49-59

Schäler, Reinhard (2005): The Irish Model in Localization. LISA Forum Cairo 2005: Perspectives from the Middle East and Africa. PDF. http://www.lisa.org/Cairo-2005.660.0.html?&no_cache=1&sword_list[]=schäler, Zuletzt besucht: 22.12.2009.

Snell-Hornby, Mary (2006): The Turns of Translation Studies. New paradigms or shifting viewpoints? Amsterdam/Philadelphia: Benjamins

Somers, Harold (Hrsg.) (2003): Computers and Translation: A translator's guide, Amsterdam/Philadelphia: Benjamins

Vermeer, Hans J. (1989/2004): Skopos and Commission in Translational Action. A. Chesterman, Trans. In: Venuti, Lawrence (2004): 227-238

Venuti, Lawrence (Hrsg.) (2004): The Translation Studies Reader. 2. Auflage. New York/London: Routledge

„Und dann greif ich doch schnell zum Telefon ..."
Möglichkeiten und Grenzen computervermittelter Kommunikation in virtuellen Teams

Sylvia Manchen Spörri

1 Einleitung

Die "Virtualisierung" von Unternehmen schreitet u.a. in der IT-Branche in grossen Schritten voran. Damit sind zum einen die verstärkte Nutzung von computervermittelten Informations- und Kommunikationstechnologien wie dem Internet gemeint, zum anderen die Ausbreitung neuer inner- und zwischenbetrieblicher Organisationsformen wie virtuelle Teams und Unternehmen. Deshalb interessierte uns mit welchen Schwierigkeiten Führungskräfte virtueller Teams bedingt durch die computervermittelte Kommunikation konfrontiert sind und welche Kommunikationsstrategien sie für diese veränderte Führungsaufgabe entwickeln. In dem Projekt Telemanagement wurden 29 Führungskräfte mittels Interviews und ihre verteilten Teams mittels elektronischem Fragebogen zu diesen Themen befragt. In dem Beitrag werden Schwierigkeiten und Praktiken im Umgang mit neuen Informations- und Kommunikationstechnologien in virtuellen Teams aufgezeigt und Konsequenzen für die Führungspraxis diskutiert.

2 Theoretischer Hintergrund

2.1 Virtuelle Teams – Veränderung von Organisationsformen aufgrund neuer Informations- und Kommunikationstechnologien

Ermöglicht durch neue Informations- und Kommunikationstechnologien und forciert durch den Markt werden immer mehr dezentrale, verteilte Organisationsstrukturen geschaffen, die sich durch Kooperationen und Netzwerke den Zugang zu benötigten Kernkompetenzen und die Möglichkeit zu Kapazitätserweiterungen verschaffen. So entstehen virtuelle Teams, deren Mitglieder über Raum-, Zeit- und Organisationsgrenzen hinweg zusammenarbeiten und einen grossen Teil ihrer Kommunikation computervermittelt abwickeln müssen (Lipnack & Stamps, 2000). Die IT-Branche, deren Produkte im Bereich der Softwareentwicklung in digitaler Form vorliegen und die für ihre Kunden die Technologie für verteilte Zusammenarbeit entwickelt, kann als Vorreiterin für die Virtualisierung von Arbeitsformen gesehen werden (Sieber, 1998).

Wie traditionelle Arbeitsgruppen werden virtuelle Teams von zwei oder mehr Personen gebildet, um gemeinsame Ziele (wie die Erledigung eines Arbeitsauftrages) arbeitsteilig zu erreichen. Darüber hinaus unterscheiden sie sich jedoch durch die räumliche Verteilung und den grossen Anteil an (computer-) vermittelter Kommunikation (Cascio, 1999; Konradt & Hertel, 2002).

Des weiteren lässt sich eine Vielzahl von Dimensionen festhalten, die die äusserst heterogenen Teams beschreiben: Konradt und Hertel (2002), sowie Hertel, Konradt und Orlikowsky (2004) verwenden beispielsweise zur genaueren Differenzierung die Dimensionen Grad der Autonomie und Hierarchie, Zeitperspektive, organisationale Abgegrenztheit sowie Komplexität hinsichtlich vertretener Berufsfelder, Sprachräume und Kulturen. Ein weiteres Unterscheidungskriterium ist die Aufgabeninterdependenz. Einige Autoren machen nicht nur Verteilung und Kommunikation zum Bestimmungsstück, sondern vor allen Dingen die Veränderung der Organisationsstrukturen (DeSanctis et al., 1999; Scholz, 2002). Scholz (2002) unterscheidet in Bezug auf virtuelle Organisationsformen das Ausmass der Kernkompetenzdifferenzierung, die strukturelle Integration und den Umfang der Multimediatisierung. Ebenso wie Wüthrich und Philipp (1998) nimmt er ein Kontinuum der Virtualität an. Auch Griffith und Neale (1999) unterscheiden Virtualisierungsgrade auf der Basis von Zeitanteil verteilter Arbeit und Grad an Verwendung von Kommunikationstechnologien und kommen zu dem Schluss, dass "hybride Formen", d.h. nicht mehr face-to-face Teams aber noch nicht total virtuelle Teams am häufigsten anzutreffen sind.

Im hier berichteten Projekt wurde von einer Minimaldefinition virtueller Teams ausgegangen, die nur die Verteiltheit des Teams über mehrere Arbeitsorte und die häufige Nutzung computervermittelter Kommunikation einschliesst.

2.2 Führung in virtuellen Teams

Anliegen des vorliegenden Projekts war es, offen und explorativ Führungskonzepte zur Leitung virtueller Teams der betroffenen Manager selbst zu erfassen und zu bestehenden wissenschaftlichen Führungsmodellen in Beziehung zu setzen, wobei ein systemisches Verständnis von Führung (z.B. Senge, 1990; Probst, 1987; Burla et al., 1994) zugrunde gelegt wurde.

Die systemische Theorie der Führung (z.B. Senge, 1990; Probst, 1987) betont die Selbstorganisationsfähigkeit sozialer Systeme und die dadurch begrenzten Möglichkeiten einer direkten Steuerung und Kontrolle durch die Führungskräfte. In diesem Verständnis werden, die Annahmen der Beherrschbarkeit aufgebend, eher Meta-Regeln formuliert denn konkrete Verhaltensanweisungen für Manager gegeben. Bei Probst (1987) finden sich z.b. folgende Regeln: Lerne mit Mehrdeutigkeiten, Unbestimmtheit und Unsicherheit umzugehen; Erhalte und schaffe Möglichkeiten; Erhöhe Autonomie und Integration; Synchronisiere Entscheidungen und Handlungen mit der "Systemzeit". Statt Patentrezepte für spezifische Probleme zu geben, wird aus systemischer Sicht ein entwicklungsorientierter Ansatz vertreten, der eine Perspektive aufzeigt, wie soziale Systeme aktiv und selbstbestimmend Veränderungsprozesse in der Umwelt aufgreifen und in eigene systemische Entwicklungsprozesse umsetzen können (Klimecki, 1994; Mussmann & Zbinden, 2005). Führung bedeutet aus dieser Sicht nicht mehr die Sicherstellung eines gewünschten Verhaltens durch den Einsatz entsprechender Instrumente, sondern das Schaffen eines Rahmens, in dem die Akteure eigenverantwortlich und selbstorganisierend handeln können. Die Fähigkeit zum Management ist über das ganze System verteilt und kann potenziell von jedem Systemmitglied wahrgenommen werden (Probst & Naujoks, 1995).

Führung wird im systemischen und konstruktivistischen Verständnis als ein sozialer Prozess verstanden, bei dem Führungskräfte und Mitarbeitende gemeinsam eine soziale Führungswirklichkeit konstruieren (Burla et al. 1994). Dabei werden zum einen die individuellen Vorstellungen bzw. subjektiven Theorien der Einzelnen eingebracht. Zum andern werden kollektive, lokale Theorien über Führung und Zusammenarbeit entwickelt. In einem wechselseitigen Prozess finden Adaptionen der Konzepte statt (Manchen Spörri, 2000, Day & Harrison, 2007). Diesen sozialen Prozess des Entwickelns von gemeinsame Vorstellungen und kollektiven Theorien über Führung und Zusammenarbeit zu modellieren, stellt eine besondere Herausforderung für die verteilten Teams dar.

Das systemische Führungsverständnis kann in einem "ermächtigenden Führungsverhalten" ("Empowering Leadership") umgesetzt werden: "Empowering bedeutet die Fertigkeit, den Ausdruck des individuellen Potentials zu fördern und Autonomie zu erlauben, um ein effektiveres Verhalten zu erreichen. Empowering wird durch Verbesserung der Bedingungen erzielt, die es Menschen erlauben, sich einzubringen, wobei sowohl der Wert ihrer Arbeit, als auch der Wert ihrer professionellen Entwicklung sowie auch ihre Selbstachtung anerkannt wird. Empowering ist für das Erzielen von Ergebnissen und die Entwicklung des Menschen notwendig" (Dilts, 2001, S. 7). Entsprechend werden Führungsfunktionen der direkten Einflussnahme und Kontrolle reduziert, während Teamunterstützung, Entwicklung von Vertrauen und Offenheit, Bereitstellung von Information und Ressourcen und Vermitteln und Vorleben von Visionen an Bedeutung gewinnen (z.B. Lawler, 1986; Linden & Tewksbury, 1995).

Grundsätzlich kann davon ausgegangen werden, dass systemische Führung und Empowering Leadership, die die Selbstorganisationsfähigkeit von Individuen und Gruppen ins Zentrum stellen und Führung vor allen als eine Stärkung und Nutzung dieser Fähigkeit verstehen, umso bedeutsamer sind, je dezentraler eine Organisation funktioniert.

In diesem Sinne arbeiten virtuelle Teams oftmals weitgehend autonom, können weniger kontrolliert werden und durch die Führungskraft auf der gruppendynamischen Ebene weniger beeinflusst werden (Springall, Manchen Spörri & Grote, 2006).

Auf empirischen Untersuchungen basiert, weiss man noch wenig über die Führung virtueller Teams. Es existieren zwei Perspektiven: einerseits wird angenommen, dass sich die Führung virtueller Teams nicht wirklich von der konventionellen Führung unterscheidet, lediglich die Vermittlung durch Medien sei anders. Auf der anderen Seite zeigen sich jedoch auch bemerkenswerte Unterschiede: Der Grad der Partizipation ist höher, da die Teammitglieder selber zu bestimmten Zeiten Führungsaufgaben übernehmen oder die Aufgaben sogar durch Technologien übernommen werden (vgl. Avolio & Kahai, 2002; Cascio & Shurygailo, 2002).

Autoren im deutschsprachigen Raum haben Auswirkungen auf die Motivation untersucht. Ein besonders wichtiger Faktor für die Führung virtueller Teams ist in diesem Zusammenhang die *zielorientierte Führung* wie sie im Management by Objectives – Ansatz praktiziert wird (Konradt & Hertel, 2002). Das Setzen von klaren Zielen, die partizipative Vereinbarung der Ziele und die transparente Überprüfung der Zielerreichung scheinen, wenn sie angemessen umgesetzt werden, positiven Einfluss auf die Teamarbeit zu haben, wie auch in empirischen Untersuchungen aufgezeigt werden konnte (Hertel et al. 2004; Springall, Grote & Manchen Spörri, 2006). Auch kann das Verfügen über ein breites Verhaltensrepertoire an Führungskonzepten und Praktiken förderlich für die Teamleistung sein (Grote, Manchen Spörri & Springall, 2004).

In einem Übersichtsartikel zu empirischen Ergebnissen fassen Hertel, Geister und Konradt (2005) zusammen, dass verschiedene Studien zeigen konnten, dass *Feedback zu Leistung und sozialen Prozessen* helfen kann, Vertrauen und Teamzusammenhalt zu fördern. Management durch "Empowerment" und die Delegation von Managementfunktionen können dazu beitragen, virtuelle Teams effektiver zu führen (Hertel, Geister & Konradt, 2005).

Eine besondere Herausforderung für die Führung scheint auch darin zu bestehen einzelne Mitarbeitende an das Team zu binden wie Scholz (2001) mit dem "Dorothy-Effekt" zeigt. Vor dem Hintergrund einer wettbewerbsorientierten Wirtschaft, die darwinistische Züge trägt, müssen Mitarbeitende virtueller Teams ihre Kernkompetenzen bestmöglichst vermarkten und ihre Arbeitsmarktfähigkeit erhalten ("darwiportunistische Tendenz"). *Loyalität* gegenüber dem virtuellen Team weicht marktopportunistischen Verhaltensmustern, wie Scholz (2001) in einer Fallstudie zum Auseinanderbrechen eines virtuellen Event-Management-Teams aufzeigt. Er zieht den Schluss, dass die persönliche Loyalität der Mitarbeitenden auch über Distanz durch bewusste Mediennutzung gesichert werden muss.

2.3 Mediennutzung – Kommunikation vermittelt durch neue Technologien

Wer verteilte Mitarbeitende führt, muss die Herausforderung meistern, dass ein grosser Teil der Kommunikation unterstützt durch verschiedenste Medien abgewickelt wird. Mehrere Faktoren (vgl. Döring, 2003) beeinflussen die Auswahl des angemessenen Mediums und das Kommunikationsverhalten in der Führungssituation. Diese werden im Folgenden zusammenfassend dargestellt.

2.3.1 Medienbezogene Faktoren

Zentrale Merkmale der computervermittelten Kommunikation betreffen die folgenden Unterscheidungen

- *Synchron vs. asynchron:* Die Kommunikationspartner können im ersten Fall zur selben Zeit miteinander interagieren. Dies impliziert meist den Vorteil, dass man Rückfragen stellen und Feedback geben kann. Die asynchrone Kommunikation hingegen ist zeitlich versetzt und die Teilnehmenden sind dann jeweils nur Sender oder Empfänger.
- *Einkanalig vs. mehrkanalig:* Medien zeichnen sich dadurch aus, dass sie über unterschiedlich viele "Kanäle" verfügen (sehen, hören, riechen .....) und dadurch auch unterschiedliche Mengen und Arten von Informationen transportieren können.

Die Merkmale der Medien bestimmen auch zu einem gewissen Grad, für welche Aufgaben sie genutzt werden können. Hinsichtlich formaler Beziehungen, wie sie in der aufgabenbezogenen Führung und Zusammenarbeit vorliegen, bestehen schon zahlreiche Erkenntnisse und Entscheidungshilfen, wie *Medien aufgabenangemessen genutzt* werden können (Pribilla et al. 1996). Theorien der Rationalen Medienwahl gehen davon aus, dass Medien im Vergleich zur face-to-face-Kommunikation unterschiedlich reichhaltig sind. Je nach Medium können unterschiedlich viele Informationen vermittelt oder soziale Präsenz hergestellt werden. Daraus ergibt sich eine *Medienhierarchie* (Daft & Lengel,1986). *"Social presence* is the degree to which a medium is perceived as conveying the actual physical presence of the communicating participants" (Short et al., 1976, zitiert nach Rice, 1992, S. 476). Die soziale Präsenz hängt nicht nur von Worten, sondern auch von nonverbalen Schlüsseln wie der Mimik, der Gestik und verschiedenen paraverbalen Ausdrucksmöglichkeiten ab. Mit *"media richness"* ist gemeint, dass "communications channels differ in the extent to which they are able to bridge different frames of reference, make issues less ambiguous, or provide opportunities for learning in a given time interval" (Daft & Lengel, 1986, S. 560). Je reichhaltiger ein Medium ist, desto lebendiger ist es, transportiert mehr Kontextinformationen und erlaubt schnelleres Feedback.

Das Modell der rationalen Medienwahl besagt nun, dass je komplexer und unstrukturierter eine Aufgabe ist, das Medium entsprechend reicher sein muss, um damit effektiv kommunizieren zu können (Rice, 1992). Umgekehrt transportiert ein reiches Medium zu viele Informationen, um eine strukturierte Aufgabe effizient lösen zu können. Entwicklungsaufgaben erfordern beispielsweise ein reicheres Medium, das das Vermitteln von Stimmungen, Interaktion, Feedback und Mehrseitigkeit zulässt, während eine Koordinationsaufgabe weniger komplex ist und mit einem ärmeren Medium bewältigt werden kann. Neben der Reichhaltigkeit der Medien gibt es weitere aufgabenbezogene Grundanforderungen an die Kommunikationskanäle, die erfüllt sein müssen wie z.b. Genauigkeit, Schnelligkeit, Bequemlichkeit und Vertraulichkeit (Pribilla et al. 1996).

2.3.2   Personenbezogene Faktoren

Zusätzlich zu den medienbezogenen Faktoren spielt auch die Person eine wichtige Rolle. Ihre Medienwahl wird unter anderen durch ihre Medienpräferenz bestimmt, d.h. welches Medium sie persönlich bevorzugt, darüber hinaus durch ihre Medienkompetenz, d.h. z.B. wie versiert sie im Umgang mit Technologien ist oder wie gut sie sich schriftlich in einem E-Mail ausdrücken kann und soziale Normen verinnerlicht hat.

D'Ambra, Rice und O'Connor (1998) haben die Untersuchungen zur Media Richness Theorie vor allem hinsichtlich der grundlegenden Konstrukte weitergeführt und personale Faktoren integriert. In einer Langzeitstudie mit 48 Untersuchungsteilnehmern konnten sie die Bedeutsamkeit der Variablen Aufgabenstrukturiertheit (hoch/niedrig) und Media Richness (text-basiert /vermittelte mündlich Kommunikation) bestätigen, aber auch die grosse Bedeutung der *Medienpräferenz* der Nutzer aufzeigen.

Die häufig referierten Probleme bei der Nutzung von E-Mail verweisen auf die Schwierigkeit, sich eine neue Kulturtechnik anzueignen, was wie beim Telefonieren über längere Zeiträume bewusst erfolgen muss. Dieser Aneignungsprozess geschieht sowohl individuell als auch im Team und kann über mehrere Jahre andauern (Kubicek & Hagen, 1999; Krcmar & Schwabe, 1996).

2.3.3 Interpersonale Faktoren

Bei der Medienwahl wird auch das Gegenüber (als interpersonaler Faktor) berücksichtigt. Welche technische Ausstattung hat der Kommunikationspartner und wann ist er erreichbar? Welche Kommunikationsgewohnheiten hat der Andere, werden z.B. E-Mails täglich oder seltener gelesen? Caldwell, Uang und Taha (1995) gingen diesen Fragen nach, indem sie die Auswirkungen von Situationserfordernissen auf die Medienwahl untersuchten. In Felduntersuchungen konnten sie aufzeigen, dass auch Kombinationen der drei für die Kommunikation bedeutsamsten Faktoren Dringlichkeit ("urgency"), Inhalt ("content") und Entfernung ("distance") die Medienwahl der Nutzer beeinflussten.

Die Zusammenarbeit mit Mitarbeitern und im Team basiert nicht nur auf Arbeits-, sondern auch auf *persönlichen Beziehungen*. In der direkten Begegnung entwickeln sich diese sehr unbewusst und psychisch automatisiert. In der Situation der vermittelten Kommunikation scheinen diese Prozesse jedoch länger zu dauern und eine bewusste Beziehungsgestaltung zu erfordern. Aus Felduntersuchungen ist bekannt, dass hinsichtlich Themenbreite und –tiefe kaum Unterschiede zwischen elektronischer und face-to-face Kommunikation bestehen. Es finden sich jedoch grössere Unterschiede bezüglich der wechselseitigen Abhängigkeit, Vertrautheit, Verbindlichkeit der Beziehung und Bekanntheit des Netzwerkes des anderen (Parks & Floyd, 1996).

2.3.4 Sozio-technische Systemperspektive

Neben der Berücksichtigung der drei genannten eher sozialpsychologischen Faktoren ist auch die Einbettung der Kommunikationstechnologien in die Gesamtorganisation bedeutsam. So spielt neben den persönlichen Gewohnheiten auch die Kommunikationskultur der Unternehmen, in denen die KommunikationspartnerInnen tätig sind, eine wichtige Rolle. Kommunikationswege, bevorzugte Medien und Sicherheitsstandards werden dort festgelegt und prägen ebenfalls die Mediennutzung. Im Idealfall sollten das *informationstechnische und soziale System* (z.B. Aufgaben und Rollen im Team) optimal aufeinander abgestimmt sein. Wichtig ist, dass die Informationstechnologie Ablauf- und Aufbauorganisation unterstützt und dass die Zusammenarbeit nicht durch technologische "Sachzwänge" diktiert wird (z.B. Eason, 1996; Grote, 1994). Hier z.B. ist zu beantworten, wer für die Erfüllung welcher Aufgaben welche Informationen benötigt und mit wem kommunizieren muss. Entsprechend muss der Zugang z.B. zu Datenbanken und bestimmten Kommunikationstechnologien eingerichtet werden. Auch die Frage der Grenzregulation fällt in diesen Bereich. Wer ist im Projekt für die Kontakte nach Aussen zuständig? Welche Informationen dürfen weitergegeben werden, welche Technologie ist dazu notwendig?

2.3.5 Fazit

Die zuvor beschriebenen Faktoren beeinflussen die Medienwahl und das Kommunikationsverhalten. Aus der Kommunikation wiederum resultieren Effekte, die kurzfristiger Art (wie besserer Informationsfluss) und langfristiger Art sein können (wie Veränderung der Kommunikationskultur, Verbesserung der Medienkompetenz). Sie können Anpassungen in der Informations- und Kommunikationstechnologie erforderlich machen und wirken dadurch auf die organisationalen und medienbezogenen Faktoren zurück. Aber auch auf der Verhaltensebene gibt es Rückkoppelungen. Der persönliche Kommunikationsstil, die Kompetenz und die Kultur ändern sich fortlaufend. Entsprechend kann keine generelle Aussage gemacht werden, dass sich die Kommunikation in virtuellen Teams verbessern oder verschlechtern würde. Als besonders wichtig für eine angemessene Kommunikation in virtuellen Teams kann vermutet werden, dass die Führungskräfte und ihre Teams eine Medienstrategie entwickeln, in der die Faktoren Medien, Person und interpersonale Beziehungen sowie das Zusammenspiel von sozialem und technischem System berücksichtigt werden. Durch *Metakommunikation*, d.h. Kommunikation mit den NutzerInnen über ihre Kommunikation, können Kommunikationsprobleme erkannt und notwendigen Anpassungen vorgenommen werden. Die Formulierung von Regeln für die Kommunikation und die Erstellung von Mediennutzungsplänen erwies sich als Erfolgsfaktor für virtuelle Teams und gehört unbedingt in deren Start- und Initiierungsphase (Konradt & Hertel, 2002; Lipnack & Stamps, 2000).

2.4 Fragestellungen

Aus den oben beschriebenen Kapiteln 2.2 und 2.3 leiten sich die folgenden Fragestellungen ab:
a.   Mit welchen Herausforderungen sind Führungskräfte virtueller Teams bedingt durch die computervermittelte Kommunikation konfrontiert?

b.   Welche Kommunikationsstrategien entwickeln sie für diese Führungsaufgabe?

3   Methodisches Vorgehen – Das Projekt Telemanagement

Beim Projekt Telemanagement handelt es sich um eine grösser angelegte Studie
zu Führung und Kommunikation in virtuellen Teams in der IT-Branche, aus der
hier Teilergebnisse zusammengefasst werden (Manchen Spörri, Springall & Grote 2003).

3.1   UntersuchungsteilnehmerInnen

Am Projekt Telemanagement nahmen zum ersten Messzeitpunkt 29 Führungskräfte und ihre Teams aus 15 Firmen teil. Die Firmen stammen aus der Informatikbranche und sind in den Bereichen Softwareentwicklung (51,6 %), Netzwer-
kinstallation und -pflege (32,3 %) sowie Beratung und Ausbildung (16,1 %) tätig. Insgesamt nahmen 35 Teams an der weiteren schriftlichen Befragung teil.
Darüber hinaus wurden im Rahmen von Lizentiatsarbeiten auch noch weitere
Teams für die Teilnahme gewonnen (7), sowie von einzelnen Firmen weitere
Teams nominiert (4), deren Daten in die Teamanalyse aufgenommen wurden, für
die aber die Führungskräftebefragung nicht vorliegt.
    Zwei der 29 *interviewten Führungskräfte* waren Frauen. 38 % der Befragten
sind zwischen 30 und 40 Jahren alt, ebenso viele zwischen 40 und 50 während
rund 20 % der Führungskräfte 50 Jahre und älter sind. Rund die Hälfte der Befragten verfügt über einen Universitätsabschluss, die anderen haben eine Techni-
ker- oder Fachhochschule absolviert. Zwei Drittel der Führungskräfte kommen
aus dem technischen Bereich (z.B. Informatik, Elektrotechnik, Physik), während
eine kleinere Gruppe Wirtschaftswissenschaften studiert hat. D.h. bei den Führungskräften handelt es sich um hoch ausgebildete Personen, die schwerpunkt-
mässig aus dem technischen Bereich stammen.
    Die Gesamtstichprobengrösse beträgt *teamseitig* 134 Personen. Der Rück-
lauf war mit 71,7 % zufriedenstellend. In der Teamstichprobe sind Personen aller
Altersstufen vertreten, wobei die 25-35 -jährigen den grössten Anteil mit 40 %
ausmachen.
    Frauen sind mit 10 % der Befragten unterrepräsentiert, was sich mit der
Verteilung in der Informatikbranche insgesamt erklären lässt. Es sind Mitarbeitende aus 13 Nationen vertreten. 36 % der Befragten arbeiten in Teams mit mehr
als drei beruflichen Fachgruppen, 16 % mit drei und 26 % mit VertreterInnen

zweier Fachgruppen, die Teams sind also recht interdisziplinär. Die Teams arbeiten zwischen 2 und 240 Monaten zusammen. Durchschnittlich beträgt das Teamalter 28,6 Monate. Mit Hilfe von Gruppenbildung und Überprüfung von Mittelwertsunterschieden konnte jedoch ausgeschlossen werden, dass die unterschiedliche Interdisziplinarität der Teams und das weit gestreute Teamalter die Stichprobe verzerren.

Als Minimalauswahlkriterium für die Studie galt die Definition, dass die Teammitglieder an verschiedenen Standorten tätig sind und einen grossen Teil der Kommunikation computervermittelt abwickeln müssen. Darüber hinaus arbeiten 21 % der Befragten über Ländergrenzen hinweg zusammen, 56 % zeitweise beim Kunden und 45,5 % teils von Zuhause aus. Die Teamgrösse beträgt im Durchschnitt 8,5 Mitglieder.

Die teilnehmenden Teams der Telemanagementstudie wurden hinsichtlich des Ausmasses der Verteiltheit zwei Gruppen zugeteilt. Die Einteilung in zwei Gruppen ist relativ grob, sie ermöglicht jedoch durch genügend grosse Fallzahlen Vergleiche zwischen den Gruppen (insgesamt 34 Teams, sowie ein Team, das nicht eindeutig zugeordnet werden konnte).

3.2 Virtualitätsgrad

Gruppe 1 (n=18 Teams): Die Teams haben verteilte Standorte, die Mitglieder gehören jedoch einer Firma an, die Integration stützt sich dadurch stärker auf technisch-organisatorische Strukturen ab. Die Mitglieder sind zudem phasenweise beim Kunden. Hierzu gehören grössere Firmen, die z.B. im Bereich Softwareentwicklung, Entwicklung von Webportalen und Applikationen für neue Kommunikationstechnologien tätig sind. Die Unternehmen haben mehrere Standorte in der Schweiz (z.B. im deutsch-, französisch- und italienischsprachigen Teil) und führen Projekt über die Standorte hinweg gemeinsam durch. Grund dafür kann zum einen sein, dass an den verschiedenen Standorten unterschiedliche Kernkompetenzen lokalisiert sind, die jedoch alle für einen Auftrag benötigt werden, zum anderen, dass vor allen Dingen in der französisch- und italienischsprachigen Schweiz zum Zeitpunkt der Studie noch Zugang zu Informatikfachkräften gefunden werden konnte. Der Kunde selber ist wiederum möglicherweise weiter entfernt lokalisiert, z.B. in Deutschland, was auch zeitweilige Anwesenheit dort erfordert.

Gruppe 2 (n=16 Teams): Darunter wurden sehr stark verteilte Teams gefasst, die nicht auf eine gemeinsame Unternehmung zurückgreifen können. Tätigkeitsfelder sind die Entwicklung von Steuerungen grosser Anlagen, die Entwicklung von Managementinformationssystemen, Groupware und Applikationen für neue Kommunikationstechnologien.Teams dieser Gruppe gehören eher kleineren Unternehmen an und sind heterogener zusammengesetzt. Neben der Arbeit beim Kunden selber, sind einige Teammitglieder teilweise von Zuhause aus tätig. Es gibt Mitarbeiter, die nur als Freelancer auftragsbezogen mitarbeiten und darüber hinaus werden auch andere Firmen als Kooperationspartner integriert. Wie bei Gruppe 1 verfolgt die Verteiltheit den Zweck, fehlende Kernkomptenzen zu komplementieren und Kapazitäten zu erweitern.

Bezugnehmend auf die Diskussion um die Definition virtueller Teams erfüllen die von uns befragten Teams die eingangs vorgestellte Minimaldefinition der örtlichen Verteilung und umfangreichen Anwendung von Kommunikationstechnologien. Ob unsere Teams im engen Sinn virtuell oder nur hybride, verteilte Teams sind, muss anhand der verwendeten Definition der Leser und die Leserin selber entscheiden. Wenn man organisatorische Unterscheidungskriterien hinzunimmt, entspricht sicherlich die zweite Gruppe einem ausgeprägteren Virtualitätsgrad.

3.3 Datenerhebung und –auswertung

Mit den Führungskräften wurde ein halbstandardisiertes ca. 90-minütiges Interview über Führungskonzepte und Kommunikationsstrategie, Mediennutzung, sowie die Teamstruktur, Organisation und informations- und kommunikationstechnische Ausstattung geführt. Die Interviews wurden wortwörtlich transkripiert und inhaltsanalytisch ausgewertet. Es wurden sowohl daten- als auch theoriegeleitet Kategorien gebildet, anhand derer Textabschnitte, die Sinneinheiten bildeten, den zusammenfassenden Kategorien zugeordnet wurden (vgl. Mayring, 2007).

Dem folgte eine schriftliche, elektronische Befragung der Teams zu den Themen Führung, Kommunikation, soziale Prozesse im Team und Leistung. Die Untersuchungsteilnehmer füllten den Fragebogen über das Internet, von einem beliebigen Computerarbeitsplatz her, elektronisch aus. Die Daten wurden auf einem Server des Instituts für Arbeitspsychologie der ETH Zürich registriert und somit unabhängig von Firmennetzwerken anonym erfasst. Insgesamt bestand der Fragebogen aus 97 Items zu den Themen Führungsverhalten, Teamklima, Kommunikation, Vertrauen und Commitment. Der Gesamtfragebogen für die Teambefragung erforderte eine ungefähre Bearbeitungsdauer von 20 Minuten. Damit liegt er an der oberen Grenze des für Online-Erhebungen empfohlenen Umfangs (Batinic, 2000).

Die Zufriedenheit mit der Kommunikation wurde mit Hilfe von Teilen des Fragebogens für Kommunikation in Organisationen (Sperka, 1997) erfasst. Die Items wurden für die Situation der virtuellen Teams umformuliert. Es sollte die Kommunikation mit der Führungskraft und innerhalb des Teams auf einer Rating-Skala eingeschätzt werden. Für die Befragung wurden drei Skalen[1], die für die Kommunikation in virtuellen Teams relevant erschienen, ausgewählt:

- *Kommunikationsqualität:* Güte des Informationsflusses, Brauchbarkeit der Informationen, Angemessenheit des Zeitpunktes, zu dem man die Information bekommt.
- *Feedback:* Geben von Rückmeldungen über die Arbeitsleistung.
- *Informationsüberlastung:* Erhalten von zu vielen oder unwichtigen Informationen.

4   Ergebnisse

4.1 Quantitative Ergebnisse

4.1.1   Schwierigkeiten bei der Führung virtueller Teams

Dass Kommunikation und soziale Prozesse bedeutsam für virtuelle Teams sind, lässt sich bereits an den Problemen erkennen, die Führungskräfte hinsichtlich der Führung ihrer Teams beschrieben. Am häufigsten nannten die Manager Probleme in der Kommunikation (59 % der Befragten) wie fehlende Informationen und mangelnder Austausch unter den Mitarbeitenden. Auffallend ist, dass hinsichtlich der Multimediatisierung nicht technische, sondern menschliche Probleme im Vordergrund standen. Ähnlich wie bei Reichwald (2000) fanden sich auch im vorliegenden Projekt mit Konflikten und zwischenmenschlichen Problemen (41 %) sowie den kulturellen und konzeptuellen Differenzen (21%) Problemgruppen, die auf einer sozialen Dimension liegen. Dazu zählten wir Aussagen wie Streit im Projektteam, Konkurrenz unter den Mitarbeitenden, Schwierigkeiten durch Interdisziplinarität und unterschiedliche kulturelle Hintergründe. Neben solchen Führungsproblemen erschwerten organisationale Faktoren (wie aktuelle Umstrukturierungen in der Firma) (41%) und Umweltfaktoren (häufig wechselnde Vorgaben durch Kunden, Veränderungen des Marktes) (41%) als Randbedingung die Erfüllung der Führungsaufgaben.

---

[1]   Die Reliabilität erwies sich als zufrieden stellend (mit Werten zwischen 0.7 – 0.85, vgl. Manchen Spörri et al., 2003). Weitere Datenerhebungen, -auswertungen und Interventionen im Rahmen des Projektes Telemanagement können in Manchen Spörri et al. (2003) nachgelesen werden.

4.1.2   In welchem Umfang wird kommuniziert?

Die Teams wurden gebeten einzuschätzen, wieviel Prozent ihrer täglichen Arbeitszeit sie mit Kommunikation verbringen, d.h. dem Aufnehmen und Weitergeben von Informationen, die für die Arbeit wichtig sind. Dabei wurde zwischen der Kommunikation mit der Führungskraft und innerhalb des Teams unterschieden. Die Prozentangaben wurden hier übersichtshalber in Quartile gebündelt. Etwa die Hälfte der Teams (vgl. Abb. 1) verbrachte bis zu 25 % der Arbeitszeit mit Kommunikation im Team und die andere Hälfte bis zu 50 % ihrer Zeit. Nur wenige Teams brachten mehr als 50 % ihrer Zeit mit Kommunikation zu. Der Anteil der Kommunikation an der Arbeitszeit mit der Führungskraft fiel kleiner aus (vgl. Abb. 1), rund Dreiviertel aller Teams verbrachte bis zu 25 % der Arbeitszeit mit Kommunikation mit der Führungskraft.

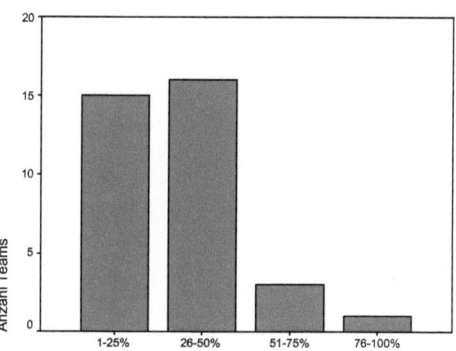

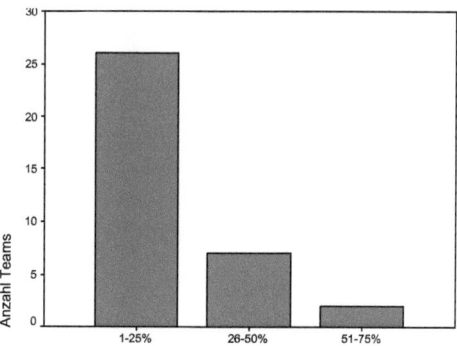

Abbildung 1:   Umfang der Kommunikation im Team und mit der Führungskraft

4.1.3   Für welche Aufgaben werden die Medien eingesetzt?

In der Studie sollte mehr über die Kommunikationsstrategie der Führungskräfte in Erfahrung gebracht werden. Deshalb interessierte, welche Medien die Führungskräfte nutzen, für welche (Führungs-)aufgaben sie diese einsetzen und ob sich eine aufgabenangemessene Mediennutzung im Sinne einer rationalen Medienwahl finden lässt. Zunächst wurden deshalb alle von den Führungskräften beschriebenen Aufgaben kategorisiert und die von mehreren Personen genannten in die weitere Analyse einbezogen (Informieren, Koordinieren, Feedback geben, Entscheidungen treffen, Neues Lernen und Entwickeln). Hinzu kam noch die Unterscheidung verschiedener Projektphasen, die als mediensensitiv wahrgenommen wurden. Danach wurde jede Textstelle ausgezählt, bei der ein Medium zusammen mit einer bestimmten Projektphase oder Tätigkeit genannt wurde (vgl. Abb. 2). Zu Projektbeginn wurde hauptsächlich die unvermittelte Kommunikation (63,6%) genutzt. Darin spiegeln sich sicherlich Kick-off Meetings und vertrauensbildende Massnahmen beim Projektstart wieder. Dieser Schwerpunkt verschob sich im laufenden Projekt zu Gunsten der asynchronen Kommunikation, die dann fast 50 % der Nennungen ausmachte, ergänzt durch die synchrone Kommunikation in Dyaden und unvermittelte Kommunikation. In Bezug auf Tätigkeiten wie Koordinieren und Informieren stellte die asynchrone Kommunikation den Spitzenreiter dar mit über 60% der Nennungen, während das Geben von Feedback vor allem via Telefon und direkt erfolgte. Für das Lernen und Entwickeln von Neuem sowie für das Treffen von Entscheidungen wählten die Führungskräfte immer noch am liebsten die face-to-face Begegnung.

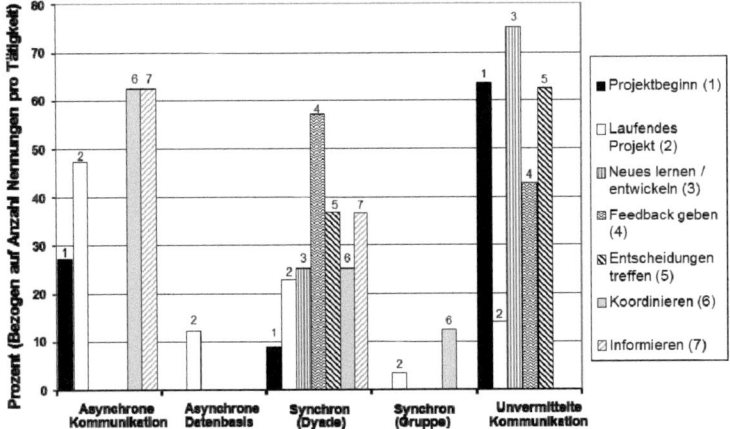

Abbildung 2:   Aufgabenangemessene Mediennutzung der Führungskräfte

4.1.4   Welche Probleme treten für die Ausübung der Führungsaufgabe bei der Nutzung verschiedener Medien auf?

Zur Beantwortung dieser Frage werden die Erfahrungen der Führungskräfte übersichtsartig zusammengefasst. Die meisten Kommunikationsprobleme wurden in Zusammenhang mit der Nutzung von E-Mail und asynchronen Datenbasen genannt. Hier wurde auch von vielen Befragten ein Mangel an Medienkompetenz bei den Mitarbeitenden geäussert. Insgesamt fiel bei der Analyse der Kommunikation auf, dass sehr wenige Führungskräfte eine explizite Mediennutzungsstrategie mit ihren Teams entwickelt hatten.

Führung und Kommunikation unterstützt durch "traditionelle" Kommunikationsmittel (unvermittelte Kommunikation und Telefon)

Positive Erfahrungen:
- Probleme werden eher offen gelegt.
- Unstimmigkeiten zwischen Entwicklungsmodulen werden frühzeitig erkannt.
- Synchronität erlaubt Erklärungen anzubringen und nachzufragen, dadurch
- höhere Effektivität.
- Abmachungen sind verbindlicher.

Negative Erfahrungen:
- Zeitaufwändigkeit der Reisen und Kontakte.
- Mehr zwischenmenschlicher Kontakt (z.B. Involvierung in Konflikte) als erwünscht.

Führung und Kommunikation unterstützt durch "neue" Medien

Positive Erfahrungen:
- E-Mail wird intensiv zur Koordination, Information und Dokumentation benutzt und scheint auch aus Perspektive der Mitarbeitenden die aufgabenbezogene Kommunikationsqualität nicht zu beeinträchtigen.
- Es ermöglicht die Verwaltung und Dokumentation gemeinsamer Daten in der Softwareentwicklung als Arbeitsgrundlage.
- Möglichkeit remote zu arbeiten und so örtlich flexibel zu werden.

Negative Erfahrungen:
- Unangemessene Nutzung von E-Mails (bei Konflikten, für vertrauliche Information, häufig zu grosse Verteiler, Einsatz für "Machtspiele").

- "Wahre" Information wird im offiziellen Meeting/Datenbank nicht genannt (z.B. dass Termine nicht eingehalten werden können).
- Gefühle, Stimmungen und Probleme werden nicht vermittelt.
- Entstehen von Missverständnissen, da keine direkte Nachfrage möglich ist.
- Verfremdungseffekt bei Video-Konferenz.
- Unklare Kommunikationswege, "Missachtung" von Hierarchien, Grenzregulationsprobleme (z.B. gegenüber Kunden).

4.1.5 Wie lässt sich die Kommunikationsqualität in virtuellen Teams beschreiben?

Über die Aufgabenangemessenheit und Probleme der Mediennutzung hinaus interessierte, wie die Einschätzung der Kommunikation in den virtuellen Teams aussah. Neben den hier dargestellten Skalen Kommunikationsqualität und Feedback wurde auch die Informationsüberlastung erfragt. Da diese je doch sehr geringfügig ausfiel, wurden diese Ergebnisse nicht weiterverfolgt.

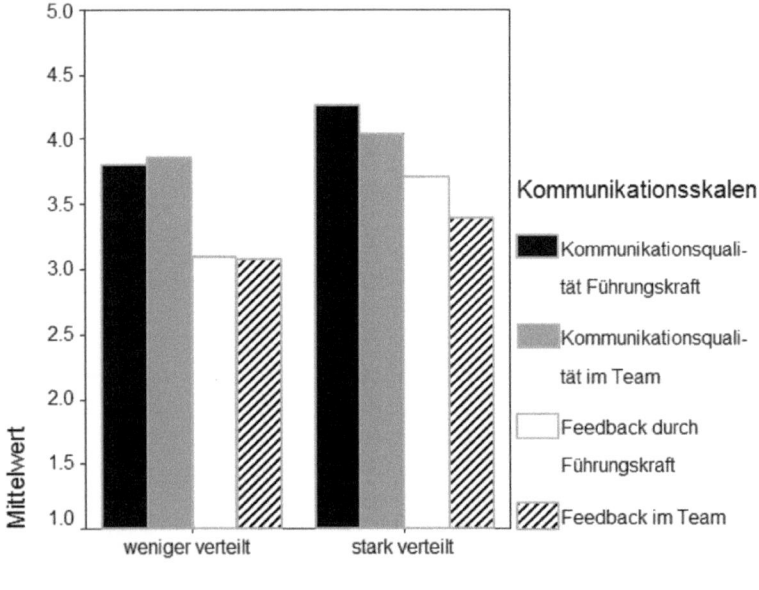

Abbildung 3: Einschätzung der Kommunikation durch die Teams

In der Abbildung 3 werden die Einschätzung der Kommunikationsqualität mit der Führungskraft und mit dem Team, sowie das Feedback durch die Führungskraft und das Team dargestellt. Die Einschätzung erfolgte durch die 134 befragten Teammitglieder. Während die Kommunikationsqualität relativ zufriedenstellend zu sein scheint, ist auffallend, dass das Feedback insgesamt recht niedrig eingeschätzt wird. Diese Tendenz ist für die Kommunikation mit der Führungskraft und dem Team ähnlich.

4.1.6 Wird die Einschätzung der Kommunikation durch den Virtualitätsgrad des Teams beeinflusst?

Eine Vermutung war, dass der verteilte Kontext zu einer Erschwerung der Kommunikation führen könnte. Überraschenderweise liegen die Werte zur Kommunikation für die verteiltere Gruppe jedoch etwas höher (positivere Einschätzung). Die Daten wurden auf Teamebene aggregiert und die Mittelwerte der beiden Virtualitätsgruppen durch Mittelwertsvergleich (T-Test) verglichen. Es zeigt sich, dass hinsichtlich des Feedbacks durch die Führungskraft signifikante Unterschiede ($p < 0.05$) bestehen. Bei der Interpretation der beschriebenen Unterschiede zwischen wenig und stark verteilten Teams ist allerdings auch zu berücksichtigen, dass die weniger verteilten Teams mit Ausnahme von drei Teams aus grösseren Firmen stammen und die stark verteilten mit einer Ausnahme aus kleinen Firmen. Es könnte also auch angenommen werden, dass die Kommunikation in kleinen Firmen, die weniger Mitarbeitende und Hierarchiestufen haben, leichter fällt als in grossen Firmen.

4.1.7 Wird die Einschätzung der Kommunikation durch das Ausmass computervermittelter und unvermittelter Kommunikation beeinflusst?

Weiter interessierte uns, ob sich der starke Einsatz von computervermittelter Kommunikation negativ auf die Kommunikationsqualität auswirken würde. Als besonders reiche und verarmte Formen wurden der face-to-face Kontakt und die E-Mail-Nutzung ausgewählt und die Nutzungshäufigkeit mit den Skalen zur Kommunikation korreliert (Pearson-Korelation).

	Face-to-face Führungskraft	E-Mail Führungskraft	Face-to-face Team	E-Mail Team
Kommunikations-qualität Führungskraft	.52**	.49**	.35*	.38*
Feedback Führungskraft	.28	.16	-.12	-.23
Kommunikations-qualität Team	.36*	.37*	.14	.20
Feedback Team	.21	.03	.07	.05

** Korrelation ist signifikant auf 0.01 Niveau (2-seitig)
* Korrelation ist signifikant auf 0.05 Niveau (2- seitig)

Tabelle 1:   Korrelation zwischen face-to-face Kontakt, E-Mail und Kommunikation

Es zeigt sich dass, mittelstarke signifikante Zusammenhänge zwischen der Kommunikationshäufigkeit der Führungskraft (sowohl face-to-face als auch E-Mail) und der Kommunikationsqualität mit der Führungskraft bestehen (vgl. Tab. 1). Bemerkenswert ist hier, dass die häufige E-Mail-Nutzung in einem positiven Zusammenhang zur Kommunikationsqualität steht und diese nicht vermindert. Zwischen Feedback und Mediennutzung finden sich keine bedeutsamen Korrelationen. Möglicherweise ist dieses Kriterium weniger abhängig von der Mediennutzung und wird durch andere Variablen wie dem Führungsverhalten beeinflusst.

4.2 Qualitatives Fallbeispiel

Im Folgenden werden das Führungskonzept, die Kommunikationsstrategie und erlebte Probleme einer Führungskraft eines virtuellen Teams ergänzend zu den quantitativen Ergebnissen vertiefend dargestellt (anonymisiert).

Profil der Führungskraft Andreas:
- Tätigkeitsgebiet: Bau von Steuerungsanlagen
- Führungskraft: Ingenieurwissenschaftliches Studium, 40 - 50 Jahre alt, mehrjährige Führungserfahrung
- Team: Projektteam, mehr als 10 Mitarbeiter

- Teamaufgaben: Entwicklung einer komplexen Steuerung einer technischen Anlage, Aufgaben im Team folgen einer funktionalen Differenzierung, eine Person übernimmt stellvertretende Projektleitung
- Medienausstattung: E-Mail, Telefon und Telefon-Konferenz, Mobiltelefon, Intranet mit Datenbanken und Projektmanagementtools, keine weiteren synchronen Medien für die Zusammenarbeit mehrerer Personen
- Virtualitätsgrad des Teams: Hoch

Das Führungskonzept von Andreas weist den Mitarbeitenden grosse Entscheidungsspielräume zu und er kann als „Empowerer" verstanden werden. Auch ist es für ihn wichtig einen guten persönlichen Kontakt zu den Mitarbeitenden zu haben und ihnen bei persönlichen Problemen zur Seite zu stehen. Er schildert im Interview ein Projekt, für das er das Projektteam sehr schnell zusammenstellen musste. Um die Kapazität zu erhöhen und Know-How in das Team zu holen, kreiert er eine hochgradig virtuelle Organisationsform. Die Teammitglieder stammen teils aus der eigenen Firma, die die Verantwortung für den Auftrag trägt, aus Partnerfirmen oder sind freie Mitarbeiter. Das Team ist über vier Standorte verteilt. Aufgrund des bestehenden Zeitdrucks und die Erschwernis der Verteiltheit kann nicht viel Zeit in das Teambuilding investiert werden.

Im Verlauf des Projektes tauchen verschiedene Probleme auf, die thematisch geordnet und durch Interviewzitate illustriert werden. Sie zeigen das wechselseitige Zusammenspiel von Mediennutzung und Führung:

1.   Loyalität von Mitarbeitenden sichern:
Von Mitarbeitendenseite her wurden von einem freien Mitarbeiter aufgrund von Konkurrenzdenken und persönlichem Opportunismus vertrauliche Informationen, die dem Projekt schaden konnten, an den Kunden weitergespielt. Darüber hinaus versuchte der Mitarbeiter, der auch stellvertretende Leitungsfunktion hatte, zur Kundenseite zu wechseln. Der Interviewpartner hat, aufgrund der Distanz, diese Weg-Entwicklung nicht bemerkt.

ANDREAS: „Das hat auch bei unserer Seite personelle Probleme gegeben und, also ich hatte, einer der Projektmitarbeiter, den musste ich rein nehmen, einfach um die Kapazität aufbauen zu können ..... und der hat sich so als Unruhestifter erwiesen. Em, ja, das ist ganz wichtig, dass wir da noch auf die Projektaufbauphase kommen, dann. Weil dort habe ich auch viel gelernt. Dort sind wir zu schnell durch und das mussten wir nachher bezahlen, also nachher dafür bluten."; „sie müssen sich einbinden, die freien Mitarbeiter, die müssen sich auch unserer Firmenkultur unterordnen, weil sonst geht es nicht."

2.   Schnittstellen und Kommunikationswege definieren:
Der Kunde wiederum versuchte an der Hauptprojektleitung vorbei direkt Kontakt zu Mitarbeitern aufzunehmen und Aufträge zu vergeben. Dabei wurde durch die Nutzung von E-Mail die direkte Kommunikation mit den Mitarbeitenden ermöglicht und dadurch der offizielle Weg über den Projektleiter „vergessen". Ob es sich um eine „böswillige" Aktion handelte, wurde im Interview nicht geklärt. Als Gegenmassnahme wurden von der Führungskraft Entscheide nun stärker im Alleingang gefällt (seinem Empowermentkonzept widersprechend). Die Entscheidungsspielräume der Teammitglieder wurden neu definiert, flankierend stellte Andreas sicher, dass er eine Entscheidung via Mobiltelefon innert zwei Stunden fällen kann. Die gesamte Kommunikation nach Aussen musste neu zentral über ihn abgewickelt und kanalisiert werden, um die unkontrollierte Aufträge u.ä. via E-Mail zu vermeiden.

ANDREAS: „..... es gibt eine offizielle Kommunikationslinie und die ist von Projektleitung zu Projektleitung. Jeder Entscheid, der gefällt wird, ist nur noch gültig, wenn er da oben durchgeht. Und ich musste mich schützen davor, dass die Kundenprojektleitung, die hat Anweisung an meine Mitarbeiter gegeben und das musste ich also ganz klar unterbinden, weil die Kostenfolgen davon zu tragen, das waren sie dann nicht bereit."

3.   Teambildung über Distanz:
Zwei Subteams, die unterschiedliche inhaltliche Funktionen im Team wahrnehmen, und auch an zwei unterschiedlichen Standorten lokalisiert sind, geraten während der Entwicklungsarbeiten in Koflikte, sie arbeiten nicht mehr optimal zusammen, die Arbeiten verzögern sich. Deshalb nahm Andreas nun zusätzlich stark konfliktlösende und teambildende Funktionen wahr, um Konkurrenzdenken und Spannungen im Team abzubauen, was jedoch mit einer starken Reisetätigkeit zu den einzelnen Subteams und Teammitgliedern verbunden war. Mit dem Team führte er ausserdem regelmässig Meetings mit anschliessendem gemeinsamem Essen durch.

ANDREAS: „..... war das Klima sehr kritisch. Also da habe ich, etwa zwei Wochen bin ich da rumgereist. Also ich habe dann auch die Form gewählt, dass ich zu den Leuten gegangen bin, um mir alle anzuhören. Also mal den Teammitgliedern die Möglichkeit geben, sich auszusprechen, auf der einen Seite. Dann auf der anderen Seite, die Kommunikationskanäle zwischen den Teammitgliedern wieder öffnen. Und zwischen den beiden Gruppen da, der ..... stattgefunden hat, da haben wir Aussprachen organisiert, das hat dann gezeigt, dass da, eben dass em, man da, die vom Testteam, dass das irgendwie zu giftig ist. ..... Und dann, war der Rest natürlich auch klar, wieder die Aufbauphase. Es war die

Möglichkeit, die em, Abläufe, die Kommunikationswege, den Umgang miteinander zu überdenken."

4.   Coaching Einzelner:
Der persönliche Kontakt zu den Mitarbeitenden ist Andreas wichtig. Nach den schlechten Erfahrungen im virtuellen Team, zu Beginn entwickelt er ein neues Vorgehen:

ANDREAS: „Also es ist so, hm, die Projektleitertätigkeit besteht zu, mindestens zur Hälfte so aus, em so abgesagt, aus einer Vatertätigkeit. Also es em, ist die Arbeit zusammenhalten, mit den Leuten sprechen, zu sehen, dass die Leute miteinander sprechen, sich em Wehwechen und Bobochen anhören"; „...... weil man die Leute doch weniger im Blickwinkel hat, das habe ich jetzt eben damit angefangen, dass ich so mindestens alle 14 Tage, em mit jedem, ich möchte sie eigentlich persönlich gesehen haben. (ein weiterer Aspekt) ... nämlich dass em, den Kontakt, dass ich em, es war so ein gutes Beispiel, wenn ich em am Telefon frage: Wie geht es? Oder persönlich: wie geht es? Ja gut. Was heisst das jetzt? Wenn ich ihn persönlich sehe, habe ich noch die Körpersprache dazu. Em, kann ich nachhaken oder em, ja, der Kulturunterschied, all die Sachen. Und das ist durch das Telefon einfach nicht nachvollziehbar. Das ist etwas, wo ich sage, bei dem verteiltem Team, em, ich hatte früher gedacht, dass man es eben auch von hier aus leiten kann, so, aber ich reise jetzt auch ziemlich oft und ich denke, das wird zum Erfolgsfaktor."

Die organisationale und geografische Verteiltheit und die erschwerte Kontrollierbarkeit von Informationsflüssen erforderten hier ein spezifisches Vorgehen in Führung und Kommunikation. Ob sich die Lösungsversuche, Rückgriff auf einen direktiven Führungsstil und die wieder vermehrte Anwendung von face-to-face Kontakten, langfristig bewähren bleibt abzuwarten. Denkbar wäre auch eine explizitere Regelung der Kommunikationswege und bewusste Nutzung von Medien (z.B. ein persönliches Telefongespräch), um die persönliche Bindung der Mitarbeitenden zu fördern.

5   Diskussion

Von den Führungskräften wird ähnliche dem Modell der Rationalen Medienwahl ein breites Portfolio an *Medien* (synchron, asynchron, zwei- und mehrseitig) *aufgabenangemessen* eingesetzt. Die Bedeutung des direkten persönlichen Kontakts wird trotzdem als sehr hoch eingestuft, wenn auch in Abhängigkeit von Situationserfordernissen z.B. den verschiedenen Projektphasen. Gleichzeitig wird dieses Vorgehen aber auch als sehr aufwändig beschrieben. Sowohl eine starke Nutzung von E-Mail als auch ein hoher Virtualitätsgrad wirkten sich insgesamt nicht negativ auf die Einschätzung der Kommunikationsqualität aus. Trotzdem sind qualitativ Probleme festzuhalten: Die geschilderten Kommunikationsprobleme aus Sicht der Führungskräfte zeigen einen Bedarf für die *Schulung der Medienkompetenz* der Teammitglieder insbesondere im Umgang mit E-Mail auf, was auf die Bedeutung personaler Faktoren für die Mediennutzung verweist. In seltenen Fällen entwickeln die Führungskräfte gemeinsam mit ihrem Team eine *Kommunikationsstrategie*. Regelmässige "*Metakommunikation*", d.h. Reflexion der Kommunikationsprobleme und Anpassung der Strategie sollte im Sinne der interpersonalen Faktoren der Mediennutzung vermehrt gefördert werden. Für die Praxis heisst dies, dass vermehrt im Bereich Kommunikation Mediennutzung geschult und entsprechende Tools z.B. für das Projektmanagement (wie Kommunikationspläne) entwickelt werden sollten.

Herausforderungen ergeben sich ausserdem aus dem Einfluss von Informations- und Kommunikationstechnologien auf organisationale Abläufe und Führungspraxis. Da es die Kommunikationstechnologien Aussenstehenden ermöglichen, ohne Beachtung von Hierarchien und Abläufen mit allen Teammitgliedern zu kommunizieren, ist eine genaue Definition der Rollen im Team und der Schnittstellen zu Kunden und Lieferanten erforderlich (vgl. soziotechnische Faktoren). Die Teambildung, die Pflege der Beziehung zu den einzelnen Mitarbeitenden und die Bindung und Herstellung von Loyalität der Mitarbeitenden erweist sich in dem Fall als schwierig (vgl „Dorothyeffekt"). Die Mischung von gezielten face-to-face-Kontakten mit medial vermittelter Kommunikation könnte eine Lösung darstellen. Das Fallbeispiel zeigt auf, dass die Führungskonzepte und ihre Umsetzung in Führungspraktiken eng verzahnt sind mit der Gestaltung der Kommunikation im Team und dem Einsatz von Medien. Die Dynamik, die durch den Medieneinsatz in Gang gesetzt wird, kann einerseits die Führungspraktiken beeinflussen andererseits sollten sich Führungskräfte beim Verfolgen eines bestimmten Führungskonzeptes klar über den dazu passenden Medieneinsatz werden.

Darum erscheint eine Integration von Wissen über Kommunikation mittels Medien in die Managementausbildung und in das Projektmanagement äusserst sinnvoll.

Literatur

Avolio, B.J., & Kahai, S.S. (2004). Adding the "e" to e-leadership: how it may impact your leadership. *Organizational Dynamics, 31, 4,* 325-338.

Batinic, B. (2000). *Internet für Psychologen (2. Aufl.)*. Göttingen: Hogrefe.

Burla, S., Alioth, A., Frei, F., & Müller, W.R. (1994). *Die Erfindung von Führung. Vom Mythos der Machbarkeit in der Führungsausbildung.* Wirtschaftswissenschaftliches Zentrum der Universität Basel. Zürich: Verlag der Fachvereine.

Cascio, W.F. (2002). Managing a virtual workplace. *Academy of Management Executive, 14, 3*, 81-90.

Cascio, W.F., & Shurygailo, S. (2002). E-leadership and virtual teams. *Organizational Dynamics, 31, 4*, 362-376.

Daft, R.L., Lengel, R.H., & Trevino, L.K. (1987). Message equivocality, media selection, and manager performance – implications for information systems. *MIS Quarterly, 11, 3*, 355-366.

Daft, R.L., & Lengel, R.H. (1986). Organizational information requirements, media richness and structural design. *Management Science, 32, 5*, 554-571.

Day, D.V., & Harrison, M.M. (2007). A multilevel, identity-based approach to leadership development. *Human Resource Management Review, 17*, 360-373.

DeSanctis, G., Staudenmayer, N. & Wong, S.S. (1999). Interdependence in virtual organizations. In Cooper, C.L., & Rousseau, D.M. (Hrsg.). *Trends in organizational behavior, Vol. 6: The virtual organization*, 81-104. Chichester, England: John Wiley & Sons Ltd.

Dilts, R. (2001). *Leadership und Coaching.* (Online) Available: http://www.loquenz.de/ws/ws_dilts.htm 24.5.2002.

Eason, K. (1996). Division of labour and the design of systems for computer support for cooperative work. *Journal of Information Technology*, 11, 39-50.

Griffith, T. & Neale, M.E. (1999). *Information processing and performance in traditional and virtual teams: The role of transactive memory.* Stanford University, Graduate School of Business, Research paper series, No. 1613.

Grote, G. (1994). Auswirkungen elektronischer Kommunikation auf Führungsprozesse. *Zeitschrift für Arbeits- und Organisationspsychologie 38* (N.F. 12) 2, S. 71 - 75.

Grote, G., Manchen Spörri, S., & Springall, L. (2004). Telemanagement Notwendigkeit für ein komplexes Verhaltensrepertoire. *Arbeit, 1*, 48-60.

Hertel, G., Geister, S., & Konradt, U. (2005). Managing virtual teams: A review of current empirical research. *Human Resource Management Review, 15*, 69-95.

Hertel, G., Konradt, U., & Orlikowski, B. (2004). Managing distance by interdependence: goal setting, task interdependence and team-based rewards in virtual teams. *European Journal of Work and Organizational Psychology, 13, 1*, 1-28.

Klimecki, R., Probst, G.& Eberl, P. (1994). Entwicklungsorientiertes Management. Schaeffer-Pöschel Verlag.

Konradt, U. & Hertel, G. (2002). *Management virtueller Teams.* Weinheim: Beltz.

Krcmar, H. & Schwabe, G. (1996). Der Needs Driven Approach - Eine Methode zur bedarfsgerechten Gestaltung von Telekooperation? In H. Krcmar, H. Lewe & G. Schwabe (Hrsg.), Herausforderung Telekooperation, Fachtagung Deutsche Computer Supported Cooperative Work (DCSCW), 1996, 51-67. Berlin: Springer.

Kubicek, H. & Hagen, M. (1999). Internet und Multimedia in der öffentlichen Verwaltung: Gutachten. Bonn: Friedirch-Ebert-Stiftung.

Lawler, E.E. (1986). Hoch-Involvement Management: Participative Strategies for Improving Organizational Performance. Jossey-Bass: San Francisco.

Linden, R.C. & Tewksbury, T.W. (1995). "Empowerment and work teams." In G.R. Reffis, S.D. Rosen & D.T. Barnum (Eds.) (386-403). *Handbook of Human Resource Management.* Blackwell Publishers: Cambridge Mass.

Lipnack, J., & Stamps, J. (2000). Virtual teams: Reaching across space, time, and organizations with technology (2. Ed.). New York: Wiley.

Manchen Spörri, S., Springall, L., & Grote, G. (2003). *Führung und Kommunikation in virtuellen Teams der IT-Branche. Abschlussbericht - Projekt Telemanagement.* Institute of Work Psychology, Swiss Federal Institute of Technology (ETH).

Manchen Spörri, S. (2000). Alltagstheorien über Führung aus der Sicht von weiblichen und männlichen Führungskräften und ihren MitarbeiterInnen. Dissertation. Universität Konstanz, Sozialwissenschaftliche Fakultät, Fachgruppe Psychologie, online-document http://www.ub.uni-konstanz.de/kops/volltexte/2001/676.

Mayring, P. (2007). Qualitative Inhaltsanalyse: Grundlagen und Techniken. Weinheim: Beltz.

Mussmann, C. & Zbinden, R. (2005). Lösungsorientiert Führen und Beraten. Kaufmännischer Verband: Zürich.

Neuberger, O. (2002). Führen und führen lassen. Ansätze, Ergebnisse und Kritik der Führungsforschung (6. überarbeitete Aufl.). Stuttgart: Lucius und Lucius.

Parks, M.R. & Floyd, K. (1996). Making Friends In Cyberspace. *Journal Of Communication*, 46 (1); http: //www.ascusc.org/jcmc/vol 1/issue4/parks.html.

Pribilla, P., Reichwald, R. & Goecke, R. (1996). *Telekommunikation im Management – Strategien für den globalen Wettbewerb.* Stuttgart: Schäffer-Poeschel Verlag.

Probst, G. (1987). Selbst-Organisation. Ordnungsprozesse in sozialen Systemen aus ganzheitlicher Sicht. Berlin: Parey.

Probst, G. & Naujoks, H. (1995). Führungtheorien - Evolutionstheorien der Führung. In A. Kieser, G. Reber & R. Wunderer (Hrsg.) (2.Aufl.). *Handwörterbuch der Führung,* S. 915 - 926. Stuttgart: Schäffer Poeschel Verlag

Reichwald, R. et al. (2000). Telekooperation: verteilte Arbeits- und Organisationsformen (2. Aufl.). Berlin: Springer.

Rice, R.E. (1992). Task Analyzability, Use Of New Media And Effectiveness: A Multi-Site Exploration Of Media Richness. *Organization Science, Vol. 3*, No. 4, November, pp. 475 - 500.

Scholz, C. (2001). Virtuelle Teams mit darwiportunistischer Tendenz: Der Dorothy-Effekt. *Organisationsentwicklung*, 4, 20-29

Scholz, C. (2002). Virtuelle Teams - Neuer Wein in neue Schläuche. zfo 71. Jg., Heft 1, 26-33.

Senge, P.M. (1990). The Fifth Discipline: the Art and Practice of the Learning Organisation. Doubleday: New York.

Sieber, P. (1998). *Virtuelle Unternehmen in der IT-Branche.* Dissertation. Bern: Paul Haupt Verlag.

Sperka, M. (1997). Zur Entwicklung eines "Fragebogens zur Erfassung der Kommunikation in Organisationen" (KomminO). Zeitschrift für Arbeits- und Organisationspsychologie, 41 (4), 182-190.

Springall, L., Manchen Spörri, S. & Grote, G. (2006a). Leading Virtual Teams: Modalities of Leadership. In M. Anandarajan, T.S.H. Teo & C.A. Simmers . *The Internet and Workplace Transformation (130-150).* M.E. Sharpe, Inc.

Springall, L., Grote, G. & Manchen Spörri, S. (2006b). Goal-Setting in Virtual Teams: How to set goals and keep employees in virtual teams aligned, focused and motivated. *Zeitschrift Personalführung* , 5/2006, 36-43.

Wüthrich, H. & Philipp, A. (1998). Virtuell ins 21. Jahrhundert. *Theorie und Praxis der Wirtschaftsinformatik.* 35. Jahrgang, Heft 200, 9-24.

Sprache als Erfolgsfaktor industrieller Prozessmodellierung

Eva-Maria Jakobs & Julia Spanke

Einleitung

Unternehmen sind mit vielen, sich ständig wandelnden Herausforderungen konfrontiert (u.a. kürzere Produktlebenszyklen, internationale Konkurrenz, steigender Kostendruck). Neuere Managementansätze gehen davon aus, dass Unternehmen prozessorientiert organisiert sein sollten (vom Wareneingang bis zur Auslieferung der fertigen Produkte), um flexibel auf Kontextveränderungen reagieren zu können. Sie gehen weiter davon aus, dass der Erfolg von Unternehmen davon abhängt, wie es ihnen gelingt, ihre Prozesse kontinuierlich zu überprüfen und zu verbessern. Dies gilt insbesondere für wertschöpfende Prozesse, also Geschäftsprozesse. Zielgrössen sind u.a. höhere Kundenzufriedenheit, Einsparung von Ressourcen und flexibler Umgang mit sich verändernden Kontextbedingungen.

Um Prozesse diskutieren und optimieren zu können, ist es notwendig, sie zu erheben und zu beschreiben. Die Erhebung erfolgt in der Regel durch so genannte Prozesserhebungsmethoden, die Modellierung in Form grafisch dargestellter Prozessmodelle. Die Ziele der Erhebung und Modellierung können variieren: Prozessmodelle dienen der Analyse und Optimierung von Arbeitsabläufen, sie werden im operativen Geschäft genutzt, für Prozessablaufbeschreibungen bei Zertifizierungsmassnahmen wie auch für das Herstellen geteilter Wissensbasen in Mitarbeiterschulungen.

Die industrielle Prozessmodellierung ist eine ingenieurwissenschaftliche Methodik, sie bietet jedoch ausgesprochen interessante Ansatzpunkte für sprach- und kommunikationswissenschaftliche Studien. Die bei der Prozesserfassung eingesetzten Verfahren erzeugen ein komplexes Zusammenspiel mündlich, schriftlich und visuell erzeugter Interaktionszusammenhänge: Prozessmodellierer erheben vor Ort das Prozesswissen der Mitarbeiter durch verbale und/oder schriftliche Befragungen (Einzelinterview oder Workshop) und überführen sukzessive die erhobenen Prozessdaten in schriftliche und visuelle Darstellungen. Bei jedem Schritt der Erhebungskette kann es zu Störungen durch Missverständnisse, Generalisierung von Aussagen u.a. kommen.

Die sprachlich-kommunikativen Anteile der Prozessmodellierung sowie dabei auftretende Störungen wurden in der Forschung bislang nicht berücksichtigt. Für die Analyse und Beschreibung der beschriebenen Interaktionszusammenhänge liegt zudem keine adäquate Methodik vor. Was fehlt, ist ein Ansatz, der das Zusammenspiel mündlich, schriftlich und visuell konstituierter, kommunikativer Handlungen in der Zeit systematisch erfasst sowie Erklärungsansätze für dabei auftretende Störungen (u.a. Missverständnisse und Informationsverluste) bietet.

Im Verbundprojekt *Interdisziplinäre Methoden industrieller Prozessmodellierung* (IMIP) sollen Grundlagen für einen solchen Ansatz geschaffen werden. Das Projekt wird vom deutschen Bundesministerium für Bildung und Forschung (BMBF) im Förderschwerpunkt *Wechselwirkung zwischen Natur- und Geisteswissenschaften* gefördert und von Arbeitswissenschaftlern, Psychologen und Kommunikationswissenschaftlern bearbeitet. Die Umsetzung des Vorhabens erfolgt in Kooperation mit einem Sachgüter produzierenden KMU (Seidel GmbH + Co, Marburg). Im Unternehmen werden exemplarisch Methoden der Prozessmodellierung angewendet.

Aus übergeordneter Sicht intendiert das Projekt die interdisziplinäre Weiterentwicklung von Prozessmodellierungsmethoden, etwa im Sinne geringerer Störanfälligkeit. Weitere Ziele betreffen die Weiterentwicklung fachspezifischer Theorien und Methoden, etwa der Technik- und Unternehmenskommunikation (Jakobs 2008). Unser Projektbeitrag richtet sich auf die Erfassung, Analyse und Beschreibung von Kommunikationsstörungen in der Interaktionskette und ihren Ursachen. Aus den Ergebnissen sollen Empfehlungen und Schulungskonzepte abgeleitet werden, die es erlauben, Missverständnisse oder Informationsverluste zu vermeiden bzw. zu minimieren und kommunikative Mittel reflektierter und dadurch erfolgreicher zu nutzen.

1   Industrielle Prozessmodellierung

1.1 Die ingenieurwissenschaftliche Sicht

Die Modellierung industrieller Prozesse wird im technischen und betriebwirtschaftlichen Kontext für Zwecke des Prozessmanagements genutzt. Je nach Erkenntnisinteresse stehen Fragen des strategischen Prozessmanagements, des Prozesscontrollings oder der Prozessimplementierung im Vordergrund (vgl. Allweyer 2009). Die vorliegende Literatur ist dementsprechend heterogen; ihre Verteilung auf verschiedene Disziplinen (u.a. Informatik, Ingenieurwissenschaft) erschwert den Zugang zum Thema.

Für die Erhebung, Überprüfung und Verbesserung von Geschäftsprozessen wurden verschiedene Vorgehensmodelle entwickelt (vgl. Miebach 2009). Abbildung 1 stellt ein vereinfachtes, generisches Vorgehensmodell dar, das abhängig von Ziel, Anwendungsbereich und verwendetem Managementkonzept variiert werden kann:

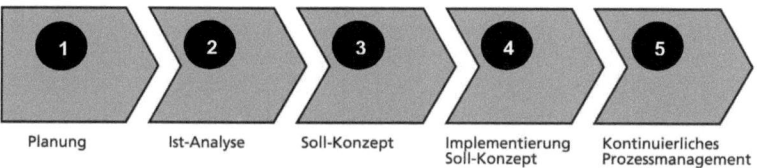

Planung   Ist-Analyse   Soll-Konzept   Implementierung   Kontinuierliches
Soll-Konzept   Prozessmanagement

Abbildung 1:   Einfaches Vorgehensmodell zur Geschäftsprozessoptimierung (in Anlehnung an Allweyer 2009, 97; ähnlich: Abel 2008a, 31, Miebach 2009, 224)

In Phase I werden Ziele der Veränderung diskutiert (wohin will das Unternehmen), die Projektorganisation bestimmt (Teams gebildet etc.) sowie Methoden und Konventionen festgelegt (vgl. Allweyer 2009, Becker/Berning/Kahn 2003). In Phase II werden die Ist-Zustände der zu betrachtenden Prozesse (Aufgaben, Abläufe, Ressourcen und ihre wechselseitigen Abhängigkeiten in Unternehmen, Arbeits- und Betriebsmitteleinsatz, Tätigkeiten von Mitarbeitern) erhoben und in Prozessmodellen dokumentiert (vgl. Hoffmann/Goesmann/Herrmann 1998, Schwegmann/Laske 2003, Schuh 2006). Die Dokumentation erfolgt in der Regel anhand dafür entwickelter Notationssysteme (z.B. K3, eEPK). Das Ergebnis kann wie folgt aussehen:

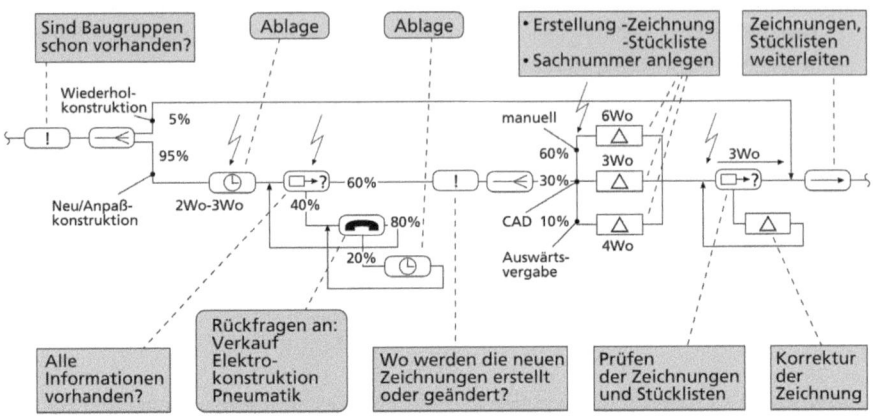

Abbildung 2: Beispiel eines grafisch dargestellten Prozessmodells (Schuh o.J., 31)

In Phase III werden Schwachstellen identifiziert und optimierte Prozesse entworfen (vgl. Abel/Campagna 2008, Allweyer 2009). In Phase IV werden die optimierten Prozesse überprüft und gegebenenfalls erneut verbessert (vgl. Abel/Campagna 2008, Allweyer 2009). Phase V dient der Überführung der optimierten Prozesse in den Arbeitsalltag des Unternehmens. Besteht weiteres Optimierungspotential, werden die fünf Phasen erneut durchlaufen (vgl. Allweyer 2009, 95ff.).

Das Projekt IMIP konzentriert sich auf Phase II. Das Interesse gilt der Ist-Analyse, die in der Regel durch externe Berater und/oder geschulte Mitarbeiter des Unternehmens angewandt wird.

1.2 Die sprach- und kommunikationswissenschaftliche Sicht

Wir betrachten Methoden der Prozesserhebung und -modellierung vor dem Hintergrund des Konzeptes der Unternehmenskommunikation nach Jakobs (2008). Der Ansatz verfolgt verschiedene Ziele:

- aus fachlicher Sicht geht es darum, das Zusammenspiel komplexer kommunikativer Interaktionszusammenhänge im Auge zu behalten und einen Bezugsrahmen zu schaffen, der es erlaubt, Einzelphänomene im Gesamtkomplex ablaufender Kommunikationsprozesse zu verorten,

- aus strategisch-inhaltlicher Sicht wird der Brückenschlag zu thematisch verwandten Nachbardisziplinen (z.b. Betriebs- und Ingenieurwissenschaft) wie auch zur Industrie gesucht. Er wird möglich durch das (sinnvolle) Aufeinanderbeziehen und „Verheiraten" disziplinärer Perspektiven.

Die Modellierung richtet sich auf Handlungszusammenhänge in Unternehmen, die u.a. in der Betriebswirtschaft als Prozessketten beschrieben werden (vgl. Abb. 3). Den Kernbereich bilden die Geschäftsprozesse, d.h. Prozessketten, in denen ökonomische Mehrwerte entstehen. Sie haben einen direkten Bezug zu den Produkten des Unternehmens. Wertschöpfende Prozessketten umfassen im Falle der Sachgüterproduktion verschiedene, sich aufeinander beziehende und ineinander greifende komplexe Aktivitäten, wie Entwicklung und Konstruktion, Beschaffung, Produktion, Marketing, Distribution und Vertrieb (vgl. u.a. Schuh 1996). Die Wertschöpfungskette wird durch andere Aktivitäten unterstützt. Dazu gehören: Unternehmensinfrastruktur und Instandhaltung, Personalwirtschaft und Administration oder etwa die im Hintergrund laufende Forschung. Die Planung, Steuerung und Kontrolle der Prozesse obliegt dem Management.

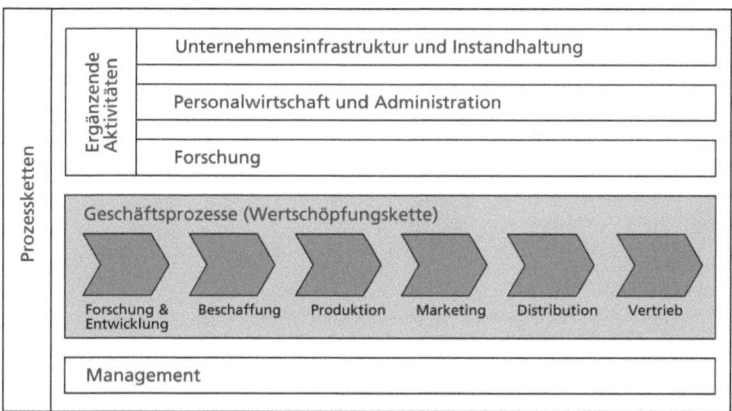

Abbildung 3: Prozessketten in Unternehmen (Jakobs 2008)

Unter dem Aspekt der kommunikativen Anteile der Prozessketten lässt sich Unternehmenskommunikation definieren als Gesamtheit der sprachlich-kommunikativen Prozesse und Anteile von Aktivitäten entlang von Wertschöpfungsketten, ergänzenden Aktivitäten und Managementaktivitäten sowie ihr Zusammenspiel (Jakobs 2008, 18). Prozessketten überkreuzen sich vielfach, in ihr vererben sich zudem häufig Probleme: Kommunikationsprobleme und Defizite einer Prozesskomponente können aus Kommunikationsproblemen und -defiziten einer oder mehrerer vorhergehender Stationen der Kette resultieren.

Der Ansatz lässt sich ohne weiteres auf Methoden der industriellen Prozesserhebung und -modellierung übertragen, die einen speziellen Ausschnitt von Technik- wie Unternehmenskommunikation darstellen. Sie sind in mehrfacher Hinsicht prozessorientiert im Sinne kommunikativer Interaktionsketten, die sich auf die Rekonstruktion und Optimierung von Geschäftsprozessen richten und als solche Teil übergeordneter Handlungszusammenhänge sind, hier: der Unternehmensorganisation. Dies soll im Folgenden näher erläutert werden.

Methoden der industriellen Prozessaufnahme erheben schrittweise Daten zu den zu modellierenden Prozessen. Die Daten stützen sich auf Messungen und Beobachtungen (z.B. der Dauer eines Vorgangs, Stückanzahl etc.) und kommunikative Verfahren unterschiedlicher Modalität (mündlich, schriftlich, visuell). Die Prozessaufnahme und -modellierung wird in Iterationsschleifen durchlaufen, um Sachverhalte zu verdeutlichen, Missverständnisse zu klären oder Informationen zu konkretisieren. Im Verlauf des Vorgehens nimmt der Informationsgehalt des Erhobenen ab (wichtige Informationen werden von unwichtigen unterschieden), die erfassten Prozessdaten werden zunehmend dekontextualisiert

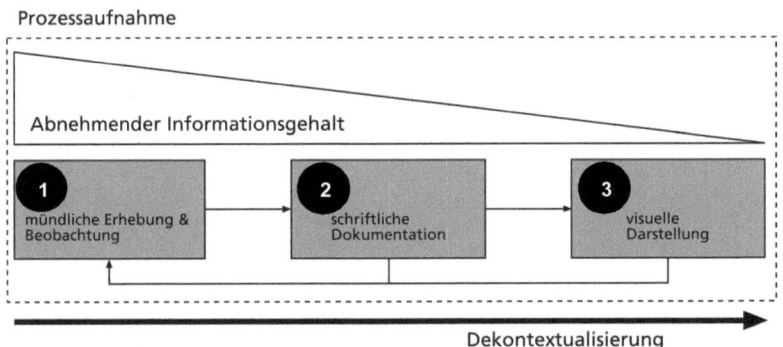

Abbildung 4:   Sprachlich-kommunikative Anteile und Aspekte der
                 Prozessaufnahme

Basierend auf der Annahme, dass Kommunikation falliabel ist (Antos 1996), kann vermutet werden, dass jeder einzelne der abgebildeten Schritte (mündliche Erhebung/Beobachtung, schriftliche Dokumentation, visuelle Darstellung) störanfällig ist. Potentielle Schwachstellen betreffen u.a. Verarbeitungsprozesse (Weglassen, Hinzufügen, Interpretieren), den Verlust wichtiger Informationen durch unterlassene Rückfragen oder Missverständnisse durch unpräzise Formulierungen. Potentielle Schwächen von Visualisierungsversuchen ergeben sich mit der Auswahl der abzubildenden Inhalte wie auch mit der Darstellungsleistung des Notationssystems und seiner Handhabung. Es ist weiter anzunehmen, dass an den Schnittstellen zwischen Verfahren und Verfahrensschritten Störungen auftreten wie auch bei der Transformation von Inhalten und Äusserungen im Laufe der Prozessaufnahme. Interessant sind deshalb nicht nur Schwachstellen einzelner kommunikativer Handlungen der Akteure (hier: Prozessmodellierer und befragte/beobachtete Mitarbeiter), sondern auch die wechselseitige Verschränkung und Abhängigkeit von Verfahren und Zwischenprodukten.

Aus sprachlich-kommunikativer Sicht stellt sich die Prozessaufnahme und -modellierung als komplexer iterativer Prozess dar, in dessen Verlauf Sichten auf die Welt in einem Nach- und Miteinander konzeptionell wie medial differierender kommunikativer Handlungen konstruiert und rekonstruiert, verhandelt, ratifiziert und modifiziert werden. Müller (2008) spricht in ähnlichen Zusammenhängen von einem Interaktionskontinuum, einer Produzenten-Rezipienten-Interaktanten-Kette. In dieser Produzenten-Rezipienten-Interaktanten-Kette entstehen mündlich, schriftlich und visuell konstituierte Kommunikate, die sich – zeitlich nacheinander oder zeitlich verschränkt – in vielfacher Hinsicht aufeinander beziehen. Eine spannende Frage ist, wie sich dabei im Zuge von Interpretationen Sachverhalte, Meinungen und Sichten auf die verhandelte Welt verändern.

Mit Blick auf den Gegenstand interessieren Verfahren und Folgen der zunehmenden Informationsreduktion und -verdichtung sowie der zunehmenden Abstraktion und Dekontextualisierung von Informationen. Dekontextualisierungsphänomene zeigen sich auf der Ebene der situativen Einbettung von Angaben wie auch der schrittweisen Reduktion des sprachlichen Kontextes. Lötscher (2006) und andere zeigen, dass Kontextinformation eine wesentliche Voraussetzung und Hilfe für das Verstehen sprachlich konstituierter Informationen ist. Es ist mit einiger Sicherheit anzunehmen, dass sich hier Ursachen für Störungen ergeben, etwa durch Missverstehen, Verkürzen oder Generalisieren von Angaben.

2 Methodischer Ansatz

Der Zugang zu sprachlich-kommunikativen Anteilen der Prozesserhebung und -modellierung sowie dabei auftretenden Störungen und ihren Ursachen stützt sich auf vier Teilstudien: eine Literaturstudie, zwei Fallstudien und eine Studie mit Experteninterviews.

In der Literaturstudie wird die zum Thema vorliegende betriebswirtschaftliche und ingenieurwissenschaftliche Literatur ausgewertet. Ein Auswertungsziel ist die Ableitung einer generischen Beschreibung der Prozessmodellierungsmethodik als Referenzmodell für die Interpretation der Ergebnisse der Fallstudien. Ein zweites Interesse richtet sich auf Aussagen darüber, wie sprachlich-kommunikative Anteile in der Fachliteratur reflektiert, beschrieben und charakterisiert werden (Kap. 4).

Die empirische Erhebung von Störungen und Störungsursachen erfolgt in zwei Fallstudien. Gegenstand der ersten Fallstudie ist eine exemplarische Anwendung der Methodik der Prozessaufnahme und -modellierung beim Projektpartner: im Partnerunternehmen wird das Verfahren einmal durch externe Experten, ein zweites Mal durch geschulte Mitarbeiter des Unternehmens angewendet. Die Anwendung wird aufgezeichnet (Video- und Audioaufnahme), die Aufzeichnung bezogen auf das sprachlich-kommunikative Handeln der Akteure analysiert. Uns interessieren nicht nur Performanzphänomene, sondern auch die subjektiven Theorien der Akteure, die ihr Handeln bestimmen. Zugänge zu diesen Theorien bietet u.a. Fallstudie 2.

Gegenstand der zweiten Fallstudie ist eine Schulung für Mitarbeiter des Industriepartners. In der Schulung lernen die Teilnehmer, eigenständig Ist-Zustände von Geschäftsprozessen zu erheben und zu analysieren. Die Schulung wird aufgezeichnet, die Teilnehmer retrospektiv interviewt. Es wird davon ausgegangen, dass die erhobenen Daten Rückschlüsse darauf zulassen, wie die Anwender der Methodik (hier: Arbeitswissenschaftler) sprachlich-kommunikative Anteile wahrnehmen und dementsprechend thematisieren bzw. vermitteln. Letzteres ist wichtig unter dem Aspekt der Optimierung derartiger Angebote.

Die in den vorangegangenen Teilstudien gewonnenen Einsichten werden in Experteninterviews überprüft und gegebenenfalls verifiziert.

3   Reflektion sprachlich-kommunikativer Phänomene in der Fachliteratur

Ein wesentliches Motiv für die Auswertung der Fachliteratur zum Thema Prozesserhebung und -modellierung ist es, Hinweise dazu zu erhalten, wie auf diesem Gebiet tätige Akteure ihr Tun wahrnehmen, beschreiben und reflektieren. Von besonderem Interesse ist die Darstellung sprachlich-kommunikativer Aspekte der Methodik. Bereits im Vorfeld der Literaturauswertung zeigte sich ein interessantes, für den behandelten Gegenstand und die hier diskutierten Fragen durchaus folgenreiches Phänomen. In Gesprächen mit ingenieurwissenschaftlichen Partnern wurde mehrfach die Überzeugung geäussert, Prozessmodellierer nutzen keine Fachliteratur. Sie erwerben Wissen zum Vorgehen und zur Realisierung von Teilschritten und Verfahren eher pragmatisch, denn theoriegeleitet (Learning by Doing). Erhebungswissen sei Erfahrungswissen. Es gäbe allgemeine Handlungsleitfäden bzw. Vorgehensmodelle, die als bekannt und ausreichend vorausgesetzt werden. Folgt man der Position, so stellt sich das Wissen der Methodenanwendung als weitgehend implizit repräsentiert dar. Als Bestandteil der mentalen Repräsentation einer kleinen Gruppe von Experten entzieht es sich dem Zugriff anderer als exklusives, von aussen schwer bewertbares Herrschaftswissen, das sich dann auch – so ist man geneigt anzunehmen – Qualitätsbewertungen entzieht.

Die Literaturstudie relativiert den Eindruck. Sie berücksichtigt sowohl die Literatur zu allgemeinen Handlungsanleitungen für die Prozesserhebung und -modellierung, als auch die Beschreibung spezifischer Ansätze, z.B. das MOTION-Konzept (Schuh 2006).[1] Die Auswertung erhebt, welche sprachlich-kommunikativen Verfahren (mehrheitlich) genannt werden, und welche Hinweise der Leser zu ihrer Umsetzung erhält (Anforderungen, Realisierungshinweise, Benennen potentieller Schwachstellen). Die Ergebnisse lassen sich pointiert wie folgt umreissen:

Wer sich für das Thema interessiert, wird mit einer heterogenen, fachlich breit gestreuten Literatur (u.a. Ingenieurwissenschaft, Betriebswirtschaft, Informatik) konfrontiert, was den Zugang zur Thematik erschwert. Im Wesentlichen lassen sich drei Typen von Quellen unterscheiden: *Handlungsleitfäden bzw. Vorgehensmodelle* zur Reorganisation von Unternehmen, die das Vorgehen der Prozessaufnahme und -modellierung erläutern (u.a. Best/Werth 2007), *Erfahrungsberichte* (u.a. Greinke/Zinflou 2002, Schiffer 2002) und *Beschreibungen von Modellierungssprachen* (vgl. u.a. Foltz et al. 2000, Wahl et al. 2006). Erfahrungsberichte belegen den hohen Stellenwert, den das Lernen am Praxisbeispiel in den Ingenieurwissenschaften besitzt. Die Auswertung beschränkt sich auf Handlungsleitfäden bzw. Vorgehensmodelle.

Die Beschreibung des Vorgehens bei der Anwendung der Methodik fällt teilweise vage, implizit oder offen aus. Dies gilt insbesondere für die Beschreibung sprachlich-kommunikativer Anteile. Sie müssen häufig anhand von Texthinweisen und Plausibilitätsannahmen rekonstruiert werden.

Eine erste Einsicht betrifft vorgelagerte Ursachen sprachlich-kommunikativ konstituierter Störungen. Wir fokussieren im Projekt sprachlich-kommunikative Störungen beim Erheben von *Ist-Zuständen*. Die Erhebung von Ist-Zuständen ist jedoch eingebettet in eine weitaus umfassenderen Handlungskette (vgl. Abb. 1). Es ist anzunehmen, dass sich Störungen bereits in vorgelagerten Phasen ergeben

---

[1] Ausgewertet wurde: Abel (2008a/b), Best/ Werth (2007), Friedli/ Schuh (2007), Friedli/ Kurr/ Stich (2007) sowie Schuh (2006).

und sich auf spätere (z.B. auf die Ist-Erhebung) vererben. Dies gilt u.a. für termi-
nologische Probleme in der ersten, allen weiteren Schritten vorgelagerten Pla-
nungsphase, wie das Übersehen oder Ignorieren fachlich differierender Konzepte
zentraler Begriffe:

> „So kann es (...) innerhalb eines Projektes vorkommen, dass etwa betriebwirt-
> schaftlich orientierte Mitarbeiter und Informatiker sich über Geschäftsprozesse un-
> terhalten, unter dem Begriff jedoch etwas anderes verstehen" (Allweyer 2009, 51).

Zu den Erträgen der Literaturauswertung gehört die Einsicht, dass Prozessauf-
nahmen und -modellierungen per se kommunikationsreich sind. Die Datenerhe-
bung und -verarbeitung erfolgt primär mit sprachlich-kommunikativen Mitteln,
wie Dokumentenanalyse, mündliche Befragung und/oder standardisierte schriftliche Befragung, Visualisierung und Review (Schuh 2006). In der Dokumentenanalyse werden Texte des Unternehmens wie Unternehmenshandbücher, Ar-
beitspläne, Stellenbeschreibungen, Organigramme, technische Dokumentationen
oder etwa bereits vorhandene Prozessmodellierungen ausgewertet, um Informationen über den aufzunehmenden Prozess zu erhalten (Abel 2008b, 111). In
mündlichen oder schriftlichen Befragungen werden Angaben zu Tätigkeiten und
Prozessabläufen erhoben. Die mündliche Befragung erfolgt per Einzel- oder
Gruppeninterview oder in Workshops (vgl. Best/Werth 2007, 63, Schuh 2006,
43). Die erhobenen Angaben werden häufig bereits während der mündlichen
Interaktion in ein Modellierungstool eingegeben und visualisiert (vgl.
Best/Werth 2007, 68, Schuh 2006). Bei schriftlichen Befragungen erfolgt die
Visualisierung im Nachhinein. Interessant ist, dass Prozessvisualisierungen häu-
fig sprachliche Anteile enthalten (vgl. Abb. 2). Die integrierten sprachlichen
Anteile werden als „Freitextpassagen" (Schuh 2006, 55) oder „verbale Dokumentationen" (Best/Werth 2007, 69) bezeichnet. Sie erläutern besonders komplexe Prozessschritte und ihre Ausgangsbedingungen bzw. Voraussetzungen
(vgl. Best/Werth 2007, 70). Prozessvisualisierungen werden manuell oder Soft-
ware-basiert erzeugt. Sie bilden als Ausdruck, der an der Wand oder anderen
Trägerobjekten gut sichtbar befestigt wird, den gemeinsamen Ausgangspunkt für
nachfolgende Diskussionen: In Reviewverfahren werden die als „Wandtapete"
(Friedli/Kurr/Stich 2007, 37) bezeichneten Prozesspläne in Einzelinterviews oder
in der Gruppe mit Mitarbeitern des Unternehmens diskutiert und auf Konsistenz
geprüft. Die Diskussion schliesst Aushandlungsprozesse ein und bedingt Mode-
rationsleistungen. Die Teilschritte der Ist-Analyse werden so oft wiederholt, bis
das Modell die Prozesse korrekt wiedergibt.

   Die Sichtung der sprachlich-kommunikativen Anteile lässt ein breites
Spektrum kommunikativer Akte zwischen Mündlichkeit, Schriftlichkeit und
Visuellem erkennen. Liest man zwischen den Zeilen und ergänzt die in der Fach-

literatur nicht genannten, aber notwendigerweise zu leistenden Anteile, so zeigt sich eine Vielzahl an Fähigkeiten, die Prozessmodellierern abverlangt werden: Fähigkeiten produktiver Art (wie Befragen, selektives Mitschreiben, Vortragen), rezeptiver Art (wie kritisches Zuhören, „Gegenlesen" von Entwürfen) oder rezeptiv-produktiver Art (Diskutieren, Einarbeiten von Kommentaren in die Prozessdarstellung etc.). Ebenso reich ist das Spektrum an Zwischenergebnissen und ihnen zuzuordnender Textsorten (Notiz, Protokoll, Handout, Ergebnisdokumentation, Interviewleitfaden...).

Betrachtet man die Gesamtheit der zu leistenden Kommunikationsarbeit bezogen auf Modalität bzw. Codewahl, so zeigt sich, dass mündlich und schriftlich konstituierte Anteile überwiegen, dass dies aber nicht so wahrgenommen wird. Die meisten Angaben der Fachliteratur beziehen sich vielmehr auf den Schritt der Visualisierung, d.h. auf Notationssysteme und ihre Anwendung. Visualisierungen gelten in der Ingenieurwelt als weitgehend „sprachfrei" und daher als fehlerarm. Dass diese Annahme so nicht zutrifft, zeigen Studien unseres Projektpartners aus der Psychologie (Arning/Ziefle, 2009), in denen u.a. die Verständlichkeit von Notationssystemen (hier: K3) getestet wurde.

Zum Teil werden die in der Literatur erwähnten sprachlich-kommunikativen Anteile beschrieben, kommentiert und reflektiert. Dabei zeigt sich – zumindest ansatzweise – durchaus ein Bewusstsein für die Störanfälligkeit des kommunikationsintensiven Interagierens, etwa wenn Schuh (2006, 58) darauf hinweist:

„Unverzichtbar für das Review ist der wiederholte, mündliche Vortrag des Prozessplans. Denn einmal zu Papier gebracht, werden Inhalte selten in Frage gestellt" (Schuh 2006, 58).

Oder wenn empfohlen wird, das Review (mündliche Vorstellung der Modellierungsergebnisse und ihre Diskussion) durch Perspektivwechseln weniger störanfällig – da reicher an Einsichten, Diskussionen und Lernergebnissen – zu gestalten, so z.B. bei Friedli, Kurr und Stich (2007, 41), die drei Varianten nennen:

- Variante 1: Der Berater stellt dem Prozessteam den Prozessplan vor. Da Mitarbeiter des Unternehmens Berater mitunter als „externe Unbeteiligte" wahrnehmen, kann es zu „Abwehrreaktionen" kommen und zu dem Vorwurf, dass „nicht die eigene Sicht, sondern die eines unbeteiligten Experten vorgestellt wird, der die Details sowieso nicht richtig einschätzen kann" (ebd.).
- Variante 2: Die interviewten Mitarbeiter präsentieren dem Prozessteam ihre Teilprozesse. Die Interviewten setzen sich mit ihren eigenen Arbeitsinhalten auseinander.

- Variante 3: Die Teilprozesse werden dem Prozessteam von internen Prozesskunden und -lieferanten vorgestellt.

Zum Teil werden Regeln für das Anwenden von Verfahren genannt. Ein Beispiel ist die Krokus-Regel für Interviewfragen: *K*urze Fragen stellen, *R*edundante Fragen vermeiden, *O*ffene Fragen stellen, *K*onkrete Fragen stellen, *U*nterfragen und Kettenfragen vermeiden, *S*uggestive Fragen vermeiden (vgl. Schuh 2006, 45). Auch Hinweise auf Quellen bzw. Ursachen potentieller Missverständnisse finden sich, etwa bezogen auf Effekte, die sich bei der Rekonstruktion von Prozessen zeigen:

> „In zahlreichen Fallbeispielen bildeten sich vier mögliche Fehlerquellen heraus: Die Informationen können im Interview vom interviewten Mitarbeiter falsch oder unvollständig gesendet werden, von Beratern falsch oder unvollständig empfangen werden, vom Mitarbeiter als idealer Zustand anstatt als Realitätszustand rekonstruiert werden oder auch vom Berater als Ideal- anstatt als Realitätszustand rekonstruiert werden" (Schuh 2006, 57).

Das Zitat belegt u.a. die ungebrochene Dominanz der aus sprach- und kommunikationswissenschaftlicher Sicht stark vereinfachenden Sender-Empfänger-Modelle für an sich hoch komplexe, kommunikative Handlungszusammenhänge in der Arbeitswelt.[2] Insgesamt zeigt sich zumindest in Ansätzen ein Bewusstsein dafür, dass die gezielte Gestaltung sprachlich-kommunikativer Verfahren Einfluss auf das Endergebnis haben kann, sowie, dass es so etwas wie Gestaltungsrepertoires und -alternativen gibt. Dass sprachlich-kommunikativ konstituierte Sichten auf die Welt bestimmte Fähigkeiten und Fertigkeiten voraussetzen, ist den wenigsten bewusst oder einer Thematisierung wert. Lediglich Abel (2008b, 114) weisst darauf hin, dass der „Verzicht auf Qualifizierung […] unter Umständen teuer werden [kann], wenn die Ergebnisse der Bestandsaufnahme aufgrund des fehlenden Know-hows [...] nicht auszuwerten sind." In der Regel werden – so ist man gewillt zu schliessen – sprachbezogene Fähigkeiten als gegeben vorausgesetzt. Dies ist angesichts der Breite des Spektrums verlangter Fähigkeiten wie auch der Ausbildungssituation von Ingenieuren erstaunlich.

4 Fazit

Die Methodik der industriellen Prozessmodellierung kann beschrieben werden als breites Interaktionskontinuum; ihre Anwendung erzeugt eine vielschichtige

---

[2] Ähnlich Vacek (2008) zur Konzeptualisierung von Kommunikation durch Manager.

Produzenten-Rezipienten-Interaktanten-Kette. Die Kommunikation der beteiligten Akteure ist Teil eines arbeitsteiligen, ineinander greifenden Handelns, das sich mehr oder weniger geregelt und kontinuierlich vollzieht. In diesem Handeln erweist sich Sprache als ein überaus wichtiges Mittel und Medium zum Vollzug dieser Prozesse. Erst in der Sprachverwendung wird es möglich, fachlich-soziale Wissensvorräte zu teilen und produktiv zu nutzen. Sprachverwendung wird damit – im Gegensatz zur Sicht von Ingenieuren und Betriebswirten, die eher visuelle Codes fokussieren – zur wichtigsten Ressource und wesentlichen Voraussetzung für die Anwendung der Methodik und ihren Erfolg. Sie fungiert als Steuerungs- und Informationsinstrument und als Grundvoraussetzung zur Nutzung von Notationssystemen.

Die Methodik der industriellen Prozesserhebung und -modellierung umfasst ein breites Spektrum kommunikativer Akte zwischen Mündlichkeit, Schriftlichkeit und Visuellem sowie intermediale Transformationsprozesse. Der Erfolg ihrer Anwendung bedingt ausgeprägte sprachliche und kommunikative Kompetenzen der beteiligten Akteure, die in der Domäne nicht vermittelt, sondern als gegeben vorausgesetzt werden. Die Kommunikationslinguistik kann hier wertvolle Hilfestellungen bieten. Sie verfügt über Instrumente und Methoden, um Prozessmodellierer gezielt auf die kommunikativen Anteile der Methodik vorzubereiten und das Erhebungsverfahren weniger störanfällig zu gestalten.

Literatur

Abel, Jörg 2008a: Reorganisation: eine Handlungsanleitung für KMU. In: Abel/Campagna (2008): 21-47

Abel, Jörg 2008b: Toolbox: Instrumente und Methoden für Reorganisationsprozesse. In: Abel/Campagna (2008): 71-195

Abel, Jörg/Campagna, Sebastian (Hrsg.) (2008): Herausforderung Reorganisation. Ein Leitfaden zur Einführung ganzheitlicher Geschäftsmodelle in kleinen und mittleren Unternehmen. Düsseldorf: VDI

Allweyer, Thomas (2009): Geschäftsprozessmanagement. Herdecke: W31

Antos, Gerd (1996): Laien-Linguistik. Studien zu Sprach- und Kommunikationsproblemen im Alltag. Am Beispiel von Sprachratgebern und Kommunikationstrainings. Tübingen: Niemeyer

Arning, Katrin/Ziefle, Martina (2009): "It's a bunch of shapes connected by lines": Evaluating the Graphical Notation System of Business Process Modeling Languages. Full paper at the 9th International Conference on Work With Computer Systems, WWCS 2009, Beijing, China.

Becker, Jörg/Berning, Wilhelm/Kahn, Dieter 2003: Projektmanagement. In: Becker/Kugeler/Rosemann (2003): 17-24

Becker, Jörg/Kugeler, Martin/Rosemann, Michael (Hrsg.) (2003): Prozessmanagement. Ein Leitfaden zur prozessorientierten Reorganisation. Berlin: Springer

Best, Eva/Werth, Martin (2007): Geschäftprozesse optimieren. Der Praxisleitfaden für erfolgreiche Reorganisation. Wiesbaden: Gabler

Blühdorn, Hardarik/Breindl, Eva/Waßner, Ulrich H. (Hrsg.) (2006): Text – Verstehen. Grammatik und darüber hinaus. Berlin: de Gruyter

Brinker, Klaus et al. (Hrsg.) (2001): Text- und Gesprächslinguistik. Ein internationales Handbuch zeitgenössischer Forschung. 2. Band. Berlin: de Gruyter

Eversheim, Walter/Schuh, Günther (Hrsg.) (1996): Produktion und Management. „Betriebshütte". Teil 1. Berlin u.a.: Springer

Foltz, Christian/Killich, Stephan/Wolf, Martin (2000): K3 User Guide. Version 0.1. http://www.iaw.rwth-aachen.de/k3 (eingesehen am 26.02.2009)

Friedli, Thomas/Kurr, Michael/Stich, Volker 2007: Tools des Prozessmanagements. In: Schuh/Friedli/Kurr (2007): 23-81

Friedli, Thomas/Schuh, Günther (2007): Partizipativ zur Prozessorganisation. In: Schuh/Friedli/Kurr (2007): 11-18

Greinke, Gregor/Zinflou, Sascha 2002: Prozessmanagement mit ARIS bei der Immobilia AG. In: Scheer/Jost (2002): 97-119

Herrmann, Thomas/Scheer, August-Wilhelm/Weber, Herbert (Hrsg.) (1998): Verbesserung von Geschäftsprozessen mit flexiblen Workflow-Management-Systemen: Von der Erhebung zum Sollkonzept. Veröffentlichungen des Forschungsprojektes MOVE. Berlin: Physica-Verlag

Hoffmann, Marcel/Goesmann, Thomas/Herrmann, Thomas 1998: Erhebung von Geschäftsprozessen bei der Einführung von Workflow Management. In: Herrmann/Scheer/Weber (1998): 15-72

Jakobs, Eva-Maria 2008: Unternehmenskommunikation. Arbeitsfelder, Trends und Defizite. In: Niemeyer/ Dieckmannshenke (2008): 62-69

Lötscher, Andreas 2006: Die Formen der Sprache und die Prozesse des Verstehens. Textverstehen aus grammatischer Sicht. In: Blühdorn/Breindl/Waßner (2006): 19-45

Menz, Florian/Müller, Andreas (Hrsg.) (2008): Organisationskommunikation: München, Mering: Rainer Hampp Verlag

Miebach, Bernhard (2009): Prozesstheorie: Analyse, Organisation und System. Wiesbaden: VS Verlag

Müller, Andreas (2005): Sprache und Arbeit. Aspekte einer Ethnographie der Unternehmenskommunikation. Tübingen: Narr

Müller, Andreas 2008: Aufgabenfelder einer Linguistik der Organisation. In: Menz/Müller (2008): 17-46

Niemeyer, Susanne/Dieckmannshenke, Hajo (Hrsg.) (2008): Profession und Kommunikation. Frankfurt a.M.: Lang

Scheer, August-Wilhelm/Jost, Wolfram (Hrsg.) (2002): ARIS in der Praxis. Gestaltung, Implementierung und Optimierung von Geschäftsprozessen. Heidelberg: Springer

Schiffer, Claudia (2002): Projektbericht zur Einführung des Prozesstools ARIS in der AXA Deutschland AG. In: Scheer/Jost (2002): 139-149

Schuh, Günther (1996): Strategisches Produktionsmanagement. In: Eversheim/Schuh, (1996): 5-51

Schuh, Günther (2006): Change-Management. Prozesse strategiekonform gestalten. Berlin: Springer

Schuh, Günther (o.J): Produktionsmanagement I. Vorlesung 12. Prozessmodellierung

Schuh, Günther/Friedli, Thomas/Kurr, Michael (Hrsg.) (2007): Prozessorientierte Reorganisation. Reengineering-Projekte professionell gestalten und umsetzen. München: Hanser

Schwegmann, Ansgar/Laske, Michael 2003: Istmodellierung und Istanalyse. In: Becker/Kugeler/Rosemann (2003): 159-188

Siau, Keng, (Ed.) (2006): Advanced Topics in Database. New York: Idea Group Inc.

Vacek, Edelgard 2008: „Wie man über den Wandel spricht". Zur perspektivischen Darstellung und interaktiven Bearbeitung von „Wandel" in Organisationsprozessen. In: Menz/Müller (2008): 167-205

Wahl, Terje/Sindre, Guttorm 2006: An Analytical Evaluation of BPMN Using a Semiotic Quality Framework. In: Siau (2006): 102-113

Business-Kunden als Zielgruppe von Hochschulen
Theorie, Ergebnisse eines Eyetracking-Experimentes und Implikationen zur Gestaltung des Hochschul-Web-Auftrittes

Manuela Lackus, Florian U. Siems & Justyna Grund

1 Neue Herausforderungen an Hochschulen und Relevanz von Business-Kunden

Die Anforderungen an Hochschulen haben sich – gerade auch in den deutschsprachigen Ländern – in den letzten Jahren grundlegend verändert: Vor dem Hintergrund eines zunehmenden Wettbewerbs zwischen Hochschulen sowie zunehmend knapper staatlicher Mittel und damit verbunden Forderungen der Nutzung betriebswirtschaftlicher Überlegungen für Universitäten haben sich in den letzten 20 Jahren immer mehr Ansätze eines *Hochschulmarketing* etabliert, (vgl. z.B. Wochnowski/Devries 1994; Amrhein 1998; Stauss/Balderjahn/Wimmer 1999; Stelzer 1999; Wochnowski 1999; Pastowski 2000), das wiederum als Teil eines (ggf. weit über das Marketing hinausgehenden) Hochschulmanagements verstanden werden kann (vgl. z.B. Herrmann/Kronthaler 2002). Diese Entwicklungen folgen einem internationalen Trend und insbesondere den USA, in denen ähnliche Themenfelder schon länger intensiv diskutiert bzw. auch umgesetzt werden (vgl. z.B. Bryant 1983).

In den letzten 10 Jahren hat sich der *Wettbewerb* – und damit auch die Relevanz des Themenfeldes Hochschulmanagement und -marketing – weltweit weiter erhöht, insbesondere vor dem Hintergrund der Globalisierung und Internationalisierung des Bildungssektors, neuer Studienabschlüsse wie Bachelor- und Masterprogramme, damit verbunden einer (zumindest formal) gestiegenen Vergleichbarkeit der Hochschulleistungen, teilweise sinkender Bildungsetats sowie gestiegener Anforderungen der Arbeitgeber an Absolventen (z.B. hinsichtlich „Social Skills", Fremdsprachen und Auslandserfahrung) (Meffert 2007, S. 2ff.). Gerade die europäischen Universitäten müssen sich zudem verstärkt der Herausforderung stellen, nicht mehr nur Erstausbildungsstätten, sondern vor dem Hintergrund lebenslangen Lernens in vielen Fachbereichen auch Weiterbildungsstätten zu sein, womit sie neu in Konkurrenz zu entsprechend privaten Anbietern ebenso wie zu firmeninternen Weiterbildungsprogrammen bzw. Corporate Universities stehen (Glotz 2002). Gleiches gilt für die Notwendigkeit der Akquise von Drittmitteln (vgl. z.B. Baaken 2007, S. 54ff.; Müller 2007, S. 23).

Entsprechend hat die Relevanz des Hochschulmarketing weiter zugenommen. Gegenstand der aktuellen Diskussion sind dabei u.a. markenstrategische Überlegungen von Universitäten (vgl. z.B. Pesch et al. 2008; Judson et al. 2009; Whisman 2009), der Nutzung des Internen Marketing für Universitäten (Siems/Lackus 2009) sowie Übertragungen von Ansätzen der Kundenorientierung auf Universitäten (vgl. z.B. Pesch et al. 2008).

Im Rahmen einer allgemeinen Diskussion des Themenfeldes „Hochschulmarketing" hat sich dabei zum einen die Erkenntnis durchgesetzt, dass für Hochschulen neben Ansätzen des Non-Profit-Marketing insbesondere Ansätze des *Dienstleistungsmarketing* Verwendung finden können („Universität als Dienstleistungsunternehmen", vgl. z.B. Amrhein 1998), insbesondere auch wegen ähnlicher institutioneller Besonderheiten wie der Immaterialität des Leistungsergebnisses, der Verhaltensunsicherheit und der Einbeziehung des externen Faktors („Kunden") in den Leistungserstellungsprozess (Pastowski 2000, S. 301).

Zum anderen zeichnen sich Hochschulen durch eine starke *Heterogenität* der Leistungen sowie der Leistungsempfänger aus. Entsprechend bietet es sich – analog zu anderen Non-Profit-Organisation (vgl. z.B. Stözer 2008, S. 408) – an, statt von „Kunden" von „Anspruchsgruppen" („*Stakeholder*") zu sprechen, die wiederum in interne Anspruchsgruppen (z.B. Studierende, Professoren, wissenschaftliche Mitarbeitende, sonstige Mitarbeitende usw.) und externe Anspruchsgruppen (z.B. Stadt, Arbeitgeber, Politik, Gesellschaft usw.) unterschieden werden können (Pastowski 2000, S. 302ff.; vgl. ähnlich auch Müller-Böling 2007, S. 14f.).

Dass dabei Hochschulmarketing grundsätzlich alle Anspruchsgruppen berücksichtigen sollte, zeigt eine dem modernen Marketingverständnis entsprechende, von *Meffert* (2007, S. 4) verwendete Definition:

„Hochschulmarketing ist (…) die bewusst marktorientierte Führung der gesamten Hochschule: Also die Ausrichtung und Koordination aller Aktivitäten auf die Bedürfnisse von Zielgruppen und damit Sicherung von Vorteilen im Hochschulwettbewerb".

In der bisherigen Forschung zum Hochschulmarketing werden entgegen diesem bewusst weiten Verständnis überwiegend die Anspruchsgruppe der Studierenden (vgl. z.B. Athiyaman 1997; Lawrence/McCollough 2004; Siems/Lengauer/Bruton 2006) und die Anspruchsgruppe der Mitarbeitenden betrachtet. Eher vernachlässigt werden dagegen externe Anspruchsgruppen wie Unternehmen (z.B. für Projektkooperationen Unternehmen/Hochschule) oder Organisationen (z.B. für Forschungskooperationen Hochschule/Hochschule). Da es sich bei Unternehmen und Organisationen nicht um private, sondern einem

Unternehmens- bzw. Organisationszweck folgende („geschäftliche" bzw. auf engl.: „Business") Nutzer universitärer Leistungen handelt, können diese Anspruchsgruppen den Definitionen von „Business-to-Business-Leistungen" („B2B") folgend (Godefroid 2003, S. 23; Homburg/Krohmer 2006, S. 1054f.; Siems 2009, S. 302ff.) als *Business-Kunden*" von Hochschulen bezeichnet werden.

2 Die Bedeutung dieser Business-Kunden von Hochschulen ist in den letzten Jahren gestiegen

Gerade vor dem erwähnten Hintergrund oft knapper Budgets von Hochschulen und einer hohen Bedeutung von Drittmitteln haben heute z.B. an vielen Hochschulen Kooperationen mit Unternehmen eine besondere Relevanz. Ebenso ist die Bedeutung von Kooperationen von Hochschulen mit anderen Hochschulen gestiegen: Als ein Grund kann die Internationalisierung in der Lehre (z.B. Austauschprogramme für Studierende, Partnerhochschulen) gesehen werden. Ein anderer Grund ist der heute in vielen Fächern sehr ausdifferenzierte und spezialisierte Forschungsfokus einzelner Wissenschaftler, der oft nicht nur einen Austausch mit anderen, gleichartig spezialisierten Forschern anderer Hochschulen, sondern oft auch eine hohe Re-Integration einzelner Forschungsteilgebiete zu Gesamtlösungen, damit verbunden eine interdisziplinäre Forschung und so letztlich hochschulübergreifende Forschungsansätze begünstigt.

3 Kommunikation von Hochschulen für Business-Kunden

Um Business-Kunden von Hochschulen gerade im Vorfeld von (möglichen) Kooperationen über die Positionierung und Expertise der Hochschule, ihrer Fachbereiche (Fakultäten, Departemente, Lehrstühle usw.) und einzelner Mitarbeitenden zu informieren, kommt der *Kommunikation* innerhalb des Hochschulmarketing besondere Bedeutung zu.

Dabei wird – dem Marketingverständnis von Kommunikation als Teil des Marketing-Mix folgend (vgl. z.B. Homburg/Krohmer 2006; Bruhn 2009) – folgende Definition von Kommunikation zu Grunde gelegt:

„Als Kommunikationspolitik wird die Gesamtheit der Kommunikationsinstrumente und -massnahmen eines Unternehmens bezeichnet, die eingesetzt werden, um das Unternehmen und seine Leistungen den relevanten Zielgruppen der Kommunikation darzustellen und/oder mit den Anspruchsgruppen eines Unternehmens in Interaktion zu treten" (Bruhn 2009, S. 199).

Eine Besonderheit der *Kommunikation für Business-Kunden von Hochschulen* als spezielle Zielgruppe ergibt sich hinsichtlich der in der Definition genannten „Gesamtheit der Kommunikationsinstrumente und -massnahmen": Aus der Vielzahl der im Marketing hierzu grundsätzlich denkbaren Instrumente (insbesondere Mediawerbung, Sponsoring, Direct-Marketing, Multimedia-Kommunikation usw., vgl. z.B. Bruhn 2009, S. 199ff.) sind hier diejenigen auszuschliessen, die aus Kosten- oder Effizienzgründen nicht in Frage kommen. Dies betrifft an vielen Hochschulen insbesondere Instrumente wie klassische Mediawerbung ebenso wie Sponsoring; so betreiben z.B. Hochschulen in der Regel keine Kommunikation in Form von Massenmedien wie z.B. TV betreiben.

Ein anderes Kommunikationsinstrument dagegen nimmt gerade bei Business-Kunden einen besonders hohen Stellenwert ein: Der *Web-Auftritt*. Dies gilt für Erstkontakte ebenso wie für Kontaktintensivierungen, wenn z.B. ein Mitarbeitender einer Hochschule auf einer Fachtagung Kontakt zu einem Mitarbeiter eines Unternehmens oder einer anderen Hochschule hatte und dieser für eine mögliche Kooperation mit diesem Detailauskünfte über bisherige Forschungsfelder, Publikationen usw. beschaffen möchte. Martina Kunrath, Bereichsleiterin Marketing der AKAD-Hochschulen, Deutschlands grösste Privathochschule, bringt es auf den Punkt (o.V. 2007): „Die Bedeutung des Internet wird für die Studierenden der AKAD-Hochschulen immer wichtiger und ist auch als Vermarktungskanal für uns unverzichtbar."

Den bisherigen Ausführungen entsprechend kommt der Gestaltung des Web-Auftrittes von Hochschulen besondere Bedeutung zu und damit verbunden der Frage, welche Optimierungsmöglichkeiten hier bei bestehenden Web-Auftritten bestehen. Vor dem Hintergrund der ökonomischen Betrachtung ist Optimierung dabei im Sinne der *Usability Forschung* zu sehen, die sich insbesondere mit der Funktionalität, also prinzipiell mit der Gebrauchstauglichkeit von Produkten (Software und Hardware), (und nicht z.B. mit künstlerischen Zielen) auseinandersetzt. Sie kann unter der Anwendung von apparativen Verfahren vorderhand Wahrnehmung von präsentierten Stimuli messen, jedoch erst über die Kopplung mit qualitativen Methoden die Verarbeitung von Inhalt/Bedeutung/intendierten Effekten erfassen.

4   Empirische Studie zum Web-Auftritt von Hochschulen

4.1 Zielsetzung und Grundkonzeption

Auf Grund der Besonderheit von Branche und Zielgruppe lag es nahe, zur Identifikation von Optimierungsmöglichkeiten der Web-Auftritte von Hochschulen direkt bei entsprechenden (bestehenden) spezifischen Auftritten anzusetzen. Aufgrund des explorativen Charakters der Fragestellung (*Entdeckung* von Optimierungsmöglichkeiten) handelte es sich dabei um ein *qualitatives Marktforschungsproblem* (vgl. z.B. Silberman 2001, S. 4ff.; Kotler/Wong/Saunders/Armstrong 2005, S. 347; Kent 2007, S. 88ff.).

Als besonders geeignete Methode wurde bestehenden Ansätzen zu ähnlichen Forschungsfragen folgend das *Blickaufzeichnungsverfahren* eruiert (vgl. z.B. zu Blickaufzeichnung in der Usability-Forschung o.V. 2009; in der Kommunikationspolitik an sich Homburg/Krohmer 2006, S. 852f.; Reinecke/Janz 2007, S. 222f.), kombiniert mit Thinking Aloud Tests, einem der wichtigsten Verfahren zur Evaluation der Nutzerschnittstelle.

4.2 Blickaufzeichnung als verwendete Datenerhebungsmethode

Die *Blickaufzeichnung* (auch bezeichnet als „Blickregistrierung", o.V. 2001, S. 84; Berekoven/Eckert/Ellenrieder 1989, S. 123 bzw. „Eye-Tracking", vgl. z.B. o.V. 2009) zählt zu den (apparativen) Verfahren der Beobachtung (Berekoven/Eckert/Ellenrieder 1989, S. 123; Hammann/Erichson 1994, S. 98ff.; Bruhn 2009). Die Methode setzt voraus, dass Blickbewegungen Rückschlüsse auf Aufmerksamkeitsprozesse der Versuchsteilnehmer zulassen (van Gog et al. 2009).

Konkret gemessen wird dabei der Blickverlauf einer Person dahingehend, dass Ruhepunkte („*Fixationen*") und Sprünge („*Saccaden*") erfasst werden (Hammann/Erichson 1994, S. 101; o.V. 2001, S. 84). Der Proband nimmt lediglich an den Fixationen Informationen auf, deren Messungen entsprechend Indikatoren für die Tiefe der Informationsaufnahme darstellen (o.V. 2001, S. 84; Reinecke/Janz 2007, S. 246f.). Saccaden-Bereiche zeigen dagegen „verlorene", nicht wahrgenommene Informationen (Hammann/Erichson 1994, S. 101). Wenn die Zeitdauer der Fixation gemessen wird, lässt dies gleichzeitig gewisse Rückschlüsse auf die Intensität der Informationsaufnahme zu (Hammann/Erichson 1994, S. 101). Bei – wie im vorliegenden Fall – untersuchten Websites, können zudem die Reihenfolge der aufgerufenen Seiten, die benutzten bzw. nicht benutzten Links und die Zeitdauer des Auffindens von Informationen erfasst werden. Zusätzlich dazu, aber in der vorliegenden Studie nicht ausgewertet, können Pupillengrössen Anhaltspunkte über mentale Beanspruchung und Lidschlagamplituden über emotionale Erregung geben; diese Parameter gelten jedoch als nicht zuverlässig, weil von individuellen sowie physikalischen Faktoren (Benetzungsfähigkeit, Linsenträger, Licht, Luftfeuchtigkeit etc.) beeinflusst, und wurden daher nicht mit in die Auswertung einbezogen.

Der konkrete *Vorteil* des Eyetracking ist, dass mit dieser Methode durch Erfassung von einer weitestgehend nicht-bewusst-steuerbaren Wahrnehmung in Form des Blickes anders als z.b. bei Befragungen eine gewisse Objektivierung der Beobachtung erfolgt und z.b. durch sozial-erwünschtes Verhalten mögliche Fehler reduziert (Bente 2004). Entsprechend wird ein relativ guter Einblick in das reale Nutzerverhalten und damit das angestrebte Erkennen von Optimierungspotenzialen bei der aufgezeigten Fragestellung möglich.

In der hier vorgestellten Studie wurde das (kontaktlose) Eyetracking-System von SMI (SensoMotoric Instruments) eingesetzt. Als Hardware verwendet wurden eine iView X Workstation, Stimulus PC mit kontaktlosem RED-Camera-System. Die eingesetzte Software umfasste drei Bereiche:

1. Stimulus-Präsentation und Blickaufzeichnung sowie Überwachung mit *i-View X 2.3*
2. Experiment-Zusammenstellung mit *Experiment Center 2.3*
3. Datenanalyse mit *BeGaze 2.3*

Bei dem Messverfahren handelte es sich um ein Dark-Pupil-Eyetracking-System (Infrarot-Illumination, computerbasierte Bildverarbeitung, Echtzeitanalyse der Pupillenbilder; Berechnung aus Pupillenmittelpunkt und Cornea Reflex; räuml. Auflösung 1°, zeitl. Auflösung 50 Hz). Die verwendete *Cornea-Reflex-Methode* basiert auf der Tatsache, dass die Oberfläche der Hornhaut (Cornea) glänzend ist und sich dort auftreffendes Licht in Form einer punktförmigen Reflexion spiegelt. Dieser Corneareflex liegt etwa 3,5 mm hinter der Augenoberfläche. Etwa 13 mm hinter der Oberfläche des Auges befindet sich der Rotationspunkt des Auges. Da der Radius der Cornea knapp 8 mm beträgt, kommt es bei einer Bewegung des Auges um den Winkel s in erster Näherung zu einer systematischen Verschiebung des Corneareflexes. In der Regel wird dabei der Blickverlauf nur über ein Auge gemessen: Da sich beide Augen synchron bewegen reicht dies (anders als z.B. bei medizinischen Experimenten) erfahrungsgemäss für die Analyse von Websites aus (Galley 2001) (siehe Abbildung 1).

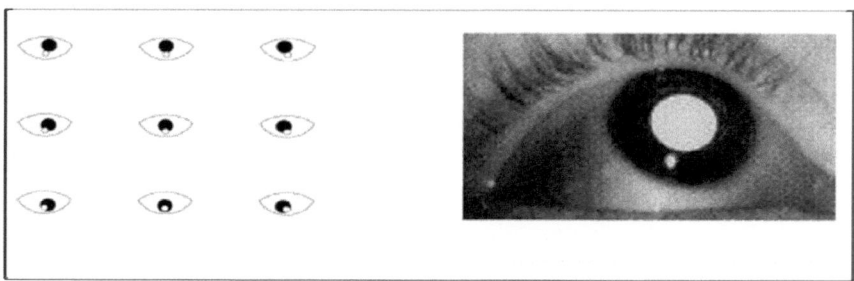

Abbildung 1: Prinzip der Cornea-Reflex-Messung (Quelle: Duchowski 2007, S. 55 und 58, entnommen aus Galley 2001)

4.3 Versuchsaufbau und Studiendesign

Der Versuchsaufbau ist in Abbildung 2 dargestellt. Neben dem Probanden sass stets der Untersuchungsleiter, um die Messung mit zu verfolgen sowie ggf. eingreifen zu können (z.B. bei zu starker Kopfneigung des Probanden, um durch einen kurzen entsprechenden Hinweis ein Verlassen des messbaren Bereiches zu vermeiden).

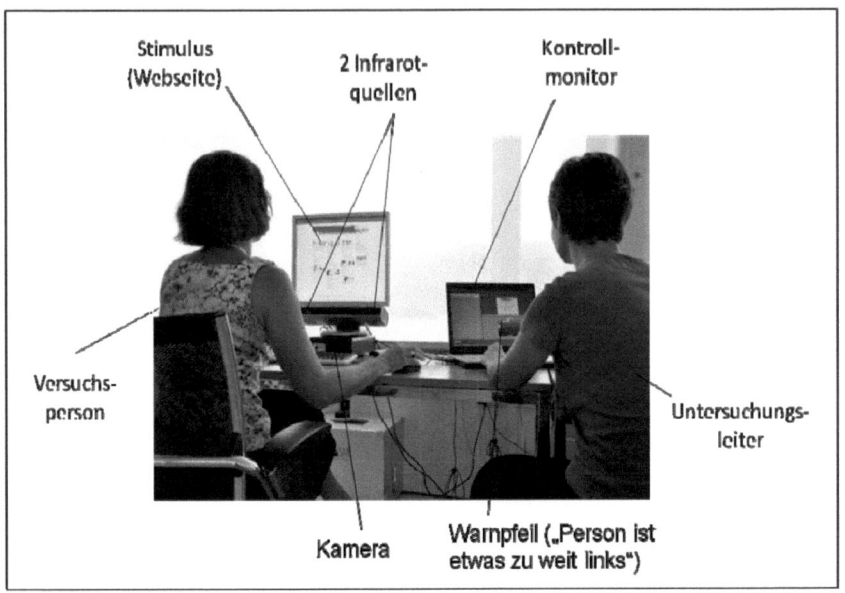

Abbildung 2: Versuchsaufbau

Insgesamt wurden 13 Eyetracking-Sessions mit 13 Probanden durchgeführt, die Dauer einer Session betrug durchschnittlich 45 Minuten.

Den Probanden wurden jeweils (nicht zur Disposition stehende) *Aufgabensets* in vorher zur besseren Vergleichbarkeit der Resultate fixierter Reihenfolge gestellt. Konkret sollten sechs Aufgaben von den Probanden bearbeitet werden:

1.   Finden Sie die Homepage der Institution X
2a. Finden Sie die Publikationsliste bzw. die Publikationsdatenbank dieser Institution
2b. Finden Sie den Jahresbericht dieser Institution
3.   Finden Sie die Forschungsdatenbank dieser Institution bzw. eine Anlaufstelle für Forschung und Entwicklung
4a. Finden Sie die Seite der Medienstelle/Öffentlichkeitsarbeit
4b. Finden Sie eine Kontaktperson für Medien/Öffentlichkeitsarbeit

Als *Hochschulen* wurden sechs Schweizer Hochschulen ausgewählt, darunter jeweils drei Universitäten (im Folgenden: Uni 1, Uni 2, Uni 3) und drei Fachhochschulen (im Folgenden: FH 1, FH 2, FH 3).

Konkret sah der *Untersuchungsablauf* wie folgt aus:

1. Begrüssung der Probanden, Erklärung der groben Zielsetzung (Überprüfung der Usability von Hochschulwebsites; Betonung der Fokussierung auf Siteinhalt und -struktur, NICHT der Gewandtheit der User)
2. Hinweis auf angestrebte Realsituation: Abbruch von Informationssuchen erlaubt, User-definierter Erfolg des Suchergebnisses; keine Hinweise oder ,Erfolgsbescheinigung' der Versuchsleiterin
3. Durchführung der Kalibration (Einstellung des Messgerätes, dauerte ca. 30 Sekunden je Proband)
4. Durchführung der Aufgaben (drei Universitäten aufeinanderfolgend, jeweils gleiche Aufgabenreihenfolge, Zwischenvergleich subjektiv mündlich – drei Fachhochschulen dito) – Dauer von den Probanden bestimmt
5. Dank und bei Interesse der Probanden kurzer Einblick in avi-Files und Auswertungsprozedere anhand einer Beispieldatei

Auf die teilweise in der Literatur ergänzend zur Blickaufzeichnung vorgeschlagene „Methode des Lauten Denkens" (d.h. der Proband erzählt laut was er macht/denkt/empfindet) wurde in der vorliegenden Studie in pro-aktiver Form (Aufforderung des Probanden dazu) bewusst verzichtet, um Ablenkungen zu vermeiden; Kommentare des Probanden (z.B. Unmutsäusserungen bei mühsamer Suche nach einem Link) wurden jedoch erfasst.

4.4 Ergebnisse

Für die Auswertung der Ergebnisse wurden verschiedene Analysemethoden verwendet.

Zum einen wurden die *Verweildauern* bei den einzelnen Hochschulen ausgewertet, wobei eine längere Verweildauer entsprechend der Aufgabenstellung als negativ zu bewerten ist („längerer Zeitraum zum Erledigen der Aufgabe"). Die Ergebnisse, dargestellt in Abbildung 3, zeigen deutliche Unterschiede sowohl zwischen den Befragten als auch zwischen den einzelnen Hochschulen.

	Gesamtzeit	Uni 1	Uni 2	Uni 3	FH 1	FH 2	FH 3
P1	0:50:00	0:10:16	0:06:13	0:09:52	0:03:07	0:06:56	C:04:59
P2	0:25:53	0:04:56	0:02:29	0:06:08	0:02:30	0:02:37	C:05:01
P3	0:39:53	0:06:37	0:05:16	0:09:44	0:04:56	0:01:35	C:06:14
P4	0:57:59	0:14:35	0:06:31	0:09:05	0:04:51	0:04:24	C:04:52
P5	0:46:03	0:05:24	0:07:05	0:11:27	0:06:27	0:05:10	C:06:22
P6	0:45:16	0:04:41	0:04:56	0:07:22	0:02:19	0:04:45	C:06:59
P7	0:25:56	0:03:18	0:04:28	0:04:20	0:02:32	0:03:32	C:04:13
P8	0:37:38	0:07:26	0:03:27	0:07:06	0:05:09	0:02:19	C:08:32
P9	1:05:17	0:07:41	0:14:38	0:10:46	0:06:14	0:07:03	C:10:08
P10	0:47:33	0:10:08	0:06:54	0:09:08	0:06:33	0:04:14	====
P11	1:00:26	0:15:49	0:10:51	0:06:23	0:05:45	0:06:52	C:10:33
P12	0:34:38	0:05.22	0:05:02	0:03:48	0:04:37	0:06:14	C:04:45
P13	0:35:38	0:03:26	0:05:33	0:05:22	0:05:51	0:06:06	0:07.04
Mittelwert	0:44:00	0:07:40	0:06:24	0:07:46	0:04:41	0:04:45	0:06:37
Minimum	0:25:53	0:03:26	0:02:29	0:03:48	0:02:19	0:01:35	C:01:35
Maximum	1:05:17	0:15:49	0:14:38	0:11:27	0:06:33	0:07:03	C:10:33

Abbildung 3: Verweildauern je Proband und je Hochschule

Die aufgezeigten Daten sind dahingehend zu relativieren, dass nicht in jedem Fall jede der Aufgaben von jedem Probanden „richtig" gelöst, d.h. die tatsächlich als Suchvorgabe genannte Information auch gefunden wurde: Eine Analyse entsprechender *Trefferquoten* zeigte z.B., dass bei Uni 1 die Medienstelle (Aufgabe 4a, vgl. vorher) nur von drei der 13 Probanden richtig gefunden wurde – eine mögliche Erklärung liegt hier darin, dass diese einfach erscheinende Aufgabe von den meisten Probanden sehr oberflächlich bearbeitet wurde.

Insgesamt lässt unter Einbezug der Trefferquoten die Analyse den Schluss zu, dass bezogen auf die Zeitdauer zum Lösen der Aufgaben Uni 2 mit der kürzesten durchschnittlichen Lösungszeit vor Uni 1 und Uni 3 (die beide mit durchschnittlich 7:40 min gleichauf liegen) platziert sind. Es fällt auf, dass FH 1 und 2 massiv weniger Zeit zur Lösung der Aufgaben erforderten, FH 3 jedoch annähernd an die durchschnittlichen Universitätszeiten heranreicht.

Anzeichen für eine klare Logik der Websitestruktur bietet die Klickrate bis zum (effektiven oder auch aus Probandensicht vermeintlichen) Erreichen der Zielwebsite. Aus diesem Grund wurden für jeden Probanden pro Universität bzw. FH die Klickraten ermittelt (siehe Abb. 4).

	Uni 1	erf.	Rang	Uni 2	erf.	Rang	Uni 3	erf.	Rang	FH 1	erf.	Rang	FH 2	erf.	Rang	FH 3	erf.	Rang
P1	27	40%	2	20	40%	1	27	60%	3	7	80%	2	19	60%	1	11	20%	3
P2	21	60%	1	22	80%	2	43	80%	3	22	100%	1	17	100%	2	38	60%	3
P3	35	60%	1	20	80%	2	37	80%	3	14	20%	2	10	100%	1	15	40%	3
P4	62	80%	2	22	60%	1	28	60%	3	15	80%	2	12	80%	1	35	80%	3
P5	40	60%	1	35	60%	2	73	60%	3	18	60%	2	24	100%	1	41	60%	3
P6	23	80%	1	18	60%	2	44	80%	3	12	60%	1	45	60%	2	65	60%	3
P7	26	80%	1	30	80%	2	30	80%	3	14	20%	3	19	80%	2	35	60%	1
P8	35	80%	1	15	80%	2	27	60%	3	20	80%	2	7	80%	1	33	80%	3
P9	27	80%	2	60	40%	1	38	40%	3	21	60%	1	21	60%	2	36	60%	3
P10	35	60%	2	25	20%	1	26	60%	3	21	80%	2	18	100%	1	###	###	###
P11	46	100%	2	52	40%	3	23	80%	1	19	80%	1	18	100%	3	37	40%	2
P12	25	80%	3	27	60%	1	18	60%	2	23	80%	3	24	100%	2	25	60%	1
P13	26	100%	1	27	40%	2	30	80%	3	28	100%	1	31	100%	2	27	80%	3
	32,92	74%	1,538	28,69	57%	1,692	34,15	68%	2,769	18	72%	1,769	20,38	86%	1,615	33,17	58%	2,583

Abbildung 4: Klick- und Erfolgsraten je Proband und je Hochschule

Die untersuchten Universitäten zeigen mit 31,92 zur Aufgabenerfüllung notwendigen Seitenaufrufen eine um knapp 34% höhere Klickrate als die FHs mit durchschnittlich 23,85. Dieser Umstand ist darauf zurückzuführen, dass sich die *komplexere und vielfältigere Strukturierung von Universitäten* in Fakultäten und Institute auch in der Struktur ihrer Websites abbildet und daher weitere Suchwege' zu beschreiten sind als dies bei den untersuchten FHs der Fall war. Untypisch fällt in Bezug auf die Klickrate FH 3 erneut auf, nachdem sie bereits unter den FHs den höchsten Zeitbedarf generierte: Mit einer sogar leicht höheren Klickrate als die durchschnittliche der Universitäten zeigt sie trotz FH-typischer grundsätzlich einfacher Systemstrukturierung eine komplexe Websitestruktur.

Nachdem Zeitbedarf und Klickraten grundsätzlich den Nutzeraufwand grob beschreiben können, wurde der ,*Nutzerertrag*' untersucht. Als ,Ertrag' wurde definiert, wenn die vordefinierten Zielwebsites (Subsites der Institutionen-Websites) nachweislich (Präsenz im automatisch generierten Logfile) angesteuert worden waren. Als Teil des ,Nutzerertrags' wurde die emotionale Komponente bei der Aufgabenerfüllung ausgewertet, indem einerseits (frei geäusserte) Kommentare aufgezeichnet und andererseits jeweils im Anschluss der beiden Blöcke (3 Universitäten bzw. 3 FHs) Rankings abgefragt wurden. Einbeziehen sollten die Probanden in ihr (betont subjektives) Urteil die Funktionalität, das Erscheinungsbild, die Klarheit und Strukturiertheit von Menus, Sprache und Bildgestaltung sowie die emotionale Komponente der Websites. Im Ergebnis zeigte sich:

- Universität 1 mit durchschnittlich (unter Universitäten) hoher Klickrate generierte mit 74% die höchste Erfolgsrate (Min 40%, Max 100%) und wurde (unter den Universitäten) am positivsten beurteilt.
- Universität 2 wies zwar die geringste Klickrate auf, wurde in der Beliebtheit indifferent beurteilt, zeigte aber mit 57% Erfolgsquote die schlechteste Funktionalität (Min 20%, Max 80%).
- Universität 3 generierte die höchste Klickrate, eine mittelmässige Erfolgsquote (68%, Min 40%, Max 80%) und die schlechteste subjektive Beurteilung.

Der Vergleich unter den Universitäten zeigt, dass hohe Klickraten zu einer schlechteren Gesamtbeurteilung führten als schlechte Erfolgsquoten; dies kann im Umstand begründet liegen, dass der Misserfolg einer Aufgabenbearbeitung nicht allen Probanden transparent war; das Untersuchungsprozedere verzichtete bewusst auf ein Eingreifen der Versuchsleitung bei Nichterfüllung der Aufgabe, weil dies auch in der realen Recherchesituation unterbleibt. Die Probanden wurden zu Anfang des Experiments instruiert, sie sollten so lange suchen, bis sie (ihrer Meinung nach) den gewünschten Inhalt gefunden hätten – oder aber auch die Suche abbrechen, wenn sie das in der Realsituation tun würden.

Insofern generierte Universität 2 zwar tatsächlich die schlechtesten Trefferquoten, die v.a. beim Auffinden der Medienstelle/Stelle für Öffentlichkeitsarbeit verursacht wurden, weil die Probanden häufig auf einer Institutsseite mit entsprechender Öffentlichkeitsarbeit landeten anstatt auf dem Link der offiziellen Hochschulöffentlichkeitsarbeit – ein nicht durchgehend funktionierender Link auf den Jahresbericht der Universität trug ebenfalls zur schlechten Trefferquote bei.

Die untersuchten FHs zeigten ein homogeneres Bild: Klar favorisiert wurde FH 2 mit einer niedrigen (nur 2 Klicks über der geringsten Klickrate von 18 liegenden) Klickrate und der höchsten Erfolgsrate von 86% (Min 60%, Max 100%). FH 1 wurde subjektiv knapp schlechter bewertet, war aber – gemessen an den Klickraten – etwas einfacher strukturiert, Trefferquote hier aber mit 72% deutlich niedriger als bei FH 1. Weit abgeschlagen rangierte FH 3 in allen bewerteten Kriterien: ein überdurchschnittlich hoher Suchaufwand (33,17 Klicks) mit unterdurchschnittlicher Trefferquote (58%, Min 20%, Max 80%) und einer äusserst kritischen bis schlechten subjektiven Bewertung, welche die zahlreichen negativen Äusserungen während des Experiments bestätigten. FH 3 verzeichnete des Weiteren die meisten Suchabbrüche, als Gründe wurden u.a. Erfolglosigkeit der Suche, unklare Strukturen oder nicht funktionierende Suchfelder genannt.

Die Probanden rangierten die Universitätswebsites trotz höherer Suchaufwände gegenüber den FHs höher; sie begründeten ihre Beurteilung insofern, als die Universitäten zwar strukturell komplexer seien, aber die Wege innerhalb dieser Struktur relativ gut nachvollziehbar seien. Auffallend viele Probanden äusserten sich verbal negativ bezüglich der Durchschaubarkeit der Fachbereichsstruktur der FHs, obwohl diese im Vergleich zu den Universitäten in aller Regel weniger vielfältig und zahlreich sind. Die Mehrzahl der Probanden stellte bei den FHs eine gewisse Einfachheit in Struktur und Inhalt fest, ordnete das aber der historisch bedingten stärkeren Vielfalt an Fachbereichen, Instituten und Forschungsbereichen zu. V.a. im Rahmen der forschungsbezogenen Suchaufgaben ordneten die Teilnehmer den Universitäten tiefergehende und dennoch nachvollziehbar transportierte Inhalte zu.

Der eigentliche *Blickverlauf* wurde auf unterschiedliche Arten ausgewertet: Zum einen wurden die gemessenen *Fixationen* und *Saccaden* über alle Probanden zu sogenannten Scanpfaden und Wärmebildern aggregiert. Ein Beispiel zeigt jeweils Abbildung 5 und Abbildung 6.

Heatmaps generieren abhängig von Fixationsdauern Felder, deren Form den Wahrnehmungsraum und deren Farbe die *Dauer der Fixation* visualisieren. Fixationsdauern geben Auskunft über die Tiefe der Verarbeitung.

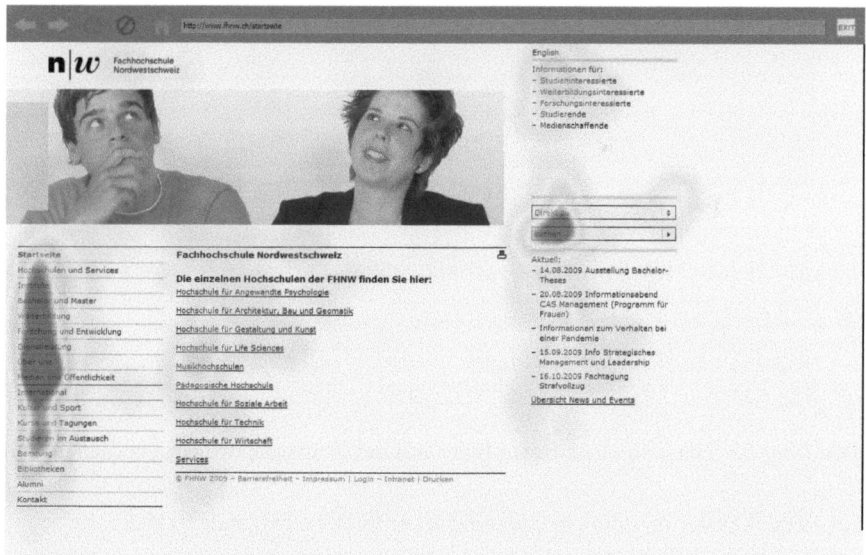

Abbildung 5: Heatmap der Startseite Fachhochschule Nordwestschweiz über alle Probanden (n=13)

Scanpfade visualisieren Blickverläufe, geben also Auskunft über die *Reihenfolge der Fixationen* und repräsentieren (über die Grösse von Kreismarkierungen) gleichzeitig Fixationsdauern. Winkel über 90° zwischen zeitlich benachbarten Sakkaden können ein Anzeichen für die Ziellosigkeit einer Suche oder Desorientierung durch die vorliegende Gestaltung sein.

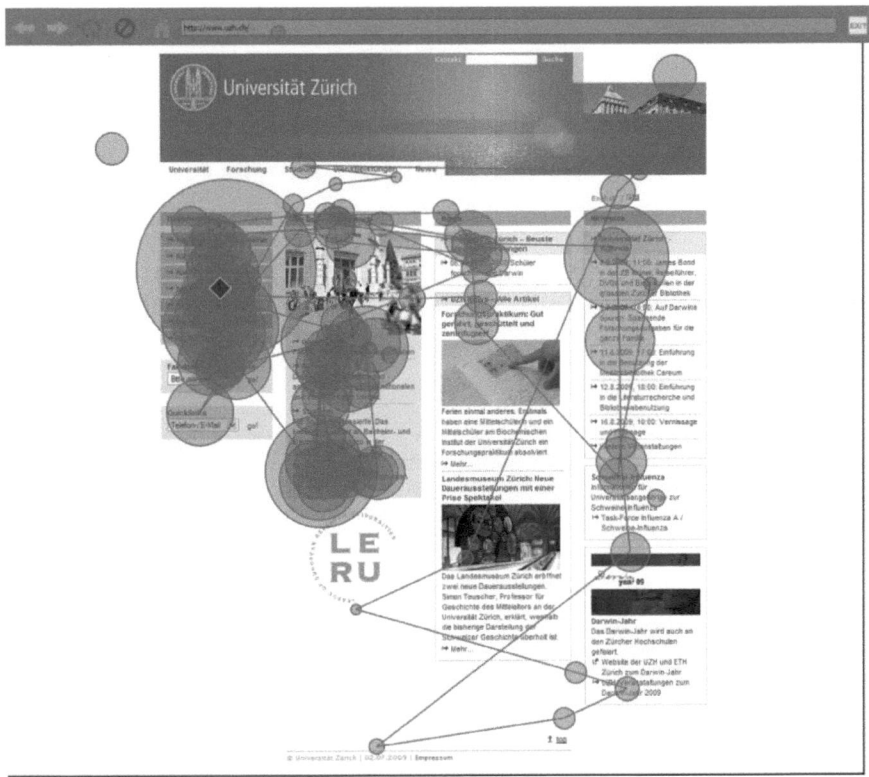

Abbildung 6: Beispiel eines Scanpfades auf der Startseite der Universität Zürich

Eine erste Auswertung der generierten Daten förderte folgende Ergebnisse:

Daten	Bedeutung	Interpretation
Fixationszahl	Sucheffizienz	Sucheffizienz bei FHs höher, aber bedingt durch einfachere Struktur von Inhalten und Institutionen; Ausnahme: FH 3 – schlechtes Verhältnis von Suchaufwand und Sucherfolg, zahlreiche Abbrüche.
Fixationsdichte	Sucheffizienz	Je komplexer die Inhalte, desto dichtere Fixationen, tendenziell bei Unis dichter, begründet in o.g. struktureller Ungleichheit.
Fixationsdauer	Dekodierungsproblem/ Vereinnahmung	Die längsten Fixationsdauern generierten auf allen Websites die Menuleisten/-blöcke. In Einzelfällen (FHNW) vereinnahmten Bilder im Head der Website, wenn Personen darauf zu sehen waren; FH 3 zeigte über die Kopplung langer Fixationsdauern mit weitwinkligen Folgesakkaden Desorientierung.
Wiederholungs-fixationen	Dekodierungsproblem/ Interpretationsproblem	Noch nicht erhoben.
Time-to-first-Fixation	Anziehungskraft von Objekten	Zahlreiche Erstfixationen zielten wider Erwarten nicht auf Bildobjekte, sondern auf Menublöcke. Umso mehr, wenn sie farblich vom restlichen Farbschema der Website abwichen.
Verhältnis on-target zu off-target-Fixation	Schlechtes Verhältnis deutet auf ineffiziente Suche hin	Nur teilweise erhoben, wenn Fixationszahl und -dichten den Verdacht auf Ineffizienz lenkten: FH 3 zeigt mit einem Verhältnis von 2 on-

Daten	Bedeutung	Interpretation
		target zu 1 off-target-Fixationen ein extrem schlechtes Verhältnis, das mit der subjektiven Einschätzung und mit dem Verhältnis Suchaufwand – Sucherfolg korreliert.
Totale Sakkadenanzahl	Viele Sakkaden indizieren intensive Suche	Je klarer die Struktur des Menus, desto geringere Anzahl der Sakkaden.
Sakkadenamplitude	Grosse Amplituden zeigen gut codierte Hinweise	Noch nicht erhoben.
Regressive Sakkaden	Schnittstelle entspricht nicht den Nutzererwartungen. Schlechte optische Hinweise	Erwartungsgemäss hohe Regression in den Menubereichen – Menus erfüllen erwartete Schlüsselfunktion. Höchste Regressionsraten Uni 2 & FH 3 – schlechte Strukturierung und verwirrende Terminologien; optisch wenig strukturiert.
Winkel zwischen zeitlich benachbarten Sakkaden	Winkel über 90° können Suchzieländerung des Nutzers bedeuten oder enttäuschte Erwartungen zeigen	Als von den Probanden unstrukturiert und wenig ansprechend beurteilte Sites wiesen eine tendenziell höhere Anzahl stumpfwinkliger Sakkaden auf. Starkes Auftreten wiederum bei FH 3.
Scanpfaddauer und –länge	Lange Pfade indizieren ineffiziente Suche	Scanpfade der Universitäten waren durchschnittlich kürzer als bei FHs. Kürzeste Scanpfade bei Uni 1 und FH2.
Räumliche Dichte	Hohe Dichte deutet auf direkte Suche hin	Scanpfade der Universitäten zeigten eine höhere Dichte als die der FHs. Dort streuten

Daten	Bedeutung	Interpretation
		die Pfade deutlich mehr, am extremsten bei FH 3, gefolgt von FH 1; FH 2 zeigte ähnlich dichte Scanpfade wie die Universitäten.
Transitionen	Sich wiederholende Suchverläufe zeigen Unsicherheit des Nutzers	Nur teilweise erhoben, v.a. im Verdachtsfall auf ineffiziente Suche. So zeigt FH 3 eine extrem höhere Wiederholungsrate an Suchverläufen. FH 1 zeigt die geringsten Wiederholungen.
Scanpfadrichtungen	Zeigen Suchstrategien (Bottom-up vs. Top-down)	Deutlicher Überhang an Top-down-Strategien; von Websitestrukturen indiziert und vermutlich von ,gelernter' Suchstrategie gesteuert.
Verhältnis zwischen Fixationen und Sakkaden	Verhältnis von Such- mit Verarbeitungszeit	Subjektiv besser bewertete sowie Websites mit durchschnittlich hohen Sucherfolgsraten zeigen höhere Verarbeitungszeiten. Das Ansteigen von Suchzeiten korreliert mit negativen Beurteilungen und Suchabbrüchen.

Tabelle 1:   Auswertung der generierten Daten

5   Fazit und Ausblick

Zusammenfassend zeigt sich bezogen auf die Ergebnisse, dass grosse Unterschiede zwischen den einzelnen untersuchten Hochschulen hinsichtlich der untersuchten Fragestellungen bestehen. Der „Sieger" – Uni 1 – zeichnet sich dabei durch eine offenbar leicht dekodierbare Menuführung, klare Strukturierung aller Subsites sowohl in Textelementen als auch in der Gestaltung und klare Terminologie besonders aus. Gleichzeitig wird bei einem Vergleich zwischen den (in ihrer Struktur ex definitione an sich einfacheren) Fachhochschulen und den untersuchten Universitäten deutlich, dass die Universitäten – zumindest hinsichtlich der untersuchten Fragestellungen – besser abschneiden, da hier die zu suchenden Informationen von den Probanden schneller und besser gefunden werden – und das trotz einer höheren Komplexität in Struktur und (gemäss subjektiver Äusserungen der Probanden) Inhalt. Es zeigt sich, dass die Mehrzahl der Benutzer auf eine Suchstrategie per Menu dann mehrheitlich verzichtet, wenn eine Suchfunktion zur Verfügung steht. Angesichts der klaren Aufgabenstellung im Experiment war die Bildung von Suchbegriffen kein Problem, entgegen einer Realsituation, in der die Fähigkeit zur zielführenden Wortfindung in Suchprozessen eine entscheidende Rolle für den Sucherfolg spielt.

Die Beobachtung der Probanden während der Suche sowie ihre verbalen Äusserungen während des Experiments bzw. anschliessend zeigte deutlich, dass technische Dysfunktionalitäten wie bspw. nicht funktionierende Suchfelder, fehlende Verlinkungen und lange Ladezeiten sowohl Suchstrategie als auch Sucherfolg nachteilig beeinflussen.

Die Studie zeigte zudem, dass die Gestaltungselemente einer Website differenziert eingesetzt werden müssen. So werden Bilder erstaunlicherweise prinzipiell wenig beachtet, ebenso Header; interessanterweise trafen Erstfixationen in der vorliegenden Studie nie Bildelemente, sondern stets Menublöcke oder (massiv weniger) -zeilen. Es konnte eine leichte Präferenz von links angeordneten Menublöcken festgestellt werden, die aber vermutlich ‚gelernt‘ ist und keine funktionalen Vorteile bietet. Farblich codierte Menuunterpunkte werden als strukturierend empfunden (Uni 1). Logos als aktive Felder zur Rückkehr auf die Startseite werden vorwiegend von geübten Webusern erkannt und als solche benutzt; alternativ wird der ‚Rückgängig-Button‘ von einer Vielzahl von Nutzern verwendet. Bei längeren Ladezeiten und vorangehend ineffizienter Suche führt dieses Vorgehen zu Verdrossenheit und im negativsten Fall Abbruch der Suche.

Grundsätzlich zeigt sich, dass die Blickaufzeichnung einen wertvollen Ansatz darstellen kann, den Internetauftritt einer Hochschule zu optimieren. Einschränkend ist anzumerken, dass das Verfahren der Blickaufzeichnung neben den genannten Stärken auch Schwächen aufweist (Sarris & Reiß 2005, Mayer 2008): Hierzu zählt zum einen der (relativ) grosse Aufwand. Zum anderen ist die fehlende Ableitbarkeit von Kausalitäten und Ursachen zu beachten: Das Verfahren misst „nur“, ob, nicht aber warum ein Proband einen Teilaspekt betrachtet oder nicht (bspw. Nieding & Ohler 2004). Aus diesem Grund sollte das Verfahren stets mit qualitativen Methoden gekoppelt werden, indem bspw. mit der Methode lauten Denkens, qualitativen Interviews, Erhebungen der Erinnerung von Elementen etc. die Eyetracking-Daten adäquat interpretierbar werden.

Eine weitere Schwäche – und damit zweifelsohne Potenzial für zukünftige Forschung – zeigt die aufgezeigte Studie dahingehend, dass ggf. vorhandene Heterogenitäten der Probanden nur eingeschränkt Beachtung finden konnten. Für die Zukunft erscheint es z.b. spannend, die Gruppe der „Business-Kunden" von Hochschulen ggf. weiter zu differenzieren und hier ggf. feststellbare *gruppenspezifische Besonderheiten* näher zu untersuchen. In der vorliegenden Studie waren bspw. keine ausbildungsspezifischen Nutzungsmuster erkennbar; geübte Webuser aus dem Wissenschaftsbereich zeigten nicht zwingend bessere Suchstrategien bzw. -erfolge. Die Ausreisser auf beide Seiten (also besonders erfolgreiche, aber auch besonders erfolgsarme Probanden) zeigten aber tlw. vom ‚Normalverhalten' abweichende Scan- und Fixationsmuster. Diesem Umstand wird in der auf diese Studie aufbauenden Forschung nachzugehen sein.

In der Summe bleibt trotz der genannten Nachteile zu hoffen, dass der vorliegende Beitrag Hochschulen eine Anregung gibt, sich der Relevanz der Kommunikation und damit verbunden des Internets (noch) stärker bewusst zu werden, ihren eigenen Internetauftritt zu überdenken und ggf. unter Verwendung eigener Blickaufzeichnungsanalysen eine Optimierung vorzunehmen.

Literatur

Amrhein, Denise (1998): Die Universität als Dienstleister. Innovative Organisationsstrukturen und Motivationskonzepte, DUV/Wiesbaden.

Athiyaman, Adee (1997): Linking student satisfaction and service quality perceptions: the case of university education, in: European Journal of Marketing, Vol. 31, No. 7, S. 528-540.

Baaken, Thomas (2007): Science-to-Business Marketing – erfolgreiche Forschungsvermarktung, Zusammenfassung des Vortrags von Prof. Dr. Th. Baaken, in: Meffert, Heribert/Müller-Böling, Detlef (Hrsg.), S. 53-61.

Bente, G. (2004): Erfassung und Analyse des Blickverhaltens. In R. Mangold, P. Vorderer und G. Bente (Hrsg.), Lehrbuch der Medienpsychologie (S. 297-324). Göttingen: Hogrefe.

Berekoven, Ludwig/Eckert, Werner/Ellenrieder, Peter (1989): Marktforschung. Methodische Grundlagen und praktische Anwendungen, 4. Aufl., Gabler/Wiesbaden.

Bruhn, Manfred (2009): Marketing. Grundlagen für Studium und Praxis, 9. Aufl., Gabler/Wiesbaden.

Bryant, Barbara E. (1983): Universities conduct marketing research to raise funds, recruit students, improve image, in: Marketing News, 8/5/1983, Vol. 17, Issue 16, S. 18.

Duchowski, Andrew T. (2007): Eye Tracking Methodology, Springer/Berlin.

Glotz, Peter (2002): Der Wandel der Universitäten in der digitalen Ökonomie, in: Die Unternehmung, 56. Jg., Nr. 2, S. 115-118.

Galley, Nils (2001): Physiologische Grundlagen, Meßmethoden und Indikatorfunktion der okulomotorischen Aktivität. In F. Rösler (Hrsg.), Grundlagen und Methoden der Psychophysiologie (S. 237-316). Göttingen: Hogrefe. Godefroid, Peter (2003): Business-to-Business-Marketing, 3. Aufl., Kiehl-Verlag/Ludwigshafen (Rhein).

Hammann, Peter/Erichson, Bernd (1994): Marktforschung, 3. Aufl., Gustav Fischer Verlag/Stuttgart.

Herrmann, Wolfgang A./Kronthaler, Ludwig M. (2002): Universitätsmanagement – Prinzipien und Weg der Technischen Universität (TU) München, in: Die Unternehmung, 56. Jg., Nr. 2, S. 91-100.

Homburg, Christian/Krohmer, Harley (2006): Marketingmanagement. Strategie – Instrumente – Umsetzung – Unternehmensführung, 2. Aufl., Gabler/Wiesbaden.

Janich, Nina (Hrsg.) (2009): Marke & Gesellschaft. Markenkommunikation im Spannungsfeld von Werbung und Public Relations, GWV/Wiesbaden.

Judson, Kimberly M./Aurand, Timothy W./Gorchels, Linda/Gordo, Geoffrey L. (2009): Building a University Brand from Within: University Administrators' Perspectives of Internal Branding, in: Services Marketing Quarterly, Vol. 30, No. 1, S. 54-68.

Kent, Raymond (2007): Marketing Research. Approaches, Methods and Applications in Europe. Thomson/London.

Kotler, Philip/Wong, Veronica/Saunders, John/Armstrong, Gary (2005): Principles of Marketing, 4th European Edition, Pearson/Harlow.

Lawrence, John J./McCollough, Michael A. (2004): Implementing Total Quality Management in the Classroom by Means of Student Satisfaction Guarantees, in: Total Quality Management & Business Excellence, Vol. 15, Issue 2, S. 235-254.

Mangold, Roland/Vorderer, Peter/Bente, Gary (Hrsg.) (2004): Lehrbuch der Medienpsychologie, Göttingen: Hogrefe.

Mayer, Richard E. (2008): Old advice for new researchers, in: Educational Psychology Review, 20, S. 19-28.

Meffert, Heribert (2007): Einführung in die Themenstellung – Zusammenfassung des Vortrags von Prof. Dr. Dr. h. c. mult. Heribert Meffert, Universität Münster, in: Meffert, Heribert/Müller-Böling, Detlef (Hrsg.), S. 2-7.

Meffert, Heribert/Müller-Böling, Detlef (Hrsg.) (2007): Hochschulmarketing – Herausforderung und Erfolgsfaktoren im Wettbewerb, Dokumentation der Tagung vom 15. Januar 2007, CHE Centrum für Hochschulentwicklung, Gütersloh, in Kooperation mit der Wissenschaftlichen Gesellschaft für Marketing und Unternehmensführung, Münster, Arbeitspapier Nr. 98.

Müller, Wilfried (2007): Hochschulmarketing der Universität Bremen, Leuchttürme oder Dachmarken: Herausforderung der Profilierung einer Hochschule, Zusammenfassung des Vortrags von Prof. Dr. W. Müller in: Meffert, Heribert/Müller-Böling, Detlef (Hrsg.), S. 23-30.

Müller-Böling, Detlef (2007): 10 Jahre Hochschulmarketing: Schon hinter uns oder noch vor uns? Zusammenfassung des Vortrags von Prof. Dr. D. Müller-Böling, in: Meffert, Heribert/Müller-Böling, Detlef (Hrsg.), S. 8-22.

Nieding, Gerhild/Ohler, Peter (2004): Laborexperimentelle Methoden, in: Mangold, Roland/Vorderer, Peter/Bente, Gary (Hrsg.), S. 355-376.

Nielsen, Jakob (2001): Designing Web Usability, Markt+Technik Verlag, München.

o.V. (2001): Blickregistrierung, in: Bruhn, Manfred/Homburg, Christian (Hrsg.): Gabler Marketing Lexikon, Gabler/Wiesbaden, S. 84.

o.V. (2007): Die AKAD Privat-Hochschulen entscheiden sich im Online-Marketing für Iven & Hillmann, Pressemitteilung von Iven & Hillmann GmbH & Co. KG vom 27.4.2007, http://www.openpr.de/pdf/132554/Die-AKAD-Privat-Hochschulen-entscheiden-sich-im-Online-Marketing-fuer-Iven-Hillmann.pdf, Zugriff am 10.11.2009.

o.V. (2009): Goodbye Golden Triangle. Eye Tracking Studie zur Google Universal Search, veröffentlicht unter http://www.usability.de/publikationen/studien/goodbye-golden-triangle.html, Zugriff am 1.11.2009.

Pastowski, Sven (2000): Dienstleistungsmanagement für Universitäten – Utopie oder Erfolgskonzept? In: Woratschek, Herbert (Hrsg.): Neue Aspekte des Dienstleistungsmarketing. Konzepte für Forschung und Praxis, DUV/Wiesbaden, S. 297-321.

Pesch, Michael/Calhoun, Robert/Schneider, Kenneth/Bristow, Dennis (2008): The Student Orientation of a College of Business: An Empirical Look from the Students Perspective, in: Marketing Management Journal, Spring 2008, Vol. 18, Issue 1, S. 100-108.

Reinecke, Sven/Janz, Simone (2007): Marketingcontrolling. Sicherstellen von Marketingeffektivität und -effizienz, Kohlhammer/Stuttgart.

Rothbucher, Bernhard/Kolar, Mario/Ion, Bill/Clarke, Anna (Hrsg.) (2006): Educating Designers for a Global Context, Hadleys Ltd./Essex UK.

Sarris, Viktor/Reiß, Siegbert. (2005): Kurzer Leitfaden der Experimentalpsychologie. München: Pearson Studium.

Siems, Florian (2009): Preismanagement. Konzepte – Strategien – Instrumente, Vahlen/München.

Siems, Florian/Brandstätter, Manfred/Gölzner, Herbert (Hrsg.) (2008): Anspruchsgruppenorientierte Kommunikation: Neue Ansätze zu Kunden-, Mitarbeiter- und Unternehmenskommunikation, GWV/Wiesbaden.

Siems, Florian/Lackus, Manuela (2009): Herausforderungen der Kommunikation an den Markenaufbau interner B2B-Leistungen – Theorie, Ergebnisse einer empirischen Analyse und Managementimplikationen, in: Janich, Nina (Hrsg.), S. 179-189.

Siems, Florian/Lengauer, Johanna/Bruton, James (2006): Architectural Design of Universities and its Impact on Student Satisfaction: Theory and Results of an Empirical Study, in: Rothbucher, Bernhard/Kolar, Mario/Ion, Bill/Clarke, Anna (Hrsg.), S. 175-180.

Silberman, David (2001): Interpreting Qualitative Data. Methods for Analysing Talk, Text and Interaction, Sage Publications/Newbury Park CA.

Stauss, Bernd/Balderjahn, Ingo/Wimmer, Frank (Hrsg.) (1999): Dienstleistungsorientierung in der universitären Ausbildung, Stuttgart.

Stelzer, Tanja (1999): Uni als Dienstleister. Die Hochschulen entdecken das Marketing, in: Die Zeit, Heft 7/99, S. 72.

Stötzer, Sandra (2008): Stakeholderorientierte Informations- und Kommunikationspolitik in Nonprofit-Organisation – Leistungsberichterstattung als Instrument zur strategischen Beziehungsgestaltung, in: Siems, Florian/Brandstätter, Manfred/Gölzner, Herbert (Hrsg.), S. 403-420.

Van Gog, Tamara/Kester, Liesbeth/Nievelstein, Fleurie/Giesbers, Bas/Paas, Fred (2009): Uncovering cognitive processes: Different techniques that can contribute to cognitive load research and instruction. Computers in Human Behavior, 25, S. 325-331.

Whisman, Rex (2009): Internal branding: A university's most valuable asset, in: Journal of Product & Brand Management, Vol. 18, No. 5, S. 367-370.

Wochnowski, Holger (1999): Anwendbarkeit von Instrumenten der Dienstleistungsqualitätsmessung auf betriebswirtschaftliche Lehrangebote, in: Stauss, Bernd/Balderjahn, Ingo/Wimmer, Frank (Hrsg.), S. 287-310.

Wochnowski, Holger/Devries, Jan (1994): Messung der Dienstleistungsqualität universitärer Lehrangebote, Diskussionspapier Nr. 189 des Fachbereichs Wirtschaftswissenschaften der Universität Hannover, Hannover.

Der Wandel der Gesellschaft und ihr Einfluss auf die Wirtschaftskommunikation

Laetizia Christoffel

1 Einleitung

«Selbständige Hausfrauen sollten sich nicht durch eine überschwängliche Reklame verleiten lassen, etwas wirklich gutes, wenn auch weniger bekanntes zurückzuweisen.» (Schweizer Illustrierte Zeitung: 13. April 1912). Werbung übertreibt, sie manipuliert und sie verleitet den Menschen zum Konsum. Dies gilt vor allem für die Werbung der Konkurrenz, denn die eigene Werbung hält sich natürlich an ethische Grundsätze. Die eigene Werbetätigkeit dient dem Kunden zur Information und überzeugt ihn von der Qualität eines Produkts. Die zitierte Anzeige wurde im Jahr 1912 publiziert und veranschaulicht, welches Image die Werbung hatte.

Doch wie steht es heute mit der Verleitung durch Werbung? Ist der Mensch von heute wirklich so frei, wie er sich selber gerne sieht, und ist er nicht mehr manipulierbar? Oder ist die Werbung subtiler geworden, so dass wir nicht mehr wahrnehmen, dass wir von der Werbung gesteuert werden? Während in den dreissiger Jahren des 20. Jahrhunderts in der Medienwirkungswissenschaft von einer Medienallmacht ausgegangen wurde, wurde in den sechziger Jahren von einer Medienohnmacht gesprochen. Seit den siebziger Jahren wird den Medien wieder eine mittlere bis grosse Wirkung zugesprochen. Aber welche Veränderungen machte die Wirtschaftskommunikation seit 1912 durch?

In diesem Betrag wird der Teilbereich Unternehmenskommunikation betrachtet. Um den Wandel in diesem Bereich der Kommunikation aufzuzeigen, werden einige Anzeigen aus vergangener Zeit betrachtet und neben den Internetauftritt eines Unternehmens gestellt. Im Vorfeld soll dazu ein Blick auf die verschiedenen Teilaspekte geworfen werden, die Aussagen beinhalten.

2 Die Veränderung der Welt

Wohl kaum ein Jahrhundert hat einen so intensiven Wandel erlebt wie das vergangene. Die Technik hat sich stark verändert und verlangt vom Einzelnen mit der Bedienung von TV-Geräten mit Video und DVD-Player oder mit dem Umgang mit Handys und mit Computern vollkommen neue Kompetenzen. Schon ein Rückblick auf die letzten fünfzehn bis zwanzig Jahre zeigt schnell, dass damals kaum jemand Internet und e-mail anwandte.

Die Folge des technologischen Wandels ist, dass sich die Kommunikation im Allgemeinen stark verändert hat: Gleichzeitig mit den Erfindungen neuer technischer Geräte und Möglichkeiten sind neue Verhaltensweisen der Gesellschaft und neue Bedürfnisse aufgetreten. Der Mensch hat gelernt, die zusätzlichen Kommunikationsmöglichkeiten zu nutzen. Die Wirtschaftskommunikation hat sich parallel zum technischen Fortschritt und dem veränderten Kommunikationshabitus der Gesellschaft entwickelt: mit Werbung auf visuellen, auditiven oder audiovisuellen Medienkanälen, mit Imagekampagnen und Hintergrundinformationen. Unternehmen müssen auf das veränderte Verhalten des Menschen und seine weitergehenden Wünsche reagieren und mit der Entwicklung mithalten. Die Menge der bereit gestellten Information ist äquivalent zur Entwicklung der Kommunikationsmittel grösser geworden, denn die Veränderung der technischen Mittel hat neben dem Themeninhalt auch Einfluss auf die Informationsmenge, die produziert wird. Wie sich diese Entwicklung auf die Qualität der Kommunikationsinhalte auswirkt, sei dahin gestellt, doch letztendlich hat der technologische Wandel neben dem Einfluss auf das Kommunikationsverhalten auch Einfluss auf den sozialen Wandel der Gesellschaft. Die veränderte, technisierte Kommunikation rief neue Begrifflichkeiten hervor: der Ausdruck «Informationsgesellschaft» entstand.

> Informationsgesellschaft ist eine (schlagwortartige) Bezeichnung für hochentwickelte Gesellschaften der Gegenwart, in denen mit Hilfe moderner Informations- und Kommunikationstechniken eine gewaltige Zunahme der Informationsproduktion, -verteilung und -vernetzung in wachsendem Masse das Leben des Individuums, die sozialen Beziehungen, die Ausprägung von Kultur und Gesellschaft sowie (stark beschleunigend) den sozialen Wandel beeinflusst.[1]

Blieben bis in die sechziger Jahre vorgegebene Lebensmuster und Ordnungsdenken konstant, verloren diese Grundmuster in der folgenden Zeit an Verbindlichkeit: Geschlechterrollen, Stand und Klasse lösten sich zunehmend auf.[2] Waren die Konsumentinnen und Konsumenten bis dahin eine grosse Gruppe ähnlich Denkender und Handelnder, haben sich im Laufe der Zeit unzählige Interessen-

---

[1]   Hillmann, Karl-Heinz (⁴1994): Wörterbuch der Soziologie, Stuttgart. S. 366.
[2]   Nebenbei sei erwähnt, dass diese Individualisierung nicht nur problemlos stattgefunden hat. Desorientierung, der Verlust von gültigen Werten und die Vereinsamung sind die negativen Folgen des Individualisierungstrends.

gruppen so stark herauskristallisiert, dass diese von der Werbung individuell angesprochen werden. Die aktuelle Werbekommunikation ist stark segmentiert nach der jeweiligen Zielgruppe, auf welche die Werbung möglichst genau zugeschnitten ist, und die Unternehmen müssen ihre Information auf allen verfügbaren Medienkanälen anbieten. Neben den konventionellen Kommunikationsmitteln wie Zeitungen, Zeitschriften, Radio oder TV kommunizieren Unternehmen heute auch über Internetplattformen, elektronische Newsletter, Communities, über Eventorganisation und -sponsoring und per Abruf auf mobile Telefone. Sämtliche Informationsmassnahmen müssen der Individualisierung der Gesellschaft angepasst werden: Sowohl die Produkte als auch das Unternehmensbild müssen in den jeweils entsprechenden Medien beworben und, um bei den Rezipientinnen und Rezipienten anzukommen, auf das spezifische Medium und die passende Zielgruppe zugeschnitten, aufbereitet werden. Die Wirtschaftskommunikation muss, um im massenhaft vorhandenen Informationsangebot wahrgenommen zu werden, der Zeit und dem Zeitgeist angepasst werden:[3]

> Mit dem Wandel des Wertesystems wandeln sich die Themen und Inhalte der Kommunikation.[4]

3   Das Kommunikationsquadrat

Kommunikation läuft über die drei Elemente Sender, Empfänger und, ausser bei der direkten Kommunikation zwischen Sender und Empfänger, einem Medium ab, und selbstverständlich wird bei jeder Kommunikationsform ein Inhalt zwischen dem Sender und dem Empfänger vermittelt. Diesen Inhalt betrachten wir in diesem Kapitel unter dem Begriff «Äusserung».

Nach Friedmann Schulz von Thun beinhaltet jede Äusserung vier Typen von Botschaften (Schulz von Thun 2007: 20). Schulz von Thun spricht vom Kommunikationsquadrat (vgl. Abb. 1). Demnach hat jede Äusserung einen Sachinhalt, sie beinhaltet aber auch jeweils eine Selbstkundgabe des Senders einer Aussage sowie einen Appell an den Empfänger. Zudem sagt die Äusserung jeweils etwas über die Beziehung der beiden Kommunikationspartner aus.

---

[3]   Vgl. Kroeber-Riel, wonach lediglich 5% des Informationsangebots wahrgenommen wird (Kroeber-Riel 1990: 15).

[4]   Stark, Susanne (1992): Stilwandel von Zeitschriften und Zeitschriftenwerbung. Analyse zur Anpassung des Medienstils an geänderte Kommunikationsbedingungen (= Konsum und Verhalten, Bd. 31), Heidelberg. S. 56.

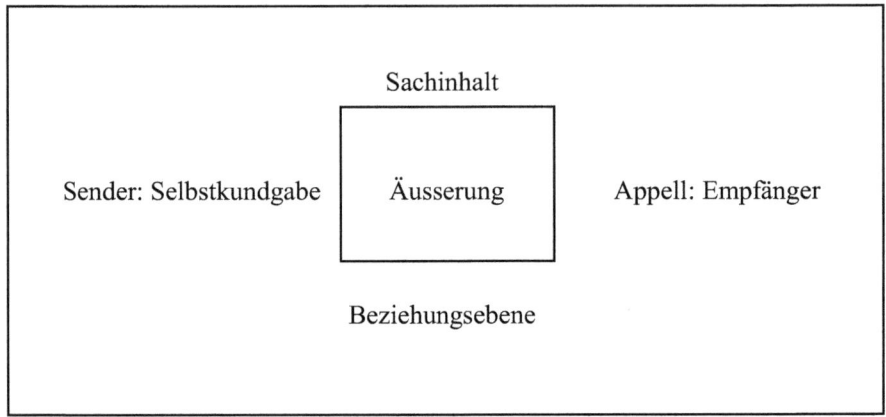

Abbildung 1:   Jede Äusserung beinhaltet einen Sachinhalt, eine Selbstkundgabe
                  sowie einen Appell an den Empfänger, und die Äusserung gibt
                  Auskunft über die Beziehung der Kommunikationspartner.
                  (Kommunikationsquadrat nach Friedmann Schulz von Thun,
                  2007).

In der Unternehmenskommunikation, und vor allem in der klassischen Werbung,
sind mindestens drei Seiten des Kommunikationsquadrates nicht nur implizit
vorhanden, sondern werden oft auch explizit geäussert: Informationen über Produkte sind dem Sachinhalt zuzuschreiben. Kaufaufforderungen, die in der Werbung vorkommen, sind dem Typ «Appell» des Kommunikationsquadrates zuzu-
teilen. Auch Selbstkundgaben von Unternehmen sind in der Werbekommunikation zu finden. Hingegen wird, ebenso wie die meisten Äusserungen der täglichen Kommunikation, der Beziehungsaspekt zwischen dem kommunizierenden
Unternehmen und dem Empfänger der Botschaft nicht oder äusserst selten explizit kommuniziert. Aufgrund der Werbeaussagen können trotzdem Schlüsse auf
die Beziehung gemacht werden, dies wenigstens einseitig: Aufgrund der Äusserungen kann auf die Wahrnehmung geschlossen werden, die das Unternehmen
von den potentiellen Kundinnen und Kunden hat. Hingegen sind bei dieser ein-
seitigen Kommunikation, wie sie die klassische Werbung darstellt, keine Rückschlüsse über das Verhältnis der Rezipientinnen und Rezipienten zum Unternehmen möglich. Um dieses Verhältnis zu beschreiben, bräuchte es beispielsweise Kundenbefragungen, aber auch eine Analyse zu Aussagen über Web 2.0
Applikationen wie Twitter usw. würden darüber Auskunft geben. Wir beschränken uns hier auf die Analyse der Unternehmenskommunikation und untersuchen

anhand einiger Beispiele, wie sich diese Kommunikationsart in den vergangenen Jahrzehnten verändert hat.

4   Beispiele zum Wandel der Werbung

Die Medien widerspiegeln die in der Gesellschaft vorhandenen Werte und sind damit nach Manuela Baumgart ein «Spiegel der Gesellschaft» (Baumgart 1992: 31). Daran, dass sich das Zeitgeschehen in der Werbung widerspiegelt, besteht kein Zweifel und lässt sich beispielsweise bei der Durchsicht von Anzeigen aus der Kriegs- und Nachkriegszeit schnell bestätigen: Häufig sind in den Anzeigen aus dieser Zeit Hinweise auf die durch den Krieg bedingten Mangelerscheinungen zu finden. Ein Grund dafür, dass sich die Werte der Gesellschaft in den Anzeigen widerspiegeln, ist darin zu sehen, dass Unternehmen in ihrer Kommunikation aktuell sein wollen und müssen. Und letztendlich kann sich wohl niemand entziehen, direkt oder indirekt Informationen zu Zeiterscheinungen zu vermitteln, sei es über die Kleidung der abgebildeten Personen oder über die in den Anzeigen verwendete Sprache, die durch den Alltag geprägt sind (vgl. Watzlawick/Beavin/Jackson [11]2007). Da in der Werbung Bilder und Sprache benutzt werden, und weil Unternehmen eine zeitgemässe Kommunikation bevorzugen, eignet sich die Unternehmenskommunikation bestens für eine Untersuchung zum Wertewandel.

Als Beispiel dafür, wie sich Wertewandel und Zeitgeist in der Unternehmenskommunikation aufzeigen lassen, werden hier Lebensmittelanzeigen aus unterschiedlichen Jahrzehnten betrachtet. Die Anzeigenbeispiele, die der klassischen Produktwerbung zuzuschreiben sind, wurden einerseits in der Publikation «Wir Brückenbauer», später «Migros Magazin», einer Wochenzeitschrift des Lebensmittel-Grossverteilers Migros, sowie in der «Schweizer Illustrierten (Zeitung)», einer Zeitschrift, die bereits seit 1911 existiert, publiziert.[5] In einem weiteren Schritt wird exemplarisch eine Homepage betrachtet, um den Wandel der Unternehmenskommunikation nachvollziehen zu können.

Zurück zum Kommunikationsquadrat: In der klassischen Anzeigenwerbung kommen die erwähnten drei Seiten des Kommunikationsquadrates explizit zur Sprache. Als erstes enthält jede Werbung einen Sachinhalt. Dieser wird in Form von Informationen zu Qualität, Preis oder Inhaltsstoffen eines Produkts geliefert. Zum Sachinhalt zählen aber auch Aussagen über das Vergnügen, das das Pro-

---

[5]   Die Wochenzeitung «Wir Brückenbauer» wurde seit 1942 von der Migros Genossenschaft als Gratismagazin für die Kundinnen und Kunden herausgegeben. 2004 wurde die Publikation in «Migros Magazin» umbenannt. Die «Schweizer Illustrierte» hiess bis 1965 «Schweizer Illustrierte Zeitung».

dukt dem Käufer bereiten kann. Während in der Nachkriegszeit mit Inhaltsangaben vorwiegend auf die Qualität eines Produkts hingewiesen wurde, wird in der neueren Werbung mit diesen Angaben das Vertrauen der Kundinnen und Kunden gefördert und an das Gesundheitsbewusstsein appelliert. Die analysierten Anzeigen des Brückenbauers aus den Jahren 1987 und 1992 enthalten häufig Angaben zu Inhaltsstoffen, was auf ein aufkommendes Umweltbewusstsein und einen damit einher gehenden Gesundheitstrend hinweist. Aus diesen Feststellungen wird ein Wandel im sozialen Denken ersichtlich.

Explizite Selbstkundgaben von Unternehmen sind schon in den frühen Anzeigen zu finden: Ein Unternehmen nennt sich beispielsweise als «alleinigen Fabrikanten» von Speisefett (Schweizer Illustrierte Zeitung: 13. April 1912). Für Qualität garantiert ein Unternehmen, das Fisch vertreibt, mit der Aussage: «täglich frische Zufuhr in eigenen Eisenbahn-Kühlwaggons» (Schweizer Illustrierte Zeitung: 26. Oktober 1912). Wird im ersten Fall die Monopolstellung des Unternehmens hervorgehoben, versucht das Unternehmen im zweiten Beispiel Vertrauen und Prestige zu schaffen, indem die üblicherweise im Hintergrund ablaufende Logistik in den Vordergrund, und damit ins Bewusstsein der Leserinnen und Leser, gerückt wird. Unternehmen erzeugen des weiteren Vertrauen bei ihren Kundinnen und Kunden mit Angaben zu ihrem langjährigen Bestehen. In jüngerer Zeit sind nicht nur Informationen über Inhaltsstoffe, sondern auch Angaben über artgerechte Tierhaltung oder über Bodenkontrollen zu finden, für welche das Unternehmen garantiert. Bei Lebensmittelanzeigen wird Vertrauen ins Unternehmen und ins Produkt aufgebaut, wenn in der Werbung kontrollierte Produktionsmethoden erwähnt werden. Bei einem Nähr- und Kräftigungsmittel wird das Vertrauen der Kundinnen und Kunden geweckt, indem auf die Überprüfung der darin enthaltenen Vitamine durch ein schweizerisches Vitamininstitut in Lausanne hingewiesen wird (Brückenbauer: 16. März 1962 und 4. Februar 1972). Bereits hier kann auf die Wichtigkeit einer gesunden Ernährung und des Umweltbewusstseins geschlossen werden.

Ebenfalls als explizite Selbstkundgabe einzustufen, sind Äusserungen zur eigenen Kommunikation. Gleich in zwei Anzeigen aus dem Jahr 1952 wird explizit die Werbetätigkeit des Unternehmens Migros erwähnt:

Vor einiger Zeit hat uns unsere Bäckerei dringend gebeten, keine Propaganda mehr für unser Kernenbrot zu machen. Grund: Die Bäcker wurden der überaus grossen Nachfrage nicht mehr Meister. Wir haben das Problem sofort studiert und auch eine befriedigende Lösung gefunden (Brückenbauer: 7. März 1952: 8).

> Wir sind froh, dass wir unsere Erbsen- und Bohnenkonserven nicht in ganzseitigen, farbigen Inseraten anpreisen müssen. Sie finden nämlich auch ohne grosse Reklame schlanken Absatz. [...] (Brückenbauer: 7. März 1952: 8).[6]

Der grosse Absatz soll die Kundinnen und Kunden vom Produkt überzeugen, indem ein me-too-Effekt ausgelöst wird. Dieser Effekt enthält implizit einen Appell an den Empfänger der Botschaft.

Ebenfalls einen impliziten Appell beinhalten Aussagen zum Genuss und Vergnügen, die das Produkt dem Käufer bescheren: Wenn die Kundinnen oder Kunden dieses Vergnügen wünschen, müssen sie das Produkt kaufen. Wird bei vielen Anzeigen der Appell implizit vermittelt, ist die Werbung auch offen für explizite Appelle in Form von Kaufaufforderungen. Als Beispiel dient eine Anzeige aus dem Jahr 1912:

> Mütter, gebt euren Kindern täglich die hochfeinen Lenzburger Confitüren denn sie sind gesund und nahrhaft. (Schweizer Illustrierte Zeitung: 20. Januar 1912)

Kaufaufforderungen wurden in den frühen Werbeanzeigen mit Imperativ geäussert, aber auch in Form eines Ratschlags:

> Die Hausfrau ernährt ihre Familie vorzüglich und spart viel Geld [...]. (Schweizer Illustrierte Zeitung: 27. Oktober 1917)

In beiden Anzeigen appelliert die Werbung ans Pflichtbewusstsein der Frau. Da sie als Mutter oder Hausfrau direkt angesprochen wird, trägt sie die (alleinige) Verantwortung für die Ernährung. Dies entsprach zu jener Zeit mit ziemlicher Wahrscheinlichkeit der üblichen Rollenteilung zwischen Frau und Mann. Mit dieser Werbetaktik übt das Unternehmen Druck auf die Frau aus: einerseits mit dem Hinweis auf eine gesunde Ernährung der Kinder, für deren Wohl sie verantwortlich ist, andererseits mit dem Appell zum ökonomischen Umgang.

Eine Anzeige wurde im Jahr 1947 publiziert, in welcher Spinat in der gemüsearmen Zeit «für die Hausfrau ein rettender Helfer» sei (Brückenbauer: 14. März 1947). Damit sind wir bereits auf der Beziehungsebene des Kommunikationsquadrates angekommen. Auf dieser Ebene sind keine expliziten Äusserungen zu finden, hierzu müssen Schlussfolgerungen anhand der Werbeaussagen gezogen werden. Statt einer Bevormundung und einem Appell ans Gewissen wird in der Anzeige von 1947 die Kaufaufforderung nun in Form eines Ratschlags aus dem Blickwinkel der Konsumentin gegeben. Das werbende Unternehmen perso-

---

[6] Diese Werbeaussage hatte allerdings nicht allzu lange Gültigkeit, denn 1957 sind gleich zwei ganzseitige Anzeigen für Konservenprodukte in derselben Zeitungsnummer zu finden.

nifiziert das Produkt in der Anzeige, zeigt sich verständnisvoll und anerkennt die Arbeit der Hausfrau. Die Appelle richten sich in allen drei Anzeigenbeispielen direkt an die Adresse der Hausfrau oder Mutter. Die für die ganze Familie sorgende Hausfrau wird dazu aufgefordert, ihre Kinder und den Ehemann zu verwöhnen. Eine erste Ausnahme zu diesem stereotypen Bild der Frau in der Werbung bildet eine Anzeige aus der Schweizer Illustrierten Zeitung von 1952: In der Anzeige wird die Aufgabe der Frau thematisiert. «Gehört die Frau nur in die Küche?», lautet die Überschrift der Anzeige. Auf dem Bild ist eine gut gekleidete Frau zu sehen, die Bilder in einem Kunstmuseum betrachtet. Die Anzeige wirbt für Konfitüre aus dem Einkaufsgeschäft. Die Werbung muss anscheinend gegen das schlechte Gewissen der Gesellschaft jener Zeit ankämpfen, denn die Anzeige erwähnt, dass die abgebildete «Frau Erika» trotz der Verwendung von industriell hergestellter Konfitüre und dem Genuss der dadurch gewonnenen Freizeit einen perfekten Haushalt führt. Die Anzeige wendet sich von einer Verallgemeinerung ab, indem die Abgebildete, mit einem Vornamen versehen, individualisiert wird. Fazit der Anzeige ist aber trotzdem, dass die Frau die eingesparte Zeit «nicht nur für sich, sondern auch für ihre Kinder und ihren Mann» einsetzen kann (Schweizer Illustrierte Zeitung: 8. April 1952). In diesem Sinn bricht die Anzeige nicht völlig mit der Tradition und dem klischeehaften Bild von der Kundin.

Erst in der neueren Werbung hat der Perspektivenwechsel tatsächlich stattgefunden: Aufforderungen zum Genuss sind in der jüngeren Werbung auf die Leserin (und den Leser) zugeschnitten. Es wird nicht mehr eine Idealvorstellung der fürsorgenden Hausfrau vermittelt, sondern Frauen werden in der neueren Werbung als Individuen dargestellt, die sich gerne selbst etwas gönnen und das Leben geniessen. Sie sind selbstbewusst, meistern ihr Leben in Beruf und Freizeit, achten auf ihre Gesundheit, sie lassen sich aber trotzdem gerne verwöhnen oder verführen. Aus diesen Beispielen kann aufgezeigt werden, dass eine Entwicklung zur Individualisierung stattgefunden hat, die sich anhand der Werbung aufzeigen lässt. Dies stellte auch Christiane Adam-Wintjen fest, die Anzeigen aus dem Jahr 1947 untersuchte.

Allgemein richten sich die frühen Anzeigen an Frauen, nur selten werden Männer direkt angesprochen: «Auch Ihrer Gattin [...] wird Kaffee Hag bald unentbehrlich sein, [...].» (Schweizer Illustrierte Zeitung: 20. Januar 1927). Obwohl sich diese Anzeige an den Mann richtet, wird über seine Frau gesprochen. Die Frau wurde von der Werbung also schon früh als Verbrauchergruppe erkannt und beworben, der Mann hingegen war noch nicht Zielgruppe für die Werbung. Adam-Wintjen nennt zwei mögliche Gründe dafür: Die Werbung hatte ihn noch nicht als potentiellen Käufer entdeckt, oder die Anzahl der Männer war nach dem Krieg zu klein, um in der Werbung Beachtung zu finden (Adam-Wintjen

1998: 60). Dieselben Befunde lassen sich allerdings auch in der Schweizer Werbung nachweisen, obwohl hier keine Kriegsverluste zu verzeichnen waren. Die Zielgruppe «Hausfrau» wurde noch nicht nach Alter, Beruf oder sozialem Stand unterschieden, sondern stark pauschalisiert und idealisiert. Immer wieder wurde die Frau als *sparsame Hausfrau*, als *Idealfrau*, speziell auch als *fürsorgende Mutter* oder als *liebevolle Gattin* dargestellt. Verallgemeinerungen sind auch im damals häufig gebrauchten Wort *jede* ersichtlich.

Auch bei den Abbildungen wird die Rolle der einzelnen Familienmitglieder deutlich. Bis gegen Ende der fünfziger Jahre werden Frauen mehrheitlich als Hausfrauen dargestellt, gekennzeichnet mit Schürze oder bei einer häuslichen Tätigkeit. Andere Familienmitglieder kommen vereinzelt in den Anzeigen vor, und stets werden die abgebildeten Menschen – früher wie heute – üblicherweise glücklich und in fröhlicher Stimmung gezeigt. Erst gegen Ende der fünfziger Jahre werden Frauen abgebildet, die Produkte präsentieren. Erstmals sind die Abgebildeten nicht mehr gezeichnet oder gemalt, sondern auf Fotografien abgelichtet. Diese Frauen sind nicht mehr als Hausfrauen gekennzeichnet; die Kriterien sind nun Modernität, Schönheit oder Genuss. Diese Kriterien galten vorher nur vereinzelt für Lebensmittelanzeigen. Die Befunde korrespondieren mit dem sprachlichen Teil der Anzeigen, wo direkte Anreden bis 1957 explizit an die «Hausfrau» gerichtet wurden, im Korpus von 1962 erscheint dieser Begriff kaum mehr.

Zurück auf der Textebene betrachten wir als Beispiel nochmals die eingangs zitierte Anzeige für Bouillon aus dem Jahr 1912:

> Guter Rat! Selbständige Hausfrauen sollten sich nicht durch eine überschwängliche Reklame verleiten lassen, etwas wirklich gutes, wenn auch weniger bekanntes zurückzuweisen. (Schweizer Illustrierte Zeitung: 13. April 1912).

Gleich mehrere Aspekte lassen sich in dieser Werbeanzeige aufzeigen: Explizit wird erwähnt, dass das Unternehmen der Kundin einen Ratschlag geben will. Die Anzeige richtet sich darauf sogleich an die Empfängerin des Ratschlags. Die «selbständige Hausfrau» solle sich nicht durch eine «überschwängliche Reklame» verleiten lassen. Das Unternehmen folgt der Werbestrategie, die Konkurrenz herabzusetzen und gleichzeitig die eigenen Leserinnen und Leser auf die Manipulation der fremden Werbung aufmerksam zu machen. Aufgrund dieser Äusserung kann ebenfalls auf das Kundenbild des Unternehmens geschlossen werden: Demnach lässt sich die Kundin durch die Werbung, vor allem durch die Werbung der Konkurrenz, manipulieren. Dieses Bild über die Kundin steht vordergründig in extremem Gegensatz zur heutigen Kommunikation mit den Kundinnen und Kunden. Heute wird die Kundin nicht mehr als manipulierbare Person betrachtet, sondern als äquivalente Kommunikationspartnerin, die sich vor dem Kauf genauestens über das Produkt informiert. Und tatsächlich erhalten die Kundinnen und Kunden vor allem übers Internet sehr differenzierte Informationen, wenn sie diese wünschen.

5   Unternehmenskommunikation heute

Das Internet bietet die Möglichkeit zur intensiveren Kommunikation, da die Besucherinnen und Besucher der Website aktiv auf die Informationen zugreifen, wofür allerdings ein enges Zusammenspiel in den verschiedenen Kommunikationsmedien notwendig ist, wo die Adresse der Homepage bekannt gegeben wird. Wenn der Internetnutzer die Homepage des Unternehmens aufsucht, ist damit das Interesse bereits vorhanden und muss nicht, wie bei der Anzeigenwerbung, aber auch bei der Plakat-, der Radio oder der Fernsehwerbung, durch Aufmerksamkeitserzeugung zuerst erlangt werden. Damit bietet sich das Internet für Unternehmen an, den interessierten Klienten hohe Informationsdichte und -tiefe zu liefern. Als Beispiel sei hier die Internetseite des Lebensmittelkonzerns Nestlé genannt. Auf der Eingangsseite wird mit der Aussage „Good food, good life" ein Lebensgefühl vermittelt. Das positive Lebensgefühl wird unterstützt durch drei Werbefilme, die alle den Genuss am Leben veranschaulichen. Das Fazit eines dieser Werbefilme für Marken-Mayonnaise ist: «Thomy macht mehr draus.» Gemeint ist, dass die Mayonnaise dem Alltag mehr Spannung verleiht. Nestlé macht auf der Homepage aber nicht nur Produktwerbung, sondern kümmert sich auch um das Image des Unternehmens. Mit einem Lexikon über Begriffe zur Ernährung und Gesundheit liefert das Unternehmen dem Rezipienten und der Rezipientin tiefes Hintergrundwissen.

   Das Internet eignet sich sowohl zur Produktwerbung als auch zur Imagewerbung. Je nach Interesse können verschiedene Hintergrundinformationen abgefragt werden. Die Unternehmen haben sich an die moderne Technologie mit ihren neuen Kommunikationsmöglichkeiten angepasst und stimmen ihre Kommunikation auf das Verlangen der Internetbesucherinnen und -besucher ab. Im Gegensatz dazu wird von den Rezipientinnen und Rezipienten einiges an Weltwissen vorausgesetzt. Nicht nur das aufgezeigte Beispiel zur Ernährung erfordert einiges an Vorwissen, die Werbeanzeigen aus heutiger Zeit nehmen allgemein auf das Zeitgeschehen Bezug oder wecken mit Anspielungen Emotionen und setzen so einige Kenntnisse vom Leser und der Leserin voraus. Zudem muss sich der Rezipient mit der Bedienung der neuen Kommunikationsmedien auskennen, um überhaupt an die Information heranzukommen. Und die Entwicklung scheint nicht gebremst zu werden: Die Verwendung von Web 2.0, Blogs und Facebook,

You-Tube und weiteren Communities haben bei einigen Unternehmen Einzug gehalten und werden durch Guerilla-Marketing-Strategien zunehmend für die Wirtschaftskommunikation instrumentalisiert. Gezielt können mit diesen Kommunikationsmitteln Informationen gestreut werden, und eine Beteiligung der Rezipientinnen und Rezipienten mit Kommentaren ist möglich geworden. Bereits ermuntern Unternehmen zum Twittern. In neuerer Zeit wird der QR-Code (QR = quick response) verwendet. Dieser Code besteht aus einem Quadrat, das in viele kleine schwarze und weisse Quadrate unterteilt ist und die codierten Daten binär darstellt. Mit dem Mobiltelefon kann der Code fotografiert und an eine bestimmte Nummer geschickt werden, darauf erhält der Nutzer sogleich zusätzliche Informationen auf sein Telefon. Meist werden Adressen von Internetseiten codiert, aber auch Telefonnummern oder die Adresse eines Firmensitzes. Seit 2007 sind die QR-Codes auf Plakaten oder in einigen Zeitschriften zu sehen; in Japan, woher die Erfindung kommt, ist die Handhabung mit den Codes bereits gängig. Ob sich dieser Trend in Europa durchsetzen wird, ist fraglich und hängt nicht unwesentlich vom Inhalt und der Nützlichkeit der gelieferten Information ab: das heisst, unterwegs eine Fahrplanauskunft aufs mobile Telefon zu laden, mag sinnvoll sein, während Werbung für ein neues Auto in der entsprechenden Situation wenig nützlich erscheint.

6   Fazit

Die Technik hat dem Menschen in den letzten Jahrzehnten verschiedene neue Möglichkeiten bereitgestellt. Vom technischen Wandel war auch die Kommunikation betroffen, und die Gesellschaft hat gelernt, die neuen Kommunikationsmittel zu nutzen und damit umzugehen. Für die Wirtschaftskommunikation lassen sich vier Schlussfolgerungen ziehen:

1. Der Mensch ist kritischer geworden: Bei der ganzen Informationsflut, die täglich auf ihn trifft, hat er gelernt, Informationen zu filtern. Er sucht vor allem bei wichtigen Käufen gezielt Zusatzinformationen und wägt Vor- und Nachteile eines Produkts ab. Der Konsument kauft nicht mehr nur ein beliebiges Produkt, sondern er will genau dasjenige Produkt, das seinem Individuum entspricht und ihm das Lebensgefühl verleiht, das zu ihm passt. Diese Individualisierung verlangt eine starke Segmentierung der Zielgruppen, für welche die Wirtschaftskommunikation individuell Informationen zur Verfügung stellt. Der technische Fortschritt und die Individualisierung hatten auch zur Folge, dass in den letzten Jahrzehnten bei der Wahl der Medien aufgerüstet wurde: Die Werbekommunikation kann sich nicht mehr nur auf Anzeigen beschränken. Die Gesellschaft ver-

langt nach einem hohen Stand an Information, und grössere Unternehmen sind
gezwungen, dem neuen Nutzungsverhalten der Gesellschaft nachzukommen.
Kann bei der Radio- oder Fernsehwerbung noch gebremst werden, müssen Informationen über ein Unternehmen heute auf dem Internet zur Verfügung gestellt
werden. In den verschiedenen Medien wird jeweils spezifische Information bereitgestellt. Die Wirtschaftskommunikation muss spezifische Antworten auf die
Bedürfnisse der modernen Gesellschaft auf Information zuschneiden und liefern,
und sie muss den neu gestellten Anforderungen auf allen Ebenen der Kommunikation nachkommen.

2. Kunden werden heute als ebenbürtige Partner betrachtet: Während in früherer
Zeit ein Gefälle zwischen dem Unternehmen und dem Konsumenten bestand,
sehen die Unternehmen heute ihre Käuferinnen und Käufer als Partner auf glei-
cher Augenhöhe. Früher genügten Werbeaussagen zum Sachinhalt oder auf der
Appellseite, heute legen Unternehmen Wert auf die Selbstkundgabe, um Vertrauen zu erzeugen. Dies geschieht zu einem grossen Teil mit Imagewerbung:
Unternehmen stellen heute viele zusätzliche Informationen über sich und die von
ihnen angebotenen Produkten ins Internet.

3. Als dritter Punkt hat sich die Verantwortlichkeit verlagert. In den frühen Anzeigen wurde die Kundin explizit in die Verantwortung gezogen. Sie war für
Sparsamkeit, gesunde Ernährung und Harmonie zuständig. Mit dieser Aufgabe
belastet, war sie anscheinend empfänglich für den sozialen Druck, den die Werbung auf sie ausübte. Moderne Unternehmen übernehmen selber soziale Verantwortung und stellen das Unternehmen ins positive Licht, wenn es beispielsweise
um Gesundheit oder Umweltprobleme geht. Diese Verantwortung übernehmen
sie mehr oder weniger auf freiwilliger Basis, machen dafür aber in Imagekampagnen aufmerksam.

4. Dass der Mensch durch Werbung zum Handeln überzeugt wird, lässt sich alleine daraus vermuten, dass jährlich Millionen für Werbezwecke ausgegeben
werden. Der soziale Druck besteht für die Kundinnen und Kunden nach wie vor.
Zwar übt die Werbung nicht mehr explizit Druck aus, indem der Leserin und
dem Leser ein schlechtes Gewissen gemacht wird. Heute wird sozialer Druck
vielmehr von der Gesellschaft selbst ausgeübt, welche die aktuellen Trends vor-
gibt. Tatsächlich ist der Konsumwahn nicht zu bremsen, und wenn der Mensch
heute nicht von der Werbung zur sozialen Verantwortung ermahnt wird, ist der
gesellschaftliche Druck dadurch nicht geringer geworden. Die Kundinnen und
Kunden sind gezwungen, mit der Masse mitzuhalten. Dass dieses Druckmittel
nicht ineffizient ist, belegen auch die jährlich publizierten Konsumentenzahlen.

Zum Schluss stellt sich die Frage nach der Kausalität: Die Werbebranche behauptet nur zu gerne, die Wirtschaftskommunikation sei im Laufe der Zeit professioneller geworden, und die Rezipientinnen und Rezipienten nutzten die angebotene Information. Fragen nach den Forderungen von Konsumentinnen und Konsumenten an die Unternehmen dürfen aber durchaus gestellt werden. Dass das neue Kommunikationsverhalten der Gesellschaft das Kommunikationsangebot der Unternehmen stärker beeinflusst, als Werber dies vielleicht gerne zugeben, lässt sich kaum bestreiten. So muss wohl eher von einer gegenseitigen, zirkulären Beeinflussung ausgegangen werden: Unternehmen reagieren auf das veränderte Kommunikationsverhalten der Gesellschaft und passen ihre Werbung und PR entsprechend den Wünschen der Konsumentinnen und Konsumenten an; andererseits nutzt die Gesellschaft das vielfältiger gewordene Informationsangebot und informiert sich aktiv und individuell entsprechend den jeweiligen Bedürfnissen.

Literaturangaben

Schweizer Illustrierte (Zeitung), Jahrgänge 1912–2007.
Wir Brückenbauer (später «Migros-Magazin»), Jahrgänge 1942–2007.
www.nestle.ch, Januar 2010.

Adam-Wintjen, Christiane (1998): Werbung im Jahr 1947. Zur Sprache der Anzeigenwerbung in Zeitschriften der Nachkriegszeit (= Germanistische Linguistik, Bd. 197), Tübingen.
Baumgart, Manuela (1992): Die Sprache der Anzeigenwerbung. Eine linguistische Analyse aktueller Werbeslogans (= Konsum und Verhalten, Bd. 37), Heidelberg.
Bonfadelli, Heinz (1999): Medienwirkungsforschung. Grundlagen und theoretische Perspektiven, Band 1, Konstanz.
Hillmann, Karl-Heinz ([4]1994): Wörterbuch der Soziologie, Stuttgart.
Kroeber-Riel, Werner ([2]1990): Strategie und Technik der Werbung. Verhaltenswissenschaftliche Ansätze, Stuttgart.
Luger, Kurt (1994): Medien als Lebensstil-Kolporteure. Die bürgerliche Lebenswelt der Kronenzeitungs-Lesergemeinde. In: Mörth, Ingo/Fröhlich, Gerhard (Hg.): Das symbolische Kapital der Lebensstile. Zur Kultursoziologie der Moderne nach Pierre Bourdieu, Frankfurt/New York.
Mörth, Ingo/Fröhlich, Gerhard (Hg.) (1994): Das symbolische Kapital der Lebensstile. Zur Kultursoziologie der Moderne nach Pierre Bourdieu, Frankfurt/New York.
Rode, Friedrich A.: Der Weg zum neuen Konsumenten. Wertewandel in der Werbung. Wiesbaden, 1989.
Schulz von Thun, Friedmann (2007): Miteinander reden. Fragen und Antworten. Reinbek bei Hamburg.

Stark, Susanne (1992): Stilwandel von Zeitschriften und Zeitschriftenwerbung. Analyse zur Anpassung des Medienstils an geänderte Kommunikationsbedingungen (= Konsum und Verhalten, Bd. 31), Heidelberg.

Szallies, Rüdiger/Wiswede, Günther (Hrsg.) (1990): Wertewandel und Konsum. Fakten, Perspektiven und Szenarien für Markt und Marketing. Landsberg/Lech.

Watzlawick, Paul/Beavin, Janet H./Jackson, Don D. ([11]2007): Menschliche Kommunikation. Formen, Störungen, Paradoxien, Bern/Stuttgart/Wien.

Wiswede, Günther (1990): Der «neue Konsument» im Lichte des Wertewandels. In: Szallies, Rüdiger/Wiswede, Günther (Hrsg.): Wertewandel und Konsum. Fakten, Perspektiven und Szenarien für Markt und Marketing. Landsberg/Lech.

New cultural adaptations for business in the new knowledge economy
based on feelings, innovation and community

Marie J. Myers

Context

Interpretive processes are seen as always being only tentative, involving constant fluidity and flux because of different degrees of difficulty and different amounts of detail involved which in turn aldo have to be weighted accurately.

Instructors in professional courses need to, at the same time, adjust the teaching of the course content to the needs of the students in their classes and also get the students' groups to build-up the knowledge gained into an articulated whole in such a way as to include as much content as possible, in a sense what is expected is competence in performance. Given the various complex aspects coming into play in a professional training course, one cannot achieve the necessary preparedness without strategizing. In this study we look at how this was achieved through regular simulation activities resulting in group products in the form of mind-maps.

The necessary building blocks had to be put into place. It was necessary to teach openness, a positive attitude, to get the students to put effort into understanding.

Dialogue and interactive ways of developing awareness and contact with others in the class promoted an understanding of the richness different cultural backgrounds brought about. In the past, some of my students had been very intolerant to different levels of ability, as well as the "different ways of doing and being" by those not from the "main stream", which sometimes brought about "othering" and a type of marginalization of those deemed to be different. Interaction was set in the course with the purpose of all coming to an understanding and acceptance, while at the same time aiming at an integration of course contents and a transformation of beliefs, with the purpose of deconstructing old habits of mind.

It was quickly realized that such actions cannot be limited to a syntagmatic level but rather require a multi-faceted paradigmatic articulation, keeping in mind what is otherwise also possible. This was crucial because key in communi-

cation is not limited to identifying the differences and difficulties but going beyond in the exploration to find the elements that are hard to internalize.

As the instructor I always tried very hard to bring all the students together
through group activities and dialogue. The group activity was an attempt at solid-
ifying integration of content and at the same time a group effort in negotiating
meaning both at declarative and procedural knowledge levels.

1   Theoretical background

Professionals in training have to come to grasp the different degrees of difficulty
and the different amounts of detail involved in acquiring professional know-how
and at the same time understand that these required a balancing act.

The speeding up of the rate of change intensifies competition. New problems require new skills, more competition and a new momentum. In the new
knowledge economy emphasis is placed on feelings. These constitute the soft
aspects of innovation according to Lundvall (2002). He includes in his list the
role of human resources, competent users, demand factors, network building and
organizational change. The next factor noted is innovation, moving away from a
linear understanding because it is too limited, taking distance from anchoring the
formation of technical systems in their socio-economic context and in this way
getting out of habitual contexts. The third factor mentioned is community in the
sense that the focus ought to be more inclusive, not only being partial in focus on
science and technology, but he believes in a mixture of competition and cooperation as being more effective (Lundvall: 287). These aspects are to be emphasized in training programs of young professionals. New modes for the development of co-ordination regarding information and competence have to be devised. With critical thinking and understanding emphasized in professional training programs the media will no longer manage to do the interpreting for new
generations as it has done for some in the past. Moreover with persons being
increasingly immersed in fast paced multimedia communication there exists an
urgent need to strengthen interconnectedness between professionals and at the
same time develop their ability to have independent critical mindsets. The transformation of knowledge is key and literacy developments have to be taken from
the perspective of multi-literacy developments.

According to Nyholm, Normann, et al. (2002) under the new logic we see
the sharing of knowledge in networks and work teams. Companies will focus on
core competencies connecting and transposing information. Hierarchy is losing
to networking with continuous learning and innovation (p. 258).

We need to train future professionals to examine key issues for innovation policy namely how to use knowledge and innovation in advertizing campaigns. Young professionals have to study the impact of co-operation between groups with a look at knowledge protection as well as a way to transpose strategies in order to reach optimization. Lundvall (2002) believes that people will be more learning oriented and the market will become change-oriented. In addition it is believed that there will be further accelerated innovation and change.

Questions related to the facilitation of communication in such complicated contexts require a coming together of cultures, ways of being and of doing possibly through joined intentionality (Olson, 2003). There are strategies needed for the development of an increased understanding and awareness-raising. Such issues make it necessary to address professionalization in a new light. Our cultures direct us in a certain way in meaning-making yet at the same time they provide us with a capacity for interpretation. We propose that training is necessary to get out of the pre-set selectivity which constrains us culturally and also because of the interconnectedness in the cultural semiotic order that governs each person.

Hence the young professionals we are training were expected to work in groups with peers from very different cultural backgrounds. In addition, in Canada, a country of immigrants, our group of young professionals are already in a learning context where they are faced with multifarious approaches to interactions derived from intercultural issues.

In communication across cultures in our globalizing economy, dealing with the way macrosemiotics and micro-semiotics come into play at the same time, is even more demanding than in one's own culture. Through macro-semiotics, we are able to understand the interconnectedness of meanings in a given culture because acts of meaning are part of the whole system that shapes worldview in that culture. Microsemiotics on the other hand helps us understand the cultural structuring of text, including oral text, through projected meanings and helps establish interpretation as plausible (Danesi/Perron, 1999). In this case one has to learn to weight the different elements in order to reach a balance in an unfamiliar situation. Not only is this not easy but it could certainly present a number of real challenges. In the professional training course small scale simulation activities on such issues were initiated to progressively shed more light on strategies with the objective of awareness-raising.

In assigned group simulations it was crucial for the students to make attempts at reaching an understanding because they were required to arrive at a group product showing the result of their thinking around the given theme or topic. This required on the part of the instructor to devise innovative ways to understand learning and meta-learning challenges. Higgins/Bargh (1987) think that we can avoid selection of the information given that fits into our culturally influenced expectations. Cultural semiotic analysis catalogues and analyzes parts of social life such as bodily schemas, language forms, myths, art, rituals, performances, artefacts etc. and helps guide us toward a better understanding of differences in meaning-making.

Our attitude toward a situation will depend on our perception of the situation. There are cultural and personal constraints in place that make us see what we expect to see through the selection of information that fits our expectations. So, in a way, students had to put on "new lenses" and try to accommodate in their minds' eye. A frame of mind to value difference had to be introduced. Berger (1972) claims that the ritual used to initiate communication, differs according to the level of the system of which we are a member down to our participation in different groups in that system. Multiplying such complexity with multifarious ways of interacting as in this course for young professionals presented in addition the real danger of persons being left out.

2   The study

We conducted a study of the various end products from the young professionals' groups based on regularly assigned themes or topics for discussion. Although we did not look at specific cultural aspects in this study, by the students working in groups or with partners, some cultural elements were brought to awareness during interactions. We report here are findings on one particular topic under scrutiny.

The students were simply asked to represent key components of their understanding of communication and handed a sheet of paper, the size of a Bristol Board or paper from a flip-chart, on which to draw and write their comments. They all had access to coloured markers. For the analysis we looked at all the contributions and noted overall characteristics. The discussion around those elements appears below.

The class of 29 decided to get together in five groups and the groups were assigned a number from one to five. All five contributions exhibit some innovative aspects, from slightly creative to very creative. Three of the groups (Groups 2, 3 and 4) adopted the general format of mind-maps. For the other two, at one extreme (Group 1) the representation looked more like columns under the heading communication, although the arrangements under the four themes: listening, speaking, reading and writing were not divided by straight lines but rather by artistic squiggles. In addition there were a number of small drawings each corresponding to a symbol attached to one of the columns, e.g. lips and the words "I like French" written in a bubble below the column with the heading "speaking"; Group 1 chose the colours blue, yellow and red. At the other extreme (Group 5) the information was summarized and attached to a human head with at the level of the forehead, thinking and a question mark, a heart and open windows; at eye level one can see reflections in the eyes: of a book and a computer screen on one side, with a text and pictures on the other side; at ear level, on one side there is a small radio with Radio-Canada written next to it, a translation machine and sounds in syllables and as well a question mark in addition to a list of things to listen to. The mouth is inscripted with the words pronunciation and vocabulary with in addition the list of a number of principles I tried to inculcate into my students around communication "learning from your mistakes", "risk taking" etc. Finally on the right side below the head there is a hand drawn holding a pencil next to which the words, creativity, imagination free expression were written with a separate entry from it and in a sort of medallion they wrote "word" with hooks around it as in an indication that there is movement attached to a "word". The use of colour by Group 5 was also indicative of their reflexivity. The hair on the head had the colours of a rainbow perhaps indicative of happiness, the ears were blue and red, perhaps indicative of both listening with effort and listening for enjoyment (effortless), whereas the remainder of the drawing and text were in black, maybe intended to mean more serious work overall.

Groups 2, 3 and 4 all organized their mind-map around a central element and several ideas branching off to the different sides or clustered around the centre. It was interesting that only Groups 1 and 3 used the word "communication" as an anchor, as if it were implicitly included for the others. Did the instructor's message regarding the overarching importance of communication get infused into the students to the point of them already having taken ownership of it and having embraced it to the point of no longer having to say it? It would appear so by the fact that all their developments are around communication. Group 2 chose two center pieces the word "Fun" surrounded by signs used for lightning, and the word "motivation" in a rectangle below. Group 4's work centers around the expression "Make it real" with arrows pointing to six other groupings. Groups 2 and 3, although their work is different in layout, both also identified their work around the four language skills groupings around listening, speaking, reading, writing. Group 4's work on the other hand shows six arrows shooting out from the centre pointing to the important aspects that they perhaps have mostly felt were missing in second language classrooms and found to be the leads for communication. This group highlighted critical areas that have to continually come under scrutiny.

The colours used by these three groups vary: Group 2 used very bright colours, red, orange and purple; Group 3 used green and red only; Group 5 wrote the central message in blue and the remainder of the information is written in red with purple arrows pointing from the centre to the periphery. All uses of colour were very effective in conveying the relative importance students placed on various aspects of knowledge covered. All in all the colours conveyed the powerful impact they intended for some aspects of their professionalization to have.

3   Concluding remarks

The overall analysis shows that students had deeply taken ownership of the multifaceted aspects deemed to be desirable in communication. Additional findings gleaned from that first analysis are expanded upon below during the discussion on the identification of the crucial components around I (innovation), C (community) and F (feelings), in order to avoid being too repetitive.

The cumulative work conducted throughout the course was around improving communication, looking at a variety of aspects in formative ways first through simulation activities. In the sommative products students presented at the end of the course the students demonstrated surprising effectiveness at pulling together all reported main elements, evidence that the desired changes in the students' beliefs had taken place in all cases although in various degrees. Despite a great number of differences in the students' comprehensive presentations the important elements were included and contents were indicative of the students' accommodation to the three desirable components for the new knowledge economy namely, innovation, community and feelings.

Using group discussions to arrive at a comprehensive mind-map facilitated the sharing of the intuitive knowledge the young professionals have gained through their experience of work interactions and with their instructor. The greatest gain is through the sharing of diverse interpretations with new meanings arrived at and entered in the synthesis exercise showing professional development and learning. I tried to make sense of the complexity of the issues involved as an instructor in this training course and so did my students. We realize that there were limitations to the approaches used.

An overarching umbrella structure could be have been used as the recording mechanism of aspects of group decision making and could have aimed at providing better ways to make operational a "meeting of minds" (Olson 2003) process in cross-cultural communication. Thus all the different aspects coming into play could be noted in detail with many aspects of successful interactions collated as to record the strategies used. Filming or note-taking of each groups' work would be valuable. This could be useful in providing data for a meta-analysis of the transformation in the group/class.

Nonetheless we have to ask ourselves the question of how to keep up the pace with the new signs of our constantly evolving cultures corresponding to humans' new ideas and new needs and find a way to be prepared for upcoming challenges. Not only do we have the ability to convey cultural meanings we have learned but we are constantly attaching new meanings to the words we use. We can only look at what the mind produces and hope to gain insight into how we are recreating ourselves in cultural terms. However all this does not mean that the group-think that our culture provides does not give us resources to help us seek new meanings on our own. I believe that through the innovative ways of devising the activities in the professional training course, if nothing else was achieved for the long term, I can say at least that I helped my students develop more resources to seek new meanings on their own as well as establish strong connections with peers so as to enable them to seek peer support for solving some of the difficult problems that they will face in their future careers.

I also believe that by trying to get my students to gain an understanding of how different cultures equip them with ways to make meaning, they have been brought together in shared competencies.

References

Archibugi, D. & Lundvall, B-A. (2002). The globalizing learning Economy. Oxford: Oxford University Press.

Bennis, W. & Biederman, P.W. (1997). Organizing Genius. Reading, Mass.: Perseus Books

Barton, D. & Tusting, K. (2005). Beyond Communities of Practice. Cambridge: Cambridge University Press.

Berger, J. (1972). Ways of Seeing. London: BBC and Harmondsworth Penguin.

Danesi, M. & Perron, P. (1999). Analysing Cultures. Bloomingdon and Indianapolis: Indiana University Press.

Harris, P.R. & Moran, R.T. (1989). Managing Cultural Differences. Houston, Tx: Gulf Publishing Division.

Higgins, E. T. & Bargh, J. A. (1987). Social cognition, social perception. In: Annual Review of Psychology. Palo Alto, Ca.: Annual Reviews Inc. 38, 369-425.

Myers, M.J. (2004). Modalités d'apprentissage d'une langue seconde. Louvain : DeBoeck Université.

Olson, D. (2003). Psychological Theory and Educational Reform. Cambridge: Cambridge University Press.

Rose, K.R. & Kasper, G. (2001). *Pragmatics in Language Teaching*. Cambridge: Cambridge University Press.

Risikokommunikation als zentraler Bestandteil der Corporate Governance
Theoretische Diskussion, empirische Ergebnisse und Handlungsempfehlungen

Christine Mitter & Thomas Wohlschlager

1 Corporate Governance und Finanzmarktkommunikation

1.1 Corporate Governance und Informationsasymmetrie

Corporate Governance steht für das gesamte System interner und externer Leitungs- und Kontrollmechanismen eines Unternehmens mit dem Ziel eines fairen Interessenausgleichs zwischen den Bezugsgruppen[1] (M. Steiger 2001: Sp. 530).

Alle Corporate Governance-Ansätze und -Bewegungen haben ihren Ursprung in der Befürchtung der Anteilseigner eines Unternehmens, dass ihre Ziele durch das handelnde Management nicht vollständig erfüllt werden (C. Freidank/P. Velte 2008: 714). Durch die Trennung von Eigentum und Kontrolle bzw. Finanzierung und Management ergeben sich in Kapitalgesellschaften sogenannte Auftragsbeziehungen (Agenturbeziehungen) (M.C. Jensen/W.H. Meckling 1976; R. Sloan 2001: 340; A. Wald 2009: 69): Der Auftraggeber ("Principal") engagiert eine andere Person oder Personengruppe (Auftragnehmer bzw. "Agent"), die aufgrund des Auftrags des Prinzipals Leistungen erbringen soll (). Innerhalb dieser Beziehung sind die Informationen ungleich verteilt (Informationsasymmetrie). Der Auftragnehmer geniesst gegenüber dem Auftraggeber einen Informationsvorsprung. Dies gilt auch für Beziehungen zwischen Kapitalgebern (Aktionären, Anteilseignern) und Managern von Unternehmen, die durch Informationsnachteile seitens der Kapitalgeber (Prinzipale) geprägt sind (R.M. Bushman, A.J. Smith 2001: 328-239; R. Sloan 2001: 335-336). Abbildung 1 stellt diese Beziehung grafisch dar.

---

[1] Diese Bezugsgruppen oder Stakeholder können Anteilseigner, Arbeitnehmer, Lieferanten, Kreditgeber und sonstige Gläubiger, sowie alle anderen möglichen Interessenten der Öffentlichkeit sein.

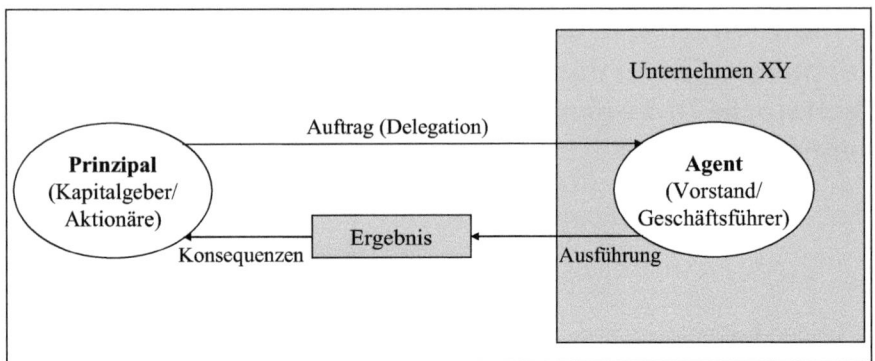

Abbildung 1:   Principal-Agent-Theory

Ein Principal-Agent-Problem liegt vor, wenn der Agent seinen Informationsvorsprung zur Maximierung seines eigenen Nutzens einsetzt, dies aber gleichzeitig Nachteile für den Auftraggeber bedeutet (M.C. Jensen/W.H. Meckling 1976; M. Fischer 1995: 320-322). Corporate Governance versucht nun einerseits die negativen Folgen dieser Principal-Agent-Beziehung durch geregeltes Verhalten der Vorstände und Führungskräfte (z.B. durch entsprechende Ausgestaltung von Führungs- und Kontrollgremien) zu minimieren und andererseits die Informationsasymmetrie an sich durch wahrheitsgemässe Offenlegung von Informationen und damit verbundener erhöhter Transparenz zu verringern (A. Wald 2009: 74).

1.2 Finanzmarktkommunikation

Die Finanzmarktkommunikation von Unternehmen setzt beim zweitgenannten Punkt an. Ausgangspunkt ist die Verminderung der Informationsasymmetrie durch eine erhöhte Offenlegung von finanzbezogenen Unternehmensinformationen (R. Verrechia 2001: 94). Um eine solche offenere Finanzberichterstattung für die betroffenen Stakeholder zu gewährleisten, wurden weltweit zahlreiche gesetzliche Bestimmungen, wie z.B. der Sarbanes-Oxley-Act (SOA) 2002 in den USA (A. Baumeister/N. Freisleben 2003: 17), das Gesetz zur Kontrolle und Transparenz im Unternehmensbereich (KonTraG) 1998 in Deutschland, das Rechnungslegungsänderungsgesetz (ReLÄG) 2004 in Österreich (P. Hadl/D. Maresch 2007: 26-28) und Corporate Governance-Kodizes, wie z.B. der österreichische Corporate Governance-Kodex (ÖCGK) erlassen (P. Ertl/M. Steindl 2006: 29-33).

Eine offenere Finanzkommunikation hat jedoch nicht nur positive Effekte für die Stakeholder, sondern auch für das Unternehmen selbst. So wurde in zahlreichen Studien bewiesen, dass die Kommunikation von Finanzinformationen die Kapitalkosten eines Unternehmens reduziert (M. Welker 1995; M.H. Lang/J.R. Lundholm 1996; R.M. Bushman/A.J. Smith 2001; C. Leuz/R.E. Verrechia 2000; C.A. Botosan/M.A. Plumlee 2002; P. Collet/S. Hrasky 2005).

Zudem wurden einige weitere positive Effekte der Finanzmarktkommunikation empirisch nachgewiesen. Einen Überblick über diese bietet Tabelle 1.

Effekte der Finanzmarktkommunikation auf den Unternehmenserfolg	Studie
Der **Return on Equity** wird positiv beeinflusst von der Häufigkeit und Regelmässigkeit der offengelegten Finanzinformationen.	• R. Debreceny/A. Rahman 2005
Der **Aktienwert** steigt mit der erweiterten Offenlegung von wertrelevanten Kennzahlen.	• P.M. Healy/A.P. Hutten/ K.G. Palepu 1999
Das **Wachstum** von Unternehmen wird positiv beeinflusst von der Unternehmenspublizität.	• I.K. Khurana/R. Pereira/X. Martin 2006
Die **Aktienrendite** erhöht sich durch Finanzkommunikation.	• W. Drobetz/A. Schillhofer/ H. Zimmermann 2004 • I. Goncharov/J.R. Werner/ J. Zimmermann 2006
Performance (Return on Assets) und **Marktwert** steigen durch erweiterte Corporate Governance-Aktivitäten.	• B. Black 2001 • L.F. Klapper/I. Love 2004

Tabelle 1:   Effekte der Finanzkommunikation auf den Unternehmenserfolg

Die Ergebnisse dieser Studien zeigen also auf, dass nicht nur die Stakeholder, sondern auch die Unternehmen selbst Profiteure einer umfassenden Finanzmarktkommunikation sind.

2   Risikokommunikation

2.1 Grundlagen der Risikokommunikation

Als besonders sensibel und wichtig im Rahmen der Finanzmarktkommunikation gilt die Offenlegung risikorelevanter Informationen (M. Epstein/A. Buhovac 2006: 9-11). Rund um die vergangene Jahrtausendwende wurden mehr und mehr Fälle von überraschenden und spektakulären Unternehmenskrisen bis hin zu Unternehmenszusammenbrüchen bekannt (P. Kajüter 2004: 12). Durch geschickte und oftmals kriminelle Verschleierung der wahren (Finanz-)Risikolage blieb in vielen Fällen (z.B. *Enron* und *Worldcom*) die kritische Unternehmenssituation für Anleger bis zum plötzlich zu Tage tretenden Zusammenbruch verborgen (J. Taeger 2008: 211). Durch diese Ereignisse zeigte sich bereits vor Ausbruch der gegenwärtigen weltweiten Wirtschaftskrise die mangelhafte Risikokommunikation und das fehlende Risikobewusstsein von einigen kapitalmarktorientierten Unternehmen (P. Kajüter 2004: 12; W. Lück/O. Bungartz 2004: 1789-1790). Nationale und supranationale Institutionen reagierten daraufhin aufgrund der zentralen Rolle der Risikosituation im Rahmen der Finanzberichterstattung bereits zu dieser Zeit mit der Veröffentlichung von Normen[2] zur geregelten externen Risikoberichterstattung (S. Kalbitzer 2002: 90; J. Duch 2005: 90).

Durch die externe Risikoberichterstattung soll interessierten Stakeholdern die Risiko- und Chancensituation ihres Unternehmens offengelegt werden. Damit soll der Informationsvorsprung des Managements gegenüber den Kapitalgebern und anderen Stakeholdern verringert werden (M. Wagner/L. Polagnoli 2006: 72-73).

Die Risikoberichterstattung und das damit verfolgte Ziel einer offeneren und transparenteren Kommunikation von Unternehmensrisiken sind somit Bestandteil und wichtiges Ziel von Corporate Governance (M. Epstein/A. Buhovac 2006: 5). Wahrheitsgemässe und entscheidungsrelevante Risiko-Informationen können viel zum Abbau von Informationsasymmetrien beitragen. Eine detaillierte und transparente Risikokommunikation kann das Vertrauen der Anleger und Öffentlichkeit wieder stärken und somit als grosse Chance gesehen werden, die höheren Transparenzerwartungen der Stakeholder zufrieden zu stellen (A. Canepa/R. Amhof 2003: 4-7).

Als Bestandteil der Finanzberichterstattung sollten die in empirischen Studien belegten positiven Effekte und möglichen Wettbewerbsvorteile für betroffe-

---

[2] Diese Normen wurden v.a. in Gesetzen, Corporate Governance-Kodizes und Verordnungen von Börsenaufsichtsbehörden veröffentlicht (P. Ertl/M. Steindl 2006: 29-33).

ne Unternehmen auch durch verstärkte Risikokommunikation erzielt werden können.

2.2 Gesetzliche Regelungen in Österreich und Deutschland

Die oben dargestellten Entwicklungen führten auch in Österreich und Deutschland zur Veröffentlichung von Regelungen im Bereich der Risikoberichterstattung. Der deutsche Gesetzgeber übernahm dabei eine internationale Vorreiterrolle (M. Dobler 2004: 181-182) und regelte noch vor Erlassung von EU-Richtlinien bereits 1998 mit dem KonTraG in den §§ 289 und 315 des deutschen Handelsgesetzbuches (dHGB), dass Unternehmen im Rahmen der Lageberichterstattung[3] ihre "Risiken der künftigen Entwicklung" darzustellen haben (J. Baetge/D. Schulze 1998: 939; J. Duch 2005: 47).

Der Deutsche Standardisierungsrat hat diese grundsätzliche Risikoberichterstattungspflicht durch die Veröffentlichung des Deutschen Rechnungslegungsstandard Nr. 5 (DRS 5) inhaltlich und formal konkretisiert und somit die Offenlegungspflicht entscheidend erweitert (P. Kajüter/C. Winkler 2004: 249-250). Diese Konkretisierung hat durch die Stellung des DSR als privates Rechnungslegungsgremium zwar keine unmittelbar rechtliche aber eine hohe faktische[4] Verpflichtung für die Unternehmen (K.U. Marten, /R. Quick, /K. Ruhnke, K. 2007: 98-99). Eine Erweiterung der dargestellten Regelungen wurde durch die Umsetzung der EU-Modernisierungsrichtlinie[5] und der EU-Fair-Value-Richtlinie[6] notwendig, wobei weite Teile der EU-Modernisierungsrichtlinie durch das KonTraG in Deutschland bereits implementiert waren (K. Kaiser 2005: 405; H.

---

[3] Der Lagebericht stellt neben dem Jahresabschluss (Bilanz, GuV und Anhang) das zweite Instrument der externen Unternehmensrechnung dar und ist gleichzeitig mit dem Jahresabschluss als Ergänzung und Erläuterung desselben aufzustellen. Zur Aufstellung eines Lageberichts sind sowohl in Österreich, als auch in Deutschland alle Kapitalgesellschaften (GmbH und AG) mit Ausnahme der kleinen GmbH (§ 243 Abs. 4 UGB bzw. § 264 Abs. 1 dHGB) verpflichtet. Sonderregelungen bestehen für Konzernmütter in der Rechtsform einer Personengesellschaft, in der kein voll haftender Gesellschafter eine natürliche Person ist (z.B. GmbH & Co. KG oder AG & Co. KG). Diese werden den Kapitalgesellschaften gleichgestellt und haben ebenso einen (Konzern)lagebericht aufzustellen (§ 244 Abs. 3 UGB bzw. § 264a Abs. 1 dHGB).

[4] Da der Lagebericht ebenso wie der Jahresabschluss von Wirtschaftsprüfern geprüft werden muss, sind die lageberichtspflichtigen Unternehmen auf das Testat der Wirtschaftsprüfer angewiesen. Das deutsche Institut der Wirtschaftsprüfer (IdW) fordert als freiwillige Interessenvertretung der Wirtschaftsprüfer die Anwendung des DRS 5 (IDW 2005: 902). Die Wirtschaftsprüfer haben sich im Rahmen ihrer berufsrechtlichen Pflichten daran zu halten (K.U. Marten, /R. Quick, /K. Ruhnke 2007: 98-99).

[5] Richtlinie 2003/51/EG des Europäischen Parlaments und des Rates vom 18.6.2003.

[6] Richtlinie 2001/65/EG des Europäischen Parlaments und des Rates vom 27.10.2001.

Kirsch/A. Scheele 2005: 1150). Durch die Umsetzung der Richtlinien mit dem Bilanzrechtsreformgesetz (BilReG) 2004 wurde zusätzlich zu den bestehenden Verpflichtungen einerseits festgelegt, dass auch über Chancen berichtet werden muss, andererseits wurde die Finanzrisikoberichterstattung noch näher geregelt (K. Kaiser 2005: 407).

In Österreich erfolgte die gesetzliche Verankerung der Risikoberichterstattung etwas später als in Deutschland, nämlich erst mit der Umsetzung der für Österreich ebenso verpflichtenden bereits erwähnten EU-Richtlinien (Egger, A./Samer, H./Bertl, R. 2006: 3-4). Davor fanden sich vereinzelte Regelungen nur im österreichischen Corporate Governance-Kodex (ÖCGK) 2002[7] (R. Bertl/C. Fröhlich/M. Aslan/M. Schweiger 2003: 169). Durch das Fair-Value-Bewertungsgesetz 2003 (FVGB) wurde analog der Regelungen in Deutschland die Finanzrisikoberichterstattung geregelt (T. Haberer/C. Rechberger 2005: 417). Mit dem Rechnungslegungsänderungsgesetz 2004 (ReLÄG) erfolgte die Implementierung einer Pflicht zur allgemeinen Risikoberichterstattung, wobei in den §§ 243 bzw. 267 Unternehmensgesetzbuch (UGB) festgelegt wurde, dass im Lagebericht die "wesentlichen Risiken und Ungewissheiten, denen das Unternehmen ausgesetzt ist", kommuniziert werden müssen (Egger, A./Samer, H./Bertl, R. 2006: 415). Ebenso wie in Deutschland ist also auch in Österreich die Risikokommunikation im Rahmen der Lageberichterstattung geregelt. Auch in Österreich sind damit wie bereits in Fussnote 3 erläutert alle Kapitalgesellschaften mit Ausnahme der kleinen GmbH zur Risikoberichterstattung verpflichtet (M. Wagner/L. Polagnoli 2006: 72).

Die formale und inhaltliche Konkretisierung der Risikoberichterstattungspflicht erfolgte 2005 durch das private Rechnungslegungsgremium des Austrian Financial Reporting and Auditing Committee (AFRAC), das Pendant zum DSR in Deutschland (AFRAC 2007: 201) Daher kann von derselben bereits bei den deutschen Regelungen erläuterten Bindungswirkung für die Unternehmen ausgegangen werden. Im Vergleich zu den Regelungen des DRS 5 ist die Stellungnahme des AFRAC deutlich kürzer und lässt einige Freiräume. Die herrschende Meinung in der österreichischen Literatur empfiehlt im Bereich dieser Freiräume eine Orientierung an den Regelungen des deutschen DRS 5 (Egger, A./Samer, H./Bertl, R. 2006: 441; M. Wagner/L. Polagnoli 2006: 72-77; P. Hadl/D. Maresch 2008: 27). Die Pflicht zur Risikokommunikation ist also in Deutschland umfassender und in einem höheren Verpflichtungsstand geregelt.

---

[7]   Regel 67 fordert die Beschreibung wesentlicher Risiken und Ungewissheiten, sowie wesentlicher Risikomanagementinstrumente im Konzernlagebericht (Österreichischer Arbeitskreis für Corporate Governance 2007: Rz. 67). Regel 80 verpflichtet den Abschlussprüfer, die Funktionsfähigkeit des Risikomanagementsystems zu überprüfen (Österreichischer Arbeitskreis für Corporate Governance 2007: Rz. 80).

In beiden Ländern wurde die Risikoberichterstattungspflicht durch die Umsetzung der EU-Änderungsrichtlinie[8] nochmals erweitert. In Österreich wurde dabei für alle Jahresabschlüsse von Geschäftsjahren ab 31.12.2008 durch das Unternehmensrechts-Änderungsgesetz (URÄG) 2008 in den §§ 243a Abs. 2 bzw. 267 Abs. 3b UGB für alle kapitalmarktorientierten Gesellschaften die Pflicht zur Beschreibung der "wichtigsten Merkmale des internen Kontroll- und des Risikomanagementsystems" festgelegt. In Deutschland schreiben die §§ 289 Abs. 5 bzw. 315 Abs. 2 dHGB für alle Jahresabschlüsse von Geschäftsjahren ab 31.12.2008 für kapitalmarktorientierte Gesellschaften die Verpflichtung zur "Beschreibung der wesentlichen Merkmale des internen Risikomanagementsystems" vor. Diese Pflichten konnten im Rahmen der 2008 durchgeführten und im folgenden Kapitel dargestellten empirischen Erhebung noch nicht analysiert werden, da sie zum Analysezeitpunkt noch nicht in Kraft waren. Abbildung 2 gibt einen Überblick über die bestehenden gesetzlichen Regelungen, die Interpretationen der privaten Rechnungslegungsgremien sowie die herrschende Meinung in Bezug auf die Risikoberichterstattung.

Neben den nationalen Rechnungslegungsnormen schreiben auch die International Financial Reporting Standards (IFRS) Risikoberichterstattungspflichten vor (M. Dobler 2004: 147). Zur Rechnungslegung nach IFRS und somit auch zur Risikoberichterstattung nach IFRS sind seit der IAS-Verordnung[9] der EU sowohl in Österreich als auch in Deutschland spätestens seit 01.01.2007 alle kapitalmarktorientierten Konzerne[10] verpflichtet. Allen anderen Konzernen wird in beiden Ländern ein Wahlrecht zur Aufstellung eines befreienden Konzernabschlusses nach UGB oder nach IFRS gewährt (A. Wagenhofer 2005: 84). Da es jedoch in den IFRS bislang kein vergleichbares Instrument zum Lagebericht nach nationalen Normen gibt, haben auch jene Unternehmen, die ihren Jahresabschluss nach IFRS erstellen, zusätzlich einen Lagebericht nach nationalen Normen aufzustellen (W. Lück/O. Bungartz 2004: 1789; M. Dobler 2005: 149).

Der für alle Geschäftsjahre seit 01.01.2007 anzuwendende Standard IFRS 7 regelt die externe Finanzkommunikation von Unternehmen umfassend. Für die Risikokommunikation sind dabei die IFRS 7.33 – 7.42 zu beachten. Anders als die nationalen Regelungen regelt der IFRS-Standard die Risikokommunikation sehr detailliert und benötigt daher im Wesentlichen keine weiteren Interpretationen (KPMG 2007: 1-22).

---

[8] Richtlinie 2006/46/EG des Europäischen Parlaments und des Rates vom 14.6.2006.
[9] Verordnung (EG) Nr. 1606/2002 des Europäischen Parlaments und des Rates vom 19. Juli 2002.
[10] Dies sind alle Konzerne, deren Wertpapiere an einem geregelten Markt zugelassen sind, auch jene von denen lediglich Schuldtitel gehandelt werden (A. Egger, /H. Samer, /R. Bertl 2006: 3).

	ÖSTERREICH			DEUTSCHLAND		
	Gesetz	AFRAC-Stellungnahme	Herrschende Meinung	Gesetz	DRS 5	Herrschende Meinung
Formale Anforderungen						
Stellung des Risikoberichts	im Lagebericht (§ 243 Abs. 1 UGB)	eigenständiger Teil im Lagebericht	eigenständiger Teil im Lagebericht	im Lagebericht (§ 289 Abs. 1 dHGB)	eigenständiger Teil im Lagebericht	eigenständiger Teil im Lagebericht
Berichtspflichtige Risiken						
Art	-	geschäftstypische	wesentliche und bestandsgefährdende	-	wesentliche und bestandsgefährdende	-
Herkunft	-	überwiegend interne Herkunft verpflichtend	-	-	überwiegend interne Herkunft verpflichtend	-
Angaben zu berichtspflichtigen Risiken						
Absicherungsmassnahmen	-	Darstellung empfohlen	Darstellung gefordert	-	Darstellung verpflichtend	-
Quantifizierung der Risiken	-	-	gefordert, wenn wirtschaftlich vertretbar	-	verpflichtend (wenn Kriterien des DRS 5.20 erfüllt)	gefordert, wenn wirtschaftlich vertretbar
Angaben zum Risikomanagement						
Beschreibung des allgemeinen RM	wichtigste Merkmale RMS + IKS (§ 243a Abs 2 UGB)	-	-	wesentliche Merkmale RMS + IKS (§ 289 Abs 5 dHGB)	verpflichtend Ziele, Strategien, Prozesse	-
Angaben zum Gesamtrisiko						
Risikointerdependenzen	-	-	gefordert, wenn vorhanden -	-	gefordert, wenn vorhanden -	-
Wesentliche Veränderungen der Risiken	-	-	gefordert, wenn vorhanden	-	gefordert, wenn vorhanden	-
Darstellung Gesamtrisiko	-	-	gefordert	-	-	gefordert
Angaben zu Finanzrisiken						
Darstellung RM-ziele und -methoden	verpflichtend (§ 243 Abs. 3 Z. 5 UGB)	-	-	verpflichtend (§ 289 Abs. 2 dHGB)	-	-
Preisänderungs-Ausfall-, Liquiditäts-, und Cash-Flow-Risiken	Darstellung verpflichtend (§ 243 Abs. 3 Z. 5 UGB)	-	Quantifizierung gefordert	Darstellung verpflichtend (§ 289 Abs. 2 dHGB)	Quantifizierung verpflichtend (wenn Kriterien des DRS 5.20 erfüllt)	Quantifizierung gefordert, da Kriterien des DRS 5.20 bei Finanzrisiken immer erfüllt
Darstellung Absicherungsstrategien	verpflichtend (§ 243 Abs. 3 Z. 5 UGB)	-	-	verpflichtend (§ 289 Abs. 2 dHGB)	-	-

Abbildung 2: Nationale Normen zur Risikokommunikation

Im Rahmen der qualitativen Berichterstattung wird beispielsweise vorgeschrieben, dass das Ausmass und die Entstehung der vorhandenen Finanzrisiken[11] dargestellt werden müssen. Das Ausmass ist dabei verpflichtend durch die Angabe der relativen Bedeutung des Risikos für das Unternehmen, der Eintrittswahrscheinlichkeit des Risikos und die Angabe von im Unternehmen vorhandenen Diversifikationseffekten zu erläutern (KPMG 2007: 120-124; A. Wagenhofer 2008: Rz. 32-33). Zudem müssen die Ziele, Strategien und Prozesse des Risikomanagements und Methoden der Risikomessung aufgezeigt werden. Weiters sind alle Veränderungen gegenüber der Vorperiode in Bezug auf Risikoausmass, Risikomanagement und Risikomessung darzustellen (A. Wagenhofer 2008: Rz. 32-33).

Im Bereich der quantitativ geforderten Angaben wird genau festgeschrieben, wie die einzelnen Finanzrisiken (Ausfall-, Liquiditäts-, und Marktrisiken) dargestellt werden sollen.[12] Interessant für die Investoren ist zudem die in IFRS 7.34a geregelte Verpflichtung der Unternehmen zur Bezifferung eines quantitativen Gesamtrisikos, dass die Gesamtrisikoposition des Unternehmens in Zahlen gebracht darstellen soll. Die Value at Risk-Methode[13] (VaR) wird hierfür in den IFRS zwar nicht explizit gefordert, bietet sich für die Berechnung dieser Risikoposition aber in erster Linie an (KPMG 2007: 122-123).

3 Empirische Erhebung – Stand der Risikokommunikation in Österreich und Deutschland

3.1 Ausgangslage und Untersuchungsdesign

Um praktisch zu erheben, inwieweit die Risikokommunikation in Österreich und Deutschland bereits fortgeschritten ist und inwieweit die Unternehmen in Österreich und Deutschland die Vorteile einer umfassenden Finanzkommunikation bereits erkannt haben und nutzen, wurde im Zeitraum von 01. März bis 30. April

---

[11] Dies sind nach IFRS 7.33 typischerweise aber nicht ausschliesslich Ausfall-, Liquiditäts- und Marktrisiko. Letzteres gliedert sich wiederum auf in Währungs-, Zins- und andere Preisrisiken.

[12] In Grundzügen fordern die Vorschriften im Rahmen des Ausfallrisikos die Darstellung des maximalen Risikopotentials, die Darstellung der Werthaltigkeit nicht überfälliger oder wertgeminderter Finanzinstrumente, die Angabe überfälliger Finanzinstrumente und die Angabe der Finanzinstrumente unter Neuverhandlung. Beim Liquiditätsrisiko ist eine Fristigkeitsanalyse der Verbindlichkeiten erforderlich. Das Marktrisiko (bestehend aus Währungs, Zins- und anderen Preisrisiken) soll anhand von Sensitivitätsanalysen oder VaR-Analysen der einzelnen Bereiche dargestellt werden (IFRS 7.34-42). Auf eine allumfassende Darstellung der detailreichen Vorschriften wird im Rahmen des vorliegenden Beitrags verzichtet, siehe dazu KPMG 2007.

[13] Umfassend erläutert wird diese Methode von Duch (J. Duch 2005).

2008 eine Analyse von Geschäftsberichten börsennotierter österreichischer und deutscher Unternehmen durchgeführt.

Mit dieser Erhebung sollte einerseits die Einhaltung der gesetzlichen Regelungen überprüft, andererseits der Stand der Risikoberichterstattung in Österreich und Deutschland verglichen werden. Dazu wurden die Geschäftsberichte von 117 börsennotierten Unternehmen analysiert. In Österreich waren dies jene Unternehmen, die im ATX-Prime Index der Wiener Börse gelistet waren, in Deutschland jene, die den DAX und den MDAX bilden. Für Banken und Versicherungen gelten teilweise eigene, teilweise zusätzliche strengere Bestimmungen im Bereich der Risikoberichterstattung, deswegen wurden sie hier ausgenommen. Somit ergab sich eine Grundgesamtheit von 49 Unternehmen aus Österreich und 68 Unternehmen aus Deutschland.

Um eine höchstmögliche Aktualität, insbesondere in Bezug auf die Bestimmungen von IFRS 7 zu gewähren, wurden die per 01.04.2008 aktuell verfügbaren Jahresabschlüsse (76 aus 2007, 20 aus 2006/07, 21 aus 2006) analysiert. Die Erhebung trennte sich in eine formale und eine inhaltliche Analyse der Risikoberichte.

3.2 Ergebnisse

3.2.1 Formale Gestaltung der Risikokommunikation

Formal fiel positiv auf, dass die grosse Mehrheit (86 % in Österreich und 96 % in Deutschland) bereits in einem eigenen abgegrenzten Teil des Lageberichts über die Risiken informiert, obwohl dies in beiden Ländern nicht explizit gesetzlich gefordert ist. Die Überschrift dieses Teils im Lagebericht trägt in Österreich mehrheitlich den Titel "Risikomanagement" (51 %), in Deutschland bezeichnet man den Teil der Risikoberichterstattung im Lagebericht zum grossen Teil als "Risikobericht" (63 %).

Auffallend und bemerkenswert sind die Unterschiede in der durchschnittlichen Länge der Berichte. Die deutschen Unternehmen berichten doch um einiges umfassender und benötigen für ihre risikobezogenen Ausführungen durchschnittlich 118 Sätze, in Österreich berichtet man um einiges knapper in durchschnittlich 35 Sätzen. Rein formal betrachtet, findet daher eine umfangreichere Risikokommunikation in Deutschland statt.

3.2.2 Inhaltliche Ausgestaltung der Risikokommunikation nach nationalen Normen

Im Bereich der inhaltlichen Ausgestaltung der Risikokommunikation ist positiv zu vermerken, dass ausnahmslos alle Unternehmen über ihre wesentlichen Risiken berichten und damit der gesetzlichen Risikoberichterstattungspflicht im Bereich der allgemeinen Risiken grundsätzlich nachkommen. Ebenso werden die zur Abwehr dieser Risiken getätigten Absicherungsmassnahmen zufriedenstellend dargestellt (98 % in Österreich und 100 % in Deutschland).

Bei genauer Betrachtung der kommunizierten Risiken wird dieser aus Sicht der Lageberichtsadressaten erste gute Schein jedoch getrübt. Sowohl in Österreich, als auch in Deutschland (jeweils zu 82 %) dominieren externe Risiken (wie z.B. Inflationsrisiken, rechtliche Risiken, politische Risiken etc.) die Berichterstattung. Es wird also überwiegend über Risiken berichtet, die für die ganze Branche und nicht spezifisch für das Unternehmen zutreffen. Der Einblick in das Unternehmen und der Mehrwert der Risikokommunikation halten sich somit in engen Grenzen, da sich die Anleger bzw. Kapitalgeber Informationen über externe Risiken auch anderweitig beschaffen können.

Zudem wird auf eine Quantifizierung der allgemeinen Risiken (eine Angabe des Risikoausmasses zu jeder Risikokategorie) fast gänzlich verzichtet. Diese wird in Deutschland in DRS 5 nur unter gewissen Umständen[14] gefordert, in Österreich überhaupt nur von der Literatur geraten. Nur 6 % in Deutschland und überhaupt keine Unternehmen in Österreich versuchen, das Ausmass ihrer eingegangenen Risiken darzustellen. Präzise Angaben werden also vermieden und der Berichtsempfänger zur Eigeninterpretation gezwungen. Auch wenn nicht alle Risiken tatsächlich mit Eintrittswahrscheinlichkeit und einhergehender Schadenshöhe beziffert werden können, wäre im Hinblick auf eine höhere Aussagekraft der Risikobericht zumindest eine Einteilung in Kategorien (z.B. hoch/mittel/niedrig) wünschenswert.

Im Rahmen der inhaltlichen Analyse wurden weiters die Angaben in Bezug auf das Gesamtrisiko untersucht. Diese Angaben sind nicht direkt gesetzlich verpflichtend, sondern in Deutschland durch DRS 5 gefordert, in Österreich lediglich durch die Literatur empfohlen. Diese fehlende gesetzliche Verpflichtung führt zur weitgehenden Vernachlässigung der Angaben im Risikobericht. Abbildung 3 verdeutlicht dies und spiegelt den höheren Verpflichtungsgrad in Deutschland wider.

---

[14] DRS 5 fordert eine Quantifizierung allgemeiner Risiken nur, wenn entsprechende Methoden bekannt sind, eine Quantifizierung wirtschaftlich vertretbar sowie von Entscheidungsrelevanz für die Adressaten ist.

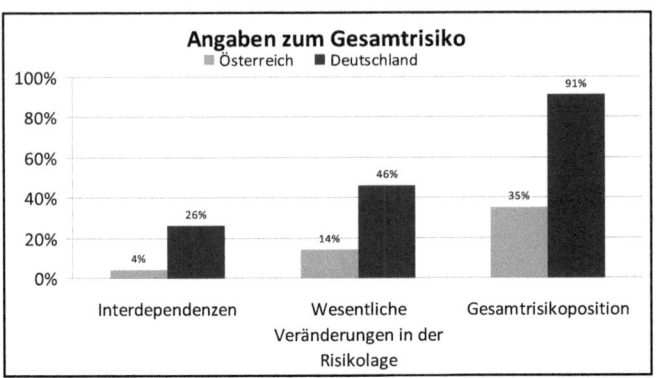

Abbildung 3:   Angaben zum Gesamtrisiko

Interdependenzen, also Wechselwirkungen zwischen Risiken stellen nur 4 % in Österreich und 26 % der deutschen Unternehmen dar. Auf wesentliche Veränderungen der Risikolage gehen 46 % in Deutschland und nur 14 % in Österreich ein. Immerhin 91 % der deutschen Unternehmen beschreiben ihre Gesamtrisikolage qualitativ. Demgegenüber stehen nur 35 % in Österreich. Insgesamt ist auch hier eine umfassendere Berichterstattung in Deutschland erkennbar.

Bei den zusätzlichen Angaben zu Finanzrisiken, die wiederum in beiden Ländern gesetzlich gefordert sind, sieht die Situation wieder besser aus. So berichten 65 % in Österreich und 74 % in Deutschland über ihre Risikomanagementziele und 80 % der österreichischen sowie 99 % der deutschen Unternehmen über ihre Methoden des Managements von Finanzrisiken. Abbildung 4 stellt diese Ergebnisse grafisch dar.

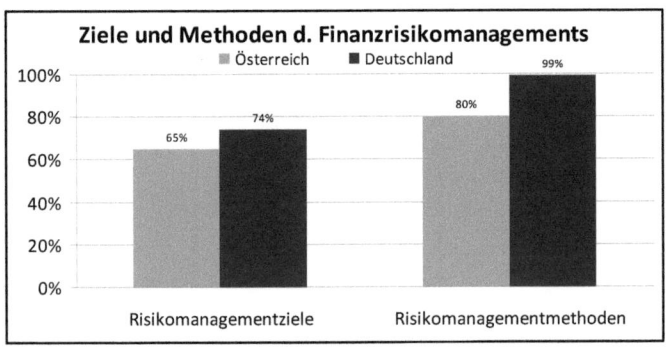

Abbildung 4:   Ziele und Methoden des Finanzrisikomanagements

Auch die Darstellung verbleibender, nicht abgesicherter Finanzrisiken (ebenfalls in beiden Ländern gesetzlich verpflichtend) erfolgt mehrheitlich, wie Abbildung 5 zeigt. Das einzig niedrigere Ergebnis bei den Cash-Flow-Risiken erklärt sich wohl daraus, dass viele Unternehmen diese als einen Unterpunkt der Preisänderungsrisiken verstehen. Ansonsten erfolgt die Erfüllung der gesetzlichen Verpflichtung fast durchwegs zu 100 %.

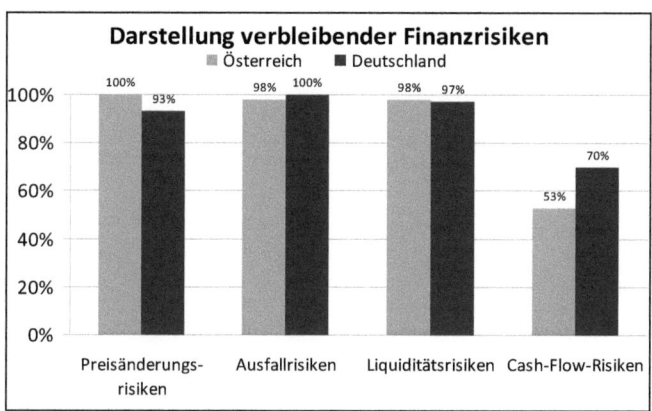

Abbildung 5: Darstellung verbleibender Finanzrisiken

Die Quantifizierung dieser Finanzrisiken, die nicht explizit gesetzlich verankert ist, erfolgt zwar häufiger als bei den allgemeinen Risiken, birgt aber – wie aus Abbildung 6 ersichtlich – noch einige Verbesserungspotentiale. Gerade in Österreich hat man hier noch Aufholbedarf. Wiederum zeigt sich, dass die Unternehmen, wenn es um konkrete Angaben (wie hier die zahlenmässige Angabe des Risikoausmasses) geht, nur sehr spärlich Informationen preisgeben. Genau diese Angaben wären jedoch für Investoren und Kapitalgeber am wertvollsten.

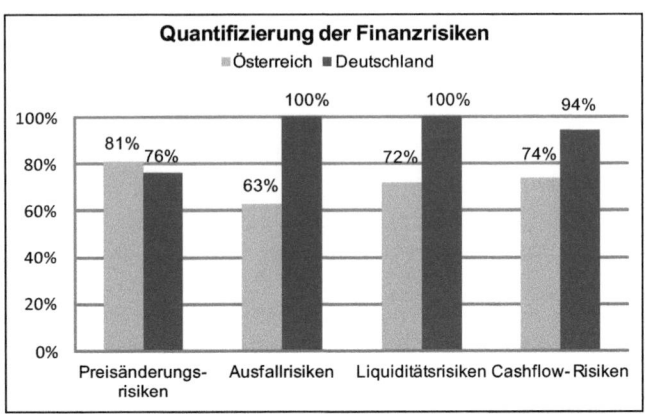

Abbildung 6:   Quantifizierung der Finanzrisiken

3.2.3   Inhaltliche Ausgestaltung der Risikokommunikation nach IFRS 7

Die inhaltliche Analyse der Risikokommunikationspflichten nach IFRS 7 zeigt – ähnlich zu den Ergebnissen der Risikokommunikation – einmal mehr, dass Unternehmen, sofern detaillierte verpflichtende Vorgaben bestehen, diese auch zum grossen Teil erfüllen.

Im Rahmen der Darstellung der Ausfallrisiken (siehe Abbildung 7) handeln zumeist über 90 % in beiden Ländern gesetzeskonform. Der niedrige Wert bei den Buchwerten unter Neuverhandlung resultiert wohl daraus, dass die Unternehmen zur Zeit ihres Abschlusses keine entsprechenden Werte unter Neuverhandlung hatten.

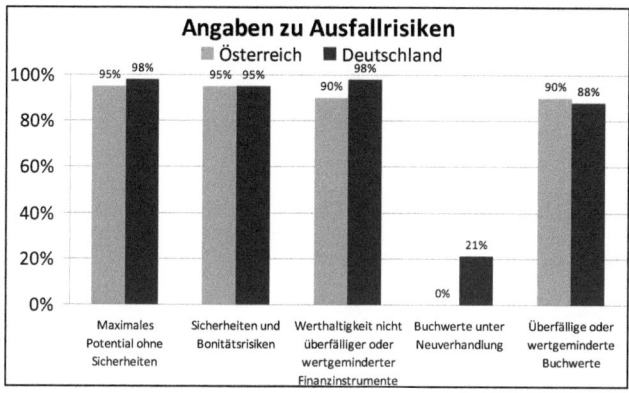

Abbildung 7:   Angaben zu Ausfallrisiken

Ähnliche Ergebnisse wie bei den Ausfallrisiken zeigen sich auch bei den Liquiditätsrisiken (Abbildung 8). Grossteils werden die Vorgaben sehr zufriedenstellend erfüllt.

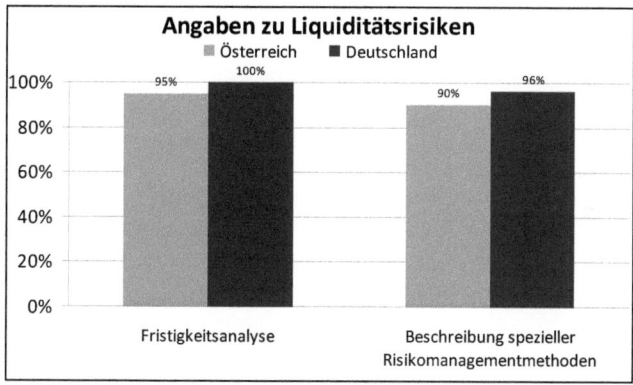

Abbildung 8:   Angaben zu Liquiditätsrisiken

Als letzter Teil der Finanzrisiken wurden im Rahmen der Berichterstattung nach IFRS die Angaben zu den Preisrisiken analysiert. Die Preisrisiken stehen synonym für Marktrisiken und beinhalten in erster Linie Währungs- und Zinsrisiken und weitere Risiken, die sich aufgrund von Preisänderungen im Beschaffungs- oder Absatzbereich des Unternehmens ergeben. Addiert man die expliziten Fehlanzeigen mit den dargestellten Sensitivitätsanalysen, so kommt man auch bei den

Angaben zu Preisrisiken auf akzeptable Werte. Die genauen Ergebnisse zeigt Abbildung 9.

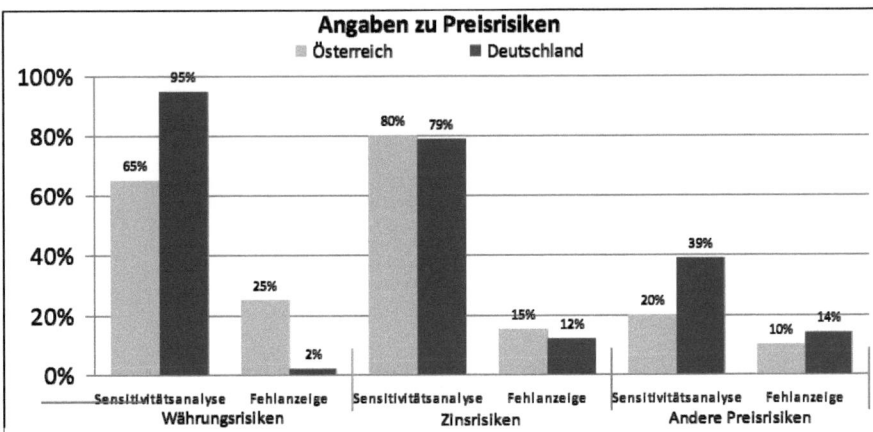

Abbildung 9: Angaben zu Preisrisiken

Als grosses Manko bleibt jedoch auch bei der Berichterstattung nach IFRS die mangelnde Quantifizierung des Gesamtrisikos stehen, die nur von 10 % in Österreich und von 9 % in Deutschland durchgeführt wurde. Dieses Ergebnis zeigt wiederum die mangelnde Bereitschaft der Unternehmen zur Angabe von konkreten und zahlenmässig untermauerten Informationen.

Neben den quantitativen Verpflichtungen wurden auch die qualitativen Angaben, die im Rahmen der IFRS gefordert sind (Ausmass – relative Bedeutung, Eintrittswahrscheinlichkeit, Diversifikationseffekte – und Entstehung der Risiken; Ziele, Strategien und Prozesse des Finanzrisikomanagements; Methoden der Risikomessung; Veränderungen im Vergleich zur Vorperiode bezüglich Risikoausmass, Risikomanagement und Risikomessung) erhoben. Die detaillierten Ergebnisse werden hier aus umfangtechnischen Gründen nicht dargestellt, es sind jedoch dieselben Tendenzen wie in der quantitativen Risikoberichterstattung zu erkennen.

4   Resümee und Ausblick

Aus den Ergebnissen der durchgeführten Studie ist ersichtlich, dass grundsätzlich alle Unternehmen über ihre Risiken berichten und auch die qualitativen Kriterien allesamt sehr zufriedenstellend dargestellt werden. Die expliziten gesetzlichen Verpflichtungen werden in beiden Ländern grösstenteils eingehalten. Mehr als gesetzlich notwendig wird von den meisten Unternehmen jedoch auch nicht berichtet. Leider werden durch mangelhafte Quantifizierungen der Risiken den Investoren präzise Informationen vorenthalten, sowie durch die Konzentration auf die Berichterstattung über externe Risiken der Einblick in die Unternehmen weiterhin sehr beschränkt.

Vergleicht man die Risikokommunikation in Österreich und Deutschland, so ergibt sich eine höhere Qualität der Risikokommunikation in Deutschland. Es wird sowohl umfangreicher berichtet, als auch die gesetzlichen Verpflichtungen besser eingehalten. Die detailliertere Berichterstattung lässt sich wohl mit den v.a. durch DRS 5 bestehenden umfangreicheren Verpflichtungen in Deutschland begründen. Die bessere Einhaltung der gesetzlichen Verpflichtung liegt wohl am längeren Bestand der Regelungen in Deutschland.

Insgesamt wird also der Einblick für die Berichtsempfänger so gering wie möglich gestaltet. Die Unternehmen sind sich der Potentiale der Risikokommunikation, welche in Kapitel 2 aufgezeigt wurden, grösstenteils noch nicht bewusst. Da eine freiwillige Berichterstattung kaum erfolgt, erscheint daher eine genauere Regelung der Risikokommunikation seitens der Gesetzgeber wichtig, um die Berichtsempfänger mit nützlichen Informationen zu versorgen. Erste Ansatzpunkte, wie die 2008 veröffentlichte EU-Änderungsrichtlinie, die in Österreich mit dem URÄG und in Deutschland mit dem BilMoG umgesetzt wurde, gehen in diese Richtung.

Zudem besteht die Hoffnung, dass gerade die aktuelle Wirtschaftskrise einige Unternehmen zu einem Umdenken gebracht hat. Der weitere Abbau der Informationsasymmetrie durch eine offenere Finanzkommunikation bildet eine notwendige Basis zur Wiederherstellung des vielerorts verloren gegangenen Vertrauens und könnte sich in manchen Branchen durchaus zu einem Wettbewerbsvorteil entwickeln.

Einige Unternehmen scheinen dies auch erkannt zu haben. 62 % der deutschen Unternehmen (PwC/Kirchhoff 2005: 34) und immerhin 40 % der Schweizer Unternehmen (PwC/Kirchhoff 2006: 50) streben eine bessere Finanzkommunikation an, die über die blosse Erfüllung von gesetzlichen Anforderungen hinausgeht. Bleibt zu hoffen, dass sich diese Absichten auch in tatsächlichen Handlungen niederschlagen.

Literaturverzeichnis

Admati, Anat R./Pfleiderer, Paul (2000): Forcing Firms to Talk: Financial Disclosure Regulation and Externalities. In: The Review of Financial Studies 13. No. 3. 479-519

AFRAC (2007): Stellungnahme „Lageberichterstattung gemäß §§ 243 und 267 UGB" der Arbeitsgruppe „Lagebericht". In: Zeitschrift für Recht und Rechnungswesen 17. Nr. 7/8. 201-207

Baetge, Jörg/Schulze, Dennis (1998): Möglichkeiten der Objektivierung der Lageberichterstattung über „Risiken der künftigen Entwicklung". In: Der Betrieb 51. Nr. 19. 937-948

Bassen, Alexander/Kleinschmidt, Maik/Prigge, Stefan/Zöllner, Christine (2006): Deutscher Corporate Governance Kodex und Unternehmenserfolg. Empirische Befunde. In: Die Betriebswirtschaft 66. Nr. 4. 375-401

Baumeister, Alexander/Freisleben, Norbert (2003): Prüfung des Risikomanagementsystems und Risikolageberichts: Ziele und Umsetzung von Prüfkonzepten. In: Richter, Martin (2003):17-95

Bertl, Romuald/Fröhlich, Christoph/Aslan, Milla/Schweiger Martin (2003): Risikoberichterstattung und Risikomanagement nach dem Österreichischen Corporate Governance Kodex. In: Zeitschrift für Recht und Rechnungswesen 13. Nr. 6. 167-171

Bertl, Romuald/Mandl, Dieter (Hrsg.) (2007): Handbuch zum Rechnungslegungsgesetz. Loseblatt ab 1991. 13. Lieferung. Band II. Wien: Orac

Black, Bernhard (2001): The corporate governance behavior and market value of Russian firms. Emerging Markets Review 2. No. 1. 89-108

Botosan, Christine A./Plumlee, Marlene A. (2002): A Re-examination of Disclosure Level and the Expected Cost of Equity Capital. In: Journal of Accounting Research 40. No. 1. 21-40

Bushman, Robert M./Smith, Abbie J.: Financial accounting information and corporate governance (2001). In: Journal of Accounting and Economics 32. No. 3. 237-333

Canepa, Ancillo/Amhof, Roger (2003): Weiterentwicklung des Risk Reporting. In: Praxis - Fachpublikation und Kundenzeitschrift von Ernst & Young. No. 1. 4-7

Collet, Peter/Hrasky, Sue (2005): Voluntary Disclosure of CorporateGovernance Practices by Listed
Australian Companies. In: Corporate Governance 13. No. 2. 188-196

Debreceny, Roger/Rahman, Asheq (2005): Firm-specific determinants of continuous corporate disclosures. In: The International Journal of Accounting 40. No. 1. 2005. 249-278

Dobler, Michael (2004): Risikoberichterstattung. Eine ökonomische Analyse. Frankfurt: Peter Lang

Dobler, Michael (2005): Zur Verbindung von Risikomanagement und Risikopublizität: Prozess, Regulierung, Empirie. In: Zeitschrift für Controlling und Management 49. Nr. 2, 144-152

Dobretz, Wolfgang/Schillhofer, Andreas/Zimmermann, Heinz (2004): Corporate Governance and expected stock returns: evidence from Germany. In: European Financial Management 10. Nr. 2. 267-293

Duch, Jan (2005): Risikoberichterstattung mit Cash-Flow at Risk-Modellenö. Ökonomische Analyse einer Risikoquantifizierung im Risikobericht. Frankfurt: Peter Lang

Egger, Anton/Samer, Helmut/Bertl, Romuald (2006): Der Jahresabschluss nach dem UGB. 3. Auflage. Wien: Linde

Epstein, Marc J./Buhovac, Adriana R. (2006): The Reporting of Organizational Risks for Internal and External Decision-Making. New York/Mississauga: AICPA & CMA

Ertl, Peter (Hrsg.) (2006): Risikomanagement und Jahresabschluss. Wien: Linde

Ertl, Peter/Steindl, Markus (2006): Risikomanagement und Corporate Governance: Entwicklung und Inhalt, Stellenwert und faktische Durchsetzbarkeit. In: Ertl, Peter (2006): 9–37

Fischer, Marc (1995): Agency-Theorie. In: Wirtschaftswissenschaftliches Studium 24. Nr. 6. 320-322

Freidank, Carl-Christian/Müller, Stefan/Wulf, Inge (Hrsg.) (2008): Controlling und Rechnungslegung. Aktuelle Entwicklungen in Wissenschaft und Praxis. Stuttgart: Gabler

Freidank, Carl-Christian/Peemöller, Volker H. (Hrsg.) (2008): Corporate Governance und Interne Revision: Handbuch für die Neuausrichtung des Internal Auditings. Berlin: Schmidt

Freidank, Carl-Christian/Velte, Patrick (2008): Einfluss der Corporate Governance auf die Weiterentwicklung von Controlling und Interner Revision. In: Freidank, Carl-Christian/Peemöller, Volker H. (2008): 711-746

Gerke, Wolfgang/Steiner, Manfred (2001): Handwörterbuch des Bank- und Finanzwesens. 3. Auflage. Stuttgart: Schäffer-Poeschel

Goncharov, Igor/Werner, Jörg R./Zimmermann, Jochen (2006): Does Compliance with the German Corporate Governance Code Have an Impact on Stock Valuation? An empirical analysis. In: Corporate Governance 14. No. 5. 432-445

Haberer, Thomas/Rechberger, Clemens (2005): Zur Umsetzung der Fair Value Richtlinie: Auswirkungen des Fair-Value-Gesetzes auf Jahresabschluss und Lagebericht. In: Steuer- und WirtschaftsKartei 80. Nr. 8. 412-418

Hadl, Peter/Maresch, Daniela (2007): Der Lagebericht gem. § 243 UGB. In: Bertl, Romuald/Mandl, Dieter (2007): 1–36

Healy, Paul M./Hutton, Amy P./Palepu, Krishna G. (1999): Stock performance and intermediation changes surrounding sustained increases in disclosure. In: Contemporary Accounting Research 16. No. 3. 485-520

IDW (2005): Aufhebung der Stellungnahme zur Rechnungslegung: Aufstellung des Lageberichts (IDW RS HFA 1). In: Die Wirtschaftsprüfung 58. Nr. 15. 902

Jensen, Michael C./Meckling, William H. (1976): Theory of the firm: Managerial behavior, agency costs, and ownership structure. In: Journal of Financial Economics 3. No. 4. 305-360

Kaiser, Karin (2005): Auswirkungen des Bilanzrechtsreformgesetzes auf die zukunftsorientierte Lageberichterstattung. In: Die Wirtschaftsprüfung 58. Nr. 8. 405-412

Kajüter, Peter (2004): Die Regulierung des Risikomanagements im inter-nationalen Vergleich, in: Zeitschrift für Controlling und Management 48. Sonderheft 2. 12-24

Kajüter, Peter/Winkler, Carsten (2004): Praxis der Risikoberichterstattung deutscher Konzerne, in: Die Wirtschaftsprüfung 56. Nr. 6. 249-260

Kalbitzer, Sabine (2002): Empirische Befunde zur Risikoberichterstattung. In: Zeitschrift für Recht und Rechnungswesen 12. Nr. 3. 90-106

Khurana, Inder K./Pereira, Raynolde/Martin, Xiumin (2006): Firm growth and disclosure: an empirical analysis. In: Journal of Financial and Quantitative Analysis 41. No. 2. 347-380

Kirsch, Hans-Jürgen/Scheele, Alexander (2005): Neugestaltung von Prognose- und Risikoberichterstattung im Lagebericht durch das Bilanzrechtsreformgesetz. In: Die Wirtschaftsprüfung 58. Nr. 21. 1149-1154

Klapper, Leora F./Love, Inessa (2004): Corporate governance, investor protection, and performance in emerging markets. In: Journal of Corporate Finance 10. No. 5. 703-728

KPMG (2007): Offenlegung von Finanzinstrumenten und Risikoberichterstattung nach IFRS 7. Stuttgart: Schäffer-Poeschel

Lang, Mark H./Lundholm, Russel J. (1996): Corporate disclosure policy and analyst behavior. In: The Accounting Review 71. No. 4. 467-492

Leutz, Christian/Verrecchia, Robert E. (2000): The economic consequences of increased disclosure. In: Journal of Accounting Research 38. No. 3. 91-124

Lück, Wolfgang/Bungartz, Oliver (2004): Risikoberichterstattung deutscher Unternehmen. In: Der Betrieb 57. Nr. 34. 1789-1794

Marten, Kai-Uwe/Quick, Reiner/Ruhnke, Klaus (2007): Wirtschaftsprüfung. Grundlagen des betriebswirtschaftlichen Prüfungswesens nach nationalen und internationalen Normen. 3. Auflage. Berlin: Schäffer-Poeschel

Österreichischer Arbeitskreis für Corporate Governance (2007): Österreichischer Corporate Governance Kodex. http://www.wienerborse.at/corporate/pdf/Oesterreichischer-%20Corporate%20Governance%20Kodex%20in%20der%20Fassung%20Juni%202007.pdf (Zugriff am 21.03.2008).

Richter, Martin (Hrsg.) (2003): Entwicklungen der Wirtschaftsprüfung. Berlin: Schmidt

Steiger, Max (2001): Corporate Governance. In: Gerke, Wolfgang/Steiner, Manfred (2001): Sp. 530-540

Taeger, Jürgen (2008): Gesellschaftsrechtliche Anforderungen an Riskomanagementsysteme, in: Freidank, Carl-Christian/Müller, Stefan/Wulf, Inge (2008): 207-227

Verrecchia, Robert E. (2001): Essays on disclosure. In: Journal of Accounting and Economics 32. No. 1-3. 97-180

Wagenhofer, Alfred (2005): Internationale Rechnungslegungsstandards – IAS/IFRS. 5. Auflage. Frankfurt: Redline Wirtschaft

Wagner, Martin/Polagnoli, Lucanus (2006): Lagebericht und Risikoberichterstattung. In: Ertl, Peter (2006): 65–83

Wald, Andreas (2009): Corporate Governance als Erfolgsfaktor? In: Industrielle Beziehungen 16. Nr.1. 67-86

Welker, Michael (1995): Disclosure Policy, Information asymmetry, and liquidity in equity markets. Contemporary Accounting Research 11. No. 2. 801-827

Verzeichnis der Autorinnen und Autoren

Prof. Dr. Michael Boenigk leitet den Kompetenzbereich Unternehmenskommunikation am Institut für Kommunikation und Marketing der Hochschule Luzern – Wirtschaft. Er lehrt im Bachelor und Master of Science in Business Administration in den Fächern Unternehmens- und Marketingkommunikation sowie Markenpolitik. In der Forschung beschäftigt er sich mit Fragestellungen der Planung und Umsetzung integrierter Kommunikationskonzepte, des Einsatzes der Neuen Medien sowie mit Fragen der Markenpolitik.

Dr. Gerd Bräuer studierte Deutsche Literatur und Pädagogik und promovierte 1989 in Literaturwissenschaft an der pädagogischen Hochschule Zwickau. Von 1992-2004 lehrte er an verschiedenen Universitäten der USA, zuletzt als Professor für Germanistik an der Emory Universität (USA). Zurzeit ist er sowohl an der pädagogischen Hochschule Freiburg (D) als auch an der Zürcher Hochschule für Angewandte Wissenschaften (CH) tätig. Sein aktueller Forschungsschwerpunkt liegt in der Evaluation von Coaching-Strategien für Schreibende.

Laetizia Christoffel studierte Germanistik, Publizistik und Kunstgeschichte an der Universität Zürich. 2005 absolvierte sie einen Nachdiplomkurs an der Hochschule für Technik und Wirtschaft HTW Chur in Museologie und ist seit 2006 Geschäftsführerin des Dachverbandes der Museen Graubündens. Sie ist als Autorin und Redaktorin für verschiedene Publikationen tätig und arbeitet an einer Dissertation über den Wandel der Kommunikation in der Werbesprache.

Michael Etter, M. A. studierte Medien- und Kommunikationswissenschaften und Geschichte an der Universität Freiburg, Schweiz. Er arbeitet seit 2007 als wissenschaftlicher Mitarbeiter am Institut für Medien- und Kommunikationsmanagement der Universität St. Gallen und promoviert im Bereich Corporate Social Responsibility. Seine Forschungsschwerpunkte liegen im Bereich des strategischen Kommunikationsmanagements, Stakeholder Relations Management und Corporate Social Responsibility.

Justyna Grund, eidg. dipl. Betriebswirtschafterin HF, ist seit 2008 Leiterin Marketing Kommunikation am Departement Angewandte Psychologie der ZHAW Zürcher Hochschule für Angewandte Wissenschaften. Zuvor hat sie in Telekommunikationsunternehmungen (Swisscom & Sunrise) sowie in einer Unternehmensberatung für Kommunikation gearbeitet.

Dr. Peter Handler studierte Germanistik und Romanistik an den Universitäten Wien und Tours. Seit 1996 ist er als Assistenzprofessor am Institut für Romanische Sprachen der Wirtschaftsuniversität Wien (WU) tätig. Im Rahmen von Gastlehrveranstaltungen lehrt er temporär an Universitäten in Frankreich sowie in Mittel- und Osteuropa. Seine Forschungs- und Publikationsschwerpunkte sind u.a. Stilistik, Wortbildung, Fachsprachenlinguistik, Sprachkreativität sowie Sprachentwicklung in den neuen Medien.

Eva-Maria Jakobs ist Professorin für Textlinguistik und Technikkommunikation am Institut für Sprach- und Kommunikationswissenschaft der RWTH Aachen und Direktorin des Instituts für Industriekommunikation und Fachmedien der RWTH Aachen sowie ordentliches Mitglied der deutschen Akademie der Technikwissenschaften. Zu ihren Forschungsschwerpunkten gehören neben Technik- und Unternehmenskommunikation u.a. Textproduktion im Beruf, elektronische Medien, Usability-Forschung sowie Alter und Technik.

Peter Jud ist diplomierter Übersetzer FH, wissenschaftlicher Assistent und gegenwärtig im Masterstudiengang Fachübersetzen am Institut Übersetzen und Dolmetschen der Zürcher Hochschule für Angewandte Wissenschaften eingeschrieben. Seine Schwerpunkte liegen in den Bereichen Texten für das Internet, Web-Übersetzungen und Suchmaschinenoptimierung, was auch zum Dienstleistungsangebot der von ihm geführten Firma gehört.

Dr. Christian Pieter Hoffmann studierte Politologie und Betriebswirtschaftslehre mit der Vertiefung Medien- und Kommunikationsmanagement. Er ist Projektleiter am Institut für Medien- und Kommunikationsmanagement der Universität St. Gallen und seit 2007 Dozent an der Hochschule für Wirtschaft Zürich. Seine Forschungsschwerpunkte liegen im Bereich des strategischen Kommunikationsmanagements, der Finanzkommunikation und des Stakeholder Relations Management.

Manuela Lackus M.A., studierte Medien- und Kommunikationswissenschaft sowie neue Deutsche Literatur und politische Philosophie an der Universität Zürich. Seit 2006 ist sie als Forscherin im interdisziplinären Forschungsprojekt DE|RE|SA (Design Research Salzburg) im Studiengang Design und Produktmanagement tätig. Dissertationsprojekt: Schnittstellenkommunikation in Produktentwicklungsprozessen.

Prof. Dr. Sylvia Manchen Spörri ist Professorin an der Zürcher Hochschule für Angewandte Wissenschaften im Bereich der Kommunikation in Organisationen.

Vorherige berufliche Stationen waren u.a. Forschungstätigkeiten am Institut für Arbeitspsychologie der ETH Zürich und Lehrtätigkeiten an der Universität St. Gallen und Hochschule für Wirtschaft in Luzern. Ihre Forschungsschwerpunkte sind Führung und Kommunikation in Organisationen, Zusammenarbeit in (virtuellen) Teams, computervermittelte Kommunikation, Gender- und Diversityforschung.

Prof. Dr. Gary Massey ist Leiter des Bachelorstudiengangs Übersetzen und stellvertretender Leiter des Instituts für Übersetzen und Dolmetschen an der Zürcher Hochschule für Angewandte Wissenschaften. Seine Forschungsschwerpunkte liegen im Bereich der Übersetzungsdidaktik, der Übersetzerkompetenz und der kognitiven Prozessforschung.

Prof. (FH) Dr. Christine Mitter studierte Handelswissenschaft an der Johannes Kepler Universität Linz und promovierte zu Distressed Investing und Unternehmenssanierung. Seit 2006 ist sie als Dozentin am Studiengang Betriebswirtschaft der Fachhochschule Salzburg tätig und leitet den Fachbereich Controlling und Finance. Ihre Forschungsinteressen liegen u.a. in den Bereichen Corporate und Entrepreneurial Finance, Risikomanagement, Corporate Governance sowie Krisen- und Sanierungsmanagement.

Dirk C. Moosmayer, lic.oec. HSG, studierte Wirtschaftswissenschaften in Villingen-Schwenningen, Troy (NY), Lausanne und St. Gallen sowie Philosophie in Hagen und Tübingen. Nach seiner Tätigkeit als Berater bei The Boston Consulting Group GmbH in Frankfurt war er am Institut für Marketing und Konsum der G.W. Leibniz Universität Hannover tätig. Seit 2008 ist er Mitarbeiter an der Juniorprofessur für BWL mit Schwerpunkt Business-to-Business-Marketing der RWTH Aachen University. Seine Forschungsschwerpunkte sind Preismanagement, Business-to-Business Marketing, Werteentwicklung sowie Management Education.

Seraina Mohr studierte Germanistik und Geschichte an der Universität Zürich und arbeitete anschliessend mehr als 10 Jahre in verschiedenen Funktionen in der Medienbranche. Als Leiterin des CC Online-Kommunikation an der Hochschule Luzern forscht, berät und unterrichtet sie v.a. in den Bereichen Online Kommunikation und Social Media.

Prof. Dr. Marie J. Myers studierte Kommunikationswissenschaft und promovierte zum Thema "Psychologie der Sprache - Kommunikation und pädagogische Intervention". Als Autorin von mehreren Büchern und über 100 Artikeln ist sie seit 1992 an der Queen's Universität in Kanada tätig. Ihre aktuellen Forschungsschwerpunkte liegen u.a. in der Interkulturellen Kommunikation und der Professionalisierung.

Dr. Martin Nielsen ist Diplomfachübersetzer und -dolmetscher; mit Lehr- und Forschungsauftrag am Institut für Sprachen und Wirtschaftskommunikation/Zentrum für Unternehmenskommunikation an der Wirtschaftsuniversität Aarhus in Dänemark. Seine Forschungsschwerpunkte sind Wirtschafts- und Unternehmenskommunikation, Marketing- und PR-Kommunikation sowie Werbesprache, Fachtextlinguistik und Textsortenlinguistik.

Liesbeth Opdenacker, ist wissenschaftliche Mitarbeiterin am Zentrum für Innovation und Qualitätssicherung an der Universität Antwerp (BEL). Sie startete 2001 das Scribani Projekt, entwickelte Calliope, eine mehrsprachige online Plattform zur Entwicklung der Schreibfähigkeit. Sie ist nun hauptsächlich zuständig für die Qualitätskontrolle und Akkreditierung an der Fakultät für Angewandte Ökonomie.

Dr. Dorothea Schaffner ist Projektleiterin und Dozentin am Institut für Kommunikation und Marketing der Hochschule Luzern – Wirtschaft. Sie leitet Forschungsprojekte zu Markenführung, Innovationskommunikation, Marktforschung und Konsumentenverhalten. Daneben unterrichtet sie im Bachelor und Master of Science in Business Administration Forschungsmethoden und Marketing.

Prof. Dr. Florian U. Siems ist Juniorprofessor für Betriebswirtschaftslehre mit Schwerpunkt Business-to-Business Marketing an der Rheinisch-Westfälischen Technischen Hochschule (RWTH) Aachen. Die Juniorprofessur ist Teil des Projektes "Interdisciplinary Management Practice" (IMP) der RWTH Aachen University und gefördert durch die "Exzellenz Initiative". Die Forschungsschwerpunkte von Florian Siems liegen im Bereich Relationship Marketing, Preismanagement und Strategisches Management.

Julia Spanke ist wissenschaftliche Mitarbeiterin am Lehr- und Forschungsgebiet Textlinguistik und Technikkommunikation an der RWTH Aachen und Mitarbeiterin in dem vom BMBF geförderten Projekt „Interdisziplinäre Methoden industrieller Prozessmodellierung". Sie promoviert zum Thema „Sprache als ungenutztes Potential ingenieurwissenschaftlicher Methoden. Kommunikationsstörungen als Schwachstellen der Prozessmodellierung in Unternehmen".

Ursula Stalder lic. phil. I, studierte Medienwissenschaft und Linguistik an der Universität Zürich. Seit 2003 ist sie Dozentin und Projektleiterin im Kompetenzzentrum Online-Kommunikation am Institut für Kommunikation und Marketing der Hochschule Luzern – Wirtschaft. Sie forscht, lehrt und berät in den Bereichen Crossmedia Publishing und Mediendesign. Sie beschäftigt sich seit 2004 in verschiedenen Forschungs- und Beratungsprojekten mit dem Phänomen bewegter Bilder im öffentlichen Raum.

Sarah Vaes war wissenschaftliche Assistentin im Projekt QuADEM.

Prof. Dr. Luuk van Waes promovierte in Human- und Technikwissenschaft an der Universität of Twente. Er ist nun Professor in betriebswirtschaftlicher und technischer Kommunikation an der Universität Antwerp (BEL) und Chefredakteur des Journals of Writing Research. Seine Forschungsbereiche sind: Schreibprozesse, Schreiben & digitale Medien, Werkzeuge und Methoden der Schreibforschung, wirtschaftliche und technische Kommunikation sowie Schreibpädagogik.

Sabine Wahl M.St. M.A. ist wissenschaftliche Mitarbeiterin am Lehrstuhl für Deutsche Sprachwissenschaft der KU Eichstätt-Ingolstadt. Dozentin im Masterstudiengang InterculturAd – Werbung interkulturell. Studium der Germanistik, Anglistik und Hispanistik in Eichstätt (Lehramtsexamen 2008; M.A. 2009). 2006–2007 University of Oxford, Master of Studies in European Literature – German. Promotionsprojekt zur Hörfunk- und Fernsehwerbung.

Mag. (FH) Thomas Wohlschlager studierte Betriebswirtschaft mit Schwerpunkt Controlling & Finance an der Fachhochschule Salzburg. Seit 2008 ist er in Lehre und Forschung am Fachbereich Controlling & Finance der Fachhochschule Salzburg (Studiengang Betriebswirtschaft) tätig. Seine Forschungsschwerpunkte sind Risikomanagement und Risikoberichterstattung, Wirtschaftskriminalität und Internationale Rechnungslegung.

VS Forschung | VS Research
Neu im Programm Kommunikation

Caroline Glathe
**Kommunikation von Nachhaltig-
keit in Fernsehen und Web 2.0**
2010. Mit einem Geleitwort von Prof.
Dr. Claudia Fraas. 157 S. Br. EUR 29,95
ISBN 978-3-531-17603-1

Hans Mathias Kepplinger
**Nonverbale
Medienkommunikation**
2010. 195 S. (Theorie und Praxis öffentli-
cher Kommunikation Bd. 3) Br. EUR 34,95
ISBN 978-3-531-17074-9

Melanie Krause
**Weibliche Nutzer
von Computerspielen**
Motive und Verhaltensweisen
2011. 240 S. Br. EUR 39,95
ISBN 978-3-531-17403-7

Andreas Schwarz
**Krisen-PR aus Sicht
der Stakeholder**
Der Einfluss von Ursachen- und
Verantwortungszuschreibungen auf
die Reputation von Organisationen
2010. 297 S. (Organisationskommunikation.
Studien zu Public Relations/Öffentlich-
keitsarbeit und Kommunikationsmanagement) Br. EUR 39,95
ISBN 978-3-531-17500-3

Erhältlich im Buchhandel oder beim Verlag.
Änderungen vorbehalten. Stand: Juli 2010.

Christine Linke
Medien im Alltag von Paaren
Eine Studie zur Mediatisierung
der Kommunikation in Paarbeziehungen
2010. 208 S. (Medien – Kultur –
Kommunikation) Br. EUR 34,95
ISBN 978-3-531-17364-1

Anja Prexl
**Nachhaltigkeit kommunizieren –
nachhaltig kommunizieren**
Analyse des Potenzials der Public
Relations für eine nachhaltige Unterneh-
mens- und Gesellschaftsentwicklung
2010. 509 S. Br. EUR 49,95
ISBN 978-3-531-17245-3

Dominik Stawski
Die Prozente der Presse
Bewertung von Journalistenrabatten
aus Anbieter- und Nutzerperspektive
2010. Mit Geleitworten von Hans
Leyendecker und Prof. Dr. Klaus-Dieter
Altmeppen. ca. 140 S. Br. ca. EUR 29,95
ISBN 978-3-531-17566-9

Matthias Walter
In Bewegung
Die Produktion von Web-Videos
bei deutschen regionalen Tageszeitungen
2010. 192 S. Br. EUR 29,95
ISBN 978-3-531-17595-9

www.vs-verlag.de

VS VERLAG

Abraham-Lincoln-Straße 46
65189 Wiesbaden
Tel. 0611.7878-722
Fax 0611.7878-400

VS Forschung | VS Research
Neu im Programm Soziologie

Tilo Beckers / Klaus Birkelbach /
Jörg Hagenah / Ulrich Rosar (Hrsg.)
**Komparative empirische
Sozialforschung**
2010. 527 S. Br. EUR 59,95
ISBN 978-3-531-16850-0

Christian Büscher /
Klaus Peter Japp (Hrsg.)
Ökologische Aufklärung
25 Jahre ‚Ökologische Kommunikation'
2010. 311 S. Br. EUR 39,95
ISBN 978-3-531-16931-6

Wolfgang Berg /
Aoileann Ní Éigeartaigh (Eds.)
Exploring Transculturalism
A Biographical Approach
2010. 180 pp. (Crossculture) Softc.
EUR 34,95
ISBN 978-3-531-17286-6

Wilson Cardozo
Der ewige Kalte Krieg
Kubanische Interessengruppen
und die US-Außenpolitik
2010. 256 S. (Globale Gesellschaft und
internationale Beziehungen) Br. EUR 39,95
ISBN 978-3-531-17544-7

Erhältlich im Buchhandel oder beim Verlag.
Änderungen vorbehalten. Stand: Juli 2010.

Gabriele Doblhammer /
Rembrandt Scholz (Eds.)
**Ageing, Care Need and
Quality of Life**
The Perspective of Care Givers
and People in Need of Care
2010. 243 pp. (Demografischer Wandel –
Hintergründe und Herausforderungen)
Softc. EUR 34,95
ISBN 978-3-531-16626-1

Dorothea Krüger (Hrsg.)
**Genderkompetenz
und Schulwelten**
Alte Ungleichheiten – neue Hemmnisse
2010. ca. 230 S. (Kultur und gesellschaftliche Praxis) Br. ca. EUR 29,95
ISBN 978-3-531-17508-9

Matthias Richter
Risk Behaviour in Adolescence
Patterns, Determinants
and Consequences
2010. 123 pp. Softc. EUR 34,95
ISBN 978-3-531-17336-8

Barbara Rinken
**Spielräume in der Konstruktion
von Geschlecht und Familie?**
Alleinerziehende Mütter und Väter
mit ost- und westdeutscher Herkunft
2010. 349 S. Br. EUR 39,95
ISBN 978-3-531-16417-5

www.vs-verlag.de

VS VERLAG

Abraham-Lincoln-Straße 46
65189 Wiesbaden
Tel. 0611.7878 - 722
Fax 0611.7878 - 400

MIX
Papier aus verantwortungsvollen Quellen
Paper from responsible sources
FSC® C105338

If you have any concerns about our products,
you can contact us on
ProductSafety@springernature.com

In case Publisher is established outside the EU,
the EU authorized representative is:
Springer Nature Customer Service Center GmbH
Europaplatz 3, 69115 Heidelberg, Germany

Printed by Libri Plureos GmbH
in Hamburg, Germany